westermann

Daniel Müller-Weidlich, Stefan Nagel, Frank Schlehahn

Mathematik

für Fachoberschulen und Berufsoberschulen

Ausgabe Bayern

nichttechnische Ausbildungsrichtungen

Klasse 12

1. Auflage

Bestellnummer 48415

Die in diesem Produkt gemachten Angaben zu Unternehmen (Namen, Internet- und E-Mail-Adressen, Handelsregistereintragungen, Bankverbindungen, Steuer-, Telefon- und Faxnummern und alle weiteren Angaben) sind i. d. R. fiktiv, d. h., sie stehen in keinem Zusammenhang mit einem real existierenden Unternehmen in der dargestellten oder einer ähnlichen Form. Dies gilt auch für alle Kunden, Lieferanten und sonstigen Geschäftspartner der Unternehmen wie z. B. Kreditinstitute, Versicherungsunternehmen und andere Dienstleistungsunternehmen. Ausschließlich zum Zwecke der Authentizität werden die Namen real existierender Unternehmen und z. B. im Fall von Kreditinstituten auch deren IBANs und BICs verwendet.

Die in diesem Werk aufgeführten Internetadressen sind auf dem Stand zum Zeitpunkt der Drucklegung. Die ständige Aktualität der Adressen kann vonseiten des Verlages nicht gewährleistet werden. Darüber hinaus übernimmt der Verlag keine Verantwortung für die Inhalte dieser Seiten. Alle Drucke dieser Auflage sind inhaltlich unverändert.

westermann GRUPPE

Für Verweise (Links) auf Internet-Adressen gilt folgender Haftungshinweis: Trotz sorgfältiger inhaltlicher Kon-trolle wird die Haftung für die Inhalte der externen Seiten ausgeschlossen. Für den Inhalt dieser externen Seiten sind ausschließlich deren Betreiber verantwortlich. Sollten Sie daher auf kostenpflichtige, illegale oder anstößige Inhalte treffen, so bedauern wir dies ausdrücklich und bitten Sie, uns umgehend per E-Mail davon in Kenntnis zu setzen, damit beim Nachdruck der Verweis gelöscht wird.

Druck und Bindung: Westermann Druck GmbH, Georg-Westermann-Allee 66, 38104 Braunschweig

ISBN 978-3-427-**48415**-8

Vorwort

Das vorliegende Mathematik-Lehrbuch ist Bestandteil einer Lehrbuchreihe, die für Schülerinnen und Schüler von Fachoberschulen, Berufsoberschulen und anderen Beruflichen Gymnasien erstellt worden ist. Es wurde speziell für die 12. Jahrgangsstufe der nichttechnischen Ausbildungsrichtungen der Fachoberschulen nach den aktuellen fachdidaktischen Erkenntnissen entwickelt. Damit orientiert es sich direkt an den Lehrplaninhalten und Kompetenzerwartungen des aktuellen LehrplanPLUS in Bayern, der im Schuljahr 2018/19 in Kraft getreten ist.

Didaktisch sind alle Bücher so aufgebaut, dass die mathematischen Teildisziplinen (hier z. B. Analysis und Stochastik) parallel unterrichtet werden können.

Die Kapitel der Bücher entsprechen den einzelnen Lernbereichen des LehrplanPLUS.

Zu Beginn eines Hauptkapitels sind jeweils die Kompetenzen aufgeführt, die innerhalb des Kapitels erworben werden. Der Kompetenzerwerb geschieht innerhalb der Unterkapitel anhand von anwendungsbezogenen oder auch innermathematischen Situationen sowie Arbeitsaufträgen, denen ein vollständiger, kleinschrittiger Lösungsweg mit Anmerkungen folgt. Arbeitsaufträge und Situationen, die ein etwas komplexeres Lösungsverfahren nach sich ziehen, wurden mit einem Stern (*) gekennzeichnet. Die Situationen und Arbeitsaufträge sind so formuliert, dass sie sich direkt in den Unterricht integrieren lassen und auch zu Hause eigenständig bearbeitet werden können. Dabei orientieren sie sich an der Erfahrungswelt der Schülerinnen und Schüler. Durch die einführenden Situationen und Arbeitsaufträge werden sowohl der schnelle Einstieg in das Thema als auch die selbstständige Analyse und Erarbeitung der Inhalte und Problemstellungen erleichtert. Das Einprägen der neu erworbenen Kenntnisse und Fähigkeiten wird insbesondere durch die Zusammenfassungen aller Lerninhalte am Ende der einzelnen Unterkapitel gewährleistet.

Fett hervorgehobene Schlagworte weisen auf neu eingeführte Begriffe im Text hin. Zusätzlich sind Definitionen, Merksätze und Anmerkungen farbig hervorgehoben, um das Arbeiten mit dem Lehrwerk übersichtlich zu gestalten.

Komplettiert werden die einzelnen Kapitel schließlich durch ein umfangreiches Aufgabenangebot:

- Am Ende jedes Unterkapitels werden Aufgaben bereitgestellt, welche selbstständig gelöst werden müssen. Sie unterstützen zum einen eine differenzierte Unterrichtsgestaltung und orientieren sich zum anderen an den Formulierungen der Abschlussprüfungen.
- Jedes Hauptkapitel wird durch vernetzte Aufgaben abgeschlossen, die durch Wiederaufgreifen der zuvor behandelten Lerninhalte ein tiefergehendes Verständnis fördern und festigen.
- Am Ende jedes Hauptkapitels werden die wichtigsten Lerninhalte durch **Selbsttests** geprüft. Durch deren Aufbau ist gewährleistet, dass die Schülerinnen und Schüler sich eigenständig und differenziert eine Rückmeldung über den individuellen Lernfortschritt geben können. Hierfür werden durch die Antwortmöglichkeiten entweder eine Vertiefungsaufgabe, eine weitere Wiederholungsaufgabe oder die Wiederholung der im Kapitel behandelten Grundlagen angeboten.

Ausgewählte Aufgaben wurden auch explizit zur Vertiefung der Medienkompetenz entwickelt. Zu deren Bearbeitung kommt dynamische Mathematiksoftware (u. a. zur Tabellenkalkulation, zur grafischen Darstellung von Funktionen, Computeralgebraprogramme [CAS]) zur Anwendung. Da diese Programme auch in vielen Betrieben eingesetzt werden und Teil der wissenschaftlichen Forschung sind, werden die Schülerinnen und Schüler somit auf höher qualifizierte berufliche Tätigkeiten sowie auf ein Hochschulstudium vorbereitet.

Das Symbol soll Aufgaben hervorheben, die zunächst ohne Zuhilfenahme des Taschenrechners zu bearbeiten sind. Selbstverständlich steht es der Lehrkraft frei, danach auch dort die Verwendung des Taschenrechners zu erlauben.

Didaktische Elemente wie Infokästen und Themenseiten runden das moderne Konzept ab. Insbesondere die Themenseiten zu geeigneten Kapiteln dienen dazu, einen weiteren alltäglichen Anwendungsbezug zu den zuvor bearbeiteten mathematischen Inhalten herzustellen. Des Weiteren wird den Schülerinnen und Schülern zu Beginn des Lehrbuchs eine Übersicht mit den im Inhalt des Buches verwendeten mathematischen Zeichen und Symbolen zur Verfügung gestellt.

Wir wünschen Ihnen viel Erfolg und Spaß bei der Arbeit mit diesem Buch.

Die Verfasser

Inhaltsverzeichnis

Mathematische Zeichen und Symbole

Logische Zeichen

$\wedge$	und
$\vee$	oder
$\neg$	nicht
$\rightarrow$ (bei Aussagen)	wenn ..., dann ... (Subjunktion)
$\leftrightarrow$ (bei Aussagen)	genau dann ..., wenn ... (Bijunktion)
$\Rightarrow$ (bei Aussageformen)	wenn ..., dann ... (Implikation)
$\Leftrightarrow$ (bei Aussageformen)	genau dann ..., wenn ... (Äquivalenz)

Mengen

a) Schreibweisen

$P, Q, R, \ldots$	Mengenbezeichnungen
$\{a, b, c, \ldots\}$	aufzählende Schreibweise
$\{x \mid \ldots\}$	beschreibende Schreibweise
$\in$	ist Element von
$\notin$	ist nicht Element von

b) Zahlenmengen

$\mathbb{N} = \{0, 1, 2, 3, \ldots\}$	Menge der natürlichen Zahlen (0 ist auch eine natürliche Zahl.)
$\mathbb{N}^* = \{1, 2, 3, \ldots\}$	Menge der natürlichen Zahlen ohne 0
$\mathbb{Z} = \{\ldots, -3, -2, -1, 0, 1, 2, 3, \ldots\}$	Menge der ganzen Zahlen
$\mathbb{Z}^+, \mathbb{Z}^-$	Menge der positiven (negativen) ganzen Zahlen
$\mathbb{Z}_0^+$	Menge der positiven ganzen Zahlen mit 0
$\mathbb{Q} = \left\{x \mid x = \frac{p}{q}, p \in \mathbb{Z}, q \in \mathbb{N}^*\right\}$	Menge der rationalen Zahlen
$\mathbb{Q}^+, \mathbb{Q}^-$	Menge der positiven (negativen) rationalen Zahlen
$\mathbb{R}$	Menge der reellen Zahlen
$\mathbb{R} \setminus \{0\}$	Menge der reellen Zahlen ohne 0
$\mathbb{R}^+, \mathbb{R}^-$	Menge der positiven (negativen) reellen Zahlen
$\mathbb{R}_0^+, \mathbb{R}_0^-$	Menge der positiven (negativen) reellen Zahlen mit 0

c) Teilmengen

$\subset$	ist echte Teilmenge von
$\subseteq$	ist unechte Teilmenge von
$\not\subseteq$	ist nicht Teilmenge von
$\emptyset$, $\{\}$	leere Menge
$[a; b] = \{x \mid a \leq x \leq b\}$	geschlossenes Intervall in $\mathbb{R}$
$]a; b[= (a; b) = \{x \mid a < x < b\}$	offenes Intervall in $\mathbb{R}$
$]a; b] = (a; b]$, $[a; b[= [a; b)$	halboffene Intervalle in $\mathbb{R}$

d) Mengenverknüpfungen

$P \cup Q = \{x \mid x \in P \vee x \in Q\}$	Vereinigungsmenge
$P \cap Q = \{x \mid x \in P \wedge x \in Q\}$	Schnittmenge
$P \setminus Q = \{x \mid x \in P \wedge x \notin Q\}$	Restmenge
$P \times Q = \{(x; y) \mid x \in P, y \in Q\}$	Produktmenge

Aussagen

$A, B, C, \ldots$	Aussagen
G	Grundmenge
D	Definitionsmenge
L	Lösungsmenge
$T_1(x), T_2(x), \ldots$	Terme mit der Variablen x

Funktionen

$f: x \mapsto f(x), x \in D_f$	Funktion f mit Definitionsmenge D_f
D	Definitionsbereich, Definitionsmenge, Urbildmenge
W	Wertebereich, Wertemenge, Bildmenge
G_f	Graph einer Funktion f
$f(x)$	Funktionsterm einer Funktion f mit der Variablen x
$y = f(x)$	Funktionsgleichung einer Funktion f
$f: x \mapsto x^2 + a$	$x \mapsto x^2 + a$ ist die Abbildungsvorschrift $x^2 + a$ ist der Funktionsterm

Operationen, Relationen

$=$	ist gleich
$\neq$	ist ungleich
$<$	kleiner als
$\leq$	kleiner oder gleich
$>$	größer als
$\geq$	größer oder gleich
$\approx$	ist rund, ungefähr
$\lvert a \rvert$	Betrag von a
$\sqrt{a}$	Quadratwurzel aus a
$\sqrt[n]{a}$	n-te Wurzel aus a

Grenzwerte

$\lim\limits_{x \to \infty} f(x) = c$	c ist der Grenzwert (Limes) von $f(x)$ für $x \to \infty$
$\lim\limits_{x \overset{>}{\to} x_0} f(x) = c_r,\ \lim\limits_{x \to x_0^+} f(x) = c_r$	rechtsseitiger Grenzwert
$\lim\limits_{x \overset{<}{\to} x_0} f(x) = c_l,\ \lim\limits_{x \to x_0^-} f(x) = c_l$	linksseitiger Grenzwert
$\lim\limits_{x \to x_0} f(x) = c$	(gemeinsamer) Grenzwert

Differenzialrechnung

$\frac{f(x) - f(x_0)}{x - x_0}$	Differenzenquotient (entspricht der mittleren Steigung)
$\lim\limits_{x \to x_0} \frac{f(x) - f(x_0)}{x - x_0}$	Differenzialquotient
$\lim\limits_{x \to x_0} \frac{f(x) - f(x_0)}{x - x_0} = f'(x_0)$	Ableitung von f an der Stelle x_0
$f' : x \mapsto f'(x),\ x \in D_{f'}$	1. Ableitungsfunktion von f
$f'' : x \mapsto f''(x),\ x \in D_{f''}$	2. Ableitungsfunktion von f
$f^{(n)} : x \mapsto f^{(n)}(x),\ x \in D_{f^{(n)}}$	n-te Ableitungsfunktion von f (Schreibweise ab der 4. Ableitung)

Stochastik

Ω	Ergebnisraum
$A, B, \ldots, E_1, E_2, \ldots$	Ereignisse
$\overline{A}, \overline{B}, \ldots, \overline{E_1}, \overline{E_2}, \ldots$	Gegenereignisse
$\lvert E \rvert$	Mächtigkeit des Ereignisses E
H_n	absolute Häufigkeit
h_n	relative Häufigkeit
$P(E)$	Wahrscheinlichkeit dafür, dass E eintritt
$X, Y, Z, \ldots$	Zufallsgrößen
$P: x \mapsto P(x)$	Wahrscheinlichkeitsverteilung
$\binom{n}{k} = \frac{n!}{(n-k)! \cdot k!}$	Binomialkoeffizient
$n! = n \cdot (n-1) \cdot (n-2) \ldots \cdot 1$	Fakultät der Zahl n

Griechisches Alphabet

Name	Zeichen des Großbuchstaben	Zeichen des Kleinbuchstaben
Alpha	Α	α
Beta	Β	β
Gamma	Γ	γ
Delta	Δ	δ
Epsilon	Ε	ε
Zeta	Ζ	ζ
Eta	Η	η
Theta	Θ	θ
Iota	Ι	ι
Kappa	Κ	κ
Lambda	Λ	λ
My	Μ	μ
Ny	Ν	ν
Xi	Ξ	ξ
Omikron	Ο	ο
Pi	Π	π
Rho	Ρ	ρ
Sigma	Σ	σ
Tau	Τ	τ
Ypsilon	Υ	υ
Phi	Φ	φ
Chi	Χ	χ
Psi	Ψ	ψ
Omega	Ω	ω

1 Differenzialrechnung bei ganzrationalen Funktionen

In diesem Kapitel

- lernen Sie, über die Existenz und Lage von absoluten Extrempunkten und Randextrempunkten eines Funktionsgraphen zu entscheiden. Damit ermitteln Sie auch die Wertemenge der zugehörigen Funktion.
- lernen Sie, die Änderungsrate einer Größe mithilfe von Ableitungsfunktionen zu berechnen und insbesondere Stellen stärksten Wachstums und stärkster Abnahme zu bestimmen.
- lernen Sie zu entscheiden, ob sich aus vorgegebenen Informationen bzgl. einer ganzrationalen Funktion f und ihrer Ableitungsfunktionen (bzw. deren Graphen) ein zugehöriger Funktionsterm $f(x)$ ermitteln lässt. Damit bestimmen Sie weitere Eigenschaften des zugehörigen Graphen von f. Ggf. auftretende Gleichungssysteme lösen Sie routiniert mit bekannten Lösungsverfahren.
- lernen Sie anwendungsorientierte Optimierungsprobleme (z. B. das Problem des geringsten Materialverschnitts) mit den Methoden der Differenzialrechnung zu lösen. Dabei achten Sie auf die Verwendung einer sinnvollen Definitionsmenge für die zur Modellierung verwendete Zielfunktion und berücksichtigen deren ggf. vorhandenen Randextrema bezüglich dieser Definitionsmenge.
- lernen Sie zu beschreiben und zu begründen, wie der Graph einer Funktion mit dem Verlauf des Graphen der zugehörigen Ableitungsfunktion bzw. der zugehörigen Stammfunktion zusammenhängt, um ausgehend vom Graphen einer dieser beiden Funktionen den qualitativen Verlauf des jeweils anderen Funktionsgraphen zu skizzieren.

1.1 Absolute Extrema und Randextrema

Situation 1

Das Ingenieurbüro DFS hat eine Ausschreibung gewonnen und wurde beauftragt, eine Brücke über die Isar zu bauen. Als minimale Höhe h_{min} bei erhöhtem Wasserstand wählen die Ingenieure $h_{min} = 5{,}0$ m. Da es sich um eine klassische Bogenbrücke handeln soll, sind die Höhen über Wasser an den Seiten und in der Mitte verschieden, aber symmetrisch. Aus den Lastannahmen der Brücke und statischen Erfordernissen bei unbewehrten Steinbögen ergibt sich für das Modell des Steinbogens die Funktion f einer unten offenen Parabel:

$f\colon x \mapsto -\frac{1}{36}x^2 + \frac{10}{36}x + 5$

1. Bestimmen Sie eine sinnvolle Definitionsmenge so, dass die Vorgabe für die Höhe an beiden Rändern exakt erfüllt ist.
2. Bestimmen Sie die x-Koordinaten aller absoluten Extrema im Definitionsbereich.
3. Sommer und Herbst 2019 waren sehr trocken, sodass sich der gewöhnliche Wasserstand verändert hat. Beschreiben Sie kurz, wie sich die Höhe mit sinkendem Wasserstand verändert und begründen Sie, weshalb trotzdem keine großen Schiffe die Brücke unterfahren könnten.

Lösung zu Situation 1

1. Die Höhe soll 5 Meter betragen. Damit muss die Brücke auf beiden Seiten diese Höhe aufweisen. Als funktionaler Zusammenhang muss dann gelten:

$$f(x) = 5$$

Die Einheiten werden im Folgenden bei den Berechnungen weggelassen.

$$-\frac{1}{36}x^2 + \frac{10}{36}x + 5 = 5 \qquad | -5$$

$$\Leftrightarrow -\frac{1}{36}x^2 + \frac{10}{36}x = 0 \Leftrightarrow -\frac{1}{36}x\,(x - 10) = 0 \Rightarrow x_1 = 0;\ x_2 = 10$$

Die beiden Lösungen ergeben sich aus dem Satz vom Nullprodukt[1]. Damit ergibt sich für die Definitionsmenge $D = [0;\ 10]$.

1) Ein Produkt ist genau dann null, wenn mindestens einer der Faktoren null ist.

2. Relative Extrema waren die größten oder kleinsten Funktionswerte (vgl. 11. Klasse) in einer kleinen Umgebung, für diese die erste Ableitung eine Nullstelle mit Vorzeichenwechsel (VZW) besitzt. Skizziert man den Graphen zur obigen Funktion, so erhält man eine nach unten geöffnete Parabel.

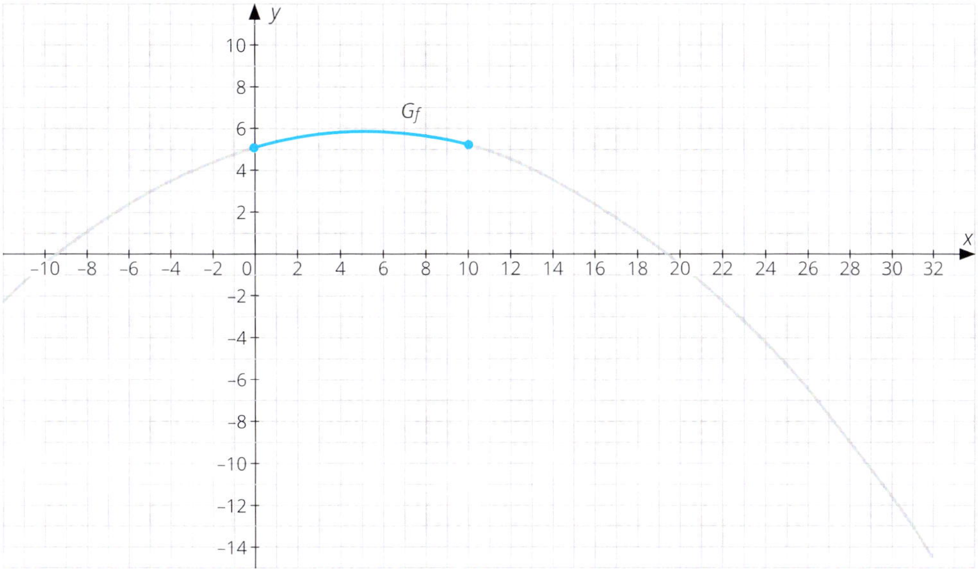

Man erkennt, dass der Scheitel der höchste Punkt ist und die beiden Ränder die tiefsten Punkte sind. Bedient man sich der Differenzialrechnung, so erhält man die x-Koordinate des Scheitels als Nullstelle der ersten Ableitung:

$$f'(x) = -\frac{1}{18}x + \frac{10}{36}$$

$$-\frac{1}{18}x + \frac{10}{36} = 0$$

$$\Leftrightarrow -\frac{1}{18}x = -\frac{10}{36}$$

$$\Rightarrow x = 5$$

Damit liegt die Extremstelle, die x-Koordinate des absoluten Maximums, bei $x_3 = 5$.

Die x-Koordinaten x_4 und x_5 der beiden absoluten Minima entsprechen den Rändern des Definitionsbereichs $\Rightarrow x_4 = 0, x_5 = 10$.

3. Bei sinkendem Wasserstand erhöht sich die Höhe über dem Wasserspiegel. Aufgrund des geringen Wasserstands kann der Tiefgang der Schiffe zu einem Problem werden. Da die Wassertiefe geringer werden kann als der Tiefgang der Schiffe (evtl. mit einem zusätzlichen Sicherheitsbetrag), dürfen in solchen Fällen schwere Schiffe dennoch nicht auf dem Fluss fahren, unabhängig von der Höhe.

Definition

1. Dem absoluten (relativen) Maximum $f(x_P)$ einer Funktion f an der Maximalstelle x_P entspricht der absolute (relative) Hochpunkt $P(x_P|f(x_P))$ des Graphen von f.
2. Dem absoluten (relativen) Minimum $f(x_R)$ einer Funktion f an der Minimalstelle x_R entspricht der absolute (relative) Tiefpunkt $R(x_R|f(x_R))$ des Graphen von f.

Situation 2

Gegeben ist die Funktion f mit $f(x) = -\frac{1}{4}x^4 - \frac{2}{3}x^3 + \frac{1}{2}x^2 + 2x + 1$ und der Definitionsmenge $D_f = [-3; 2]$. Bestimmen Sie das absolute Maximum und das absolute Minimum der Funktion f für die gegebene Definitionsmenge und geben Sie damit die Wertemenge W_f an.

Lösung zu Situation 2

1. Bestimmung der relativen Extrema mithilfe der ersten Ableitung:

$$f'(x) = -x^3 - 2x^2 + x + 2$$

$$-x^3 - 2x^2 + x + 2 = 0$$

$$x_1 = 1 \Rightarrow \text{Polynomdivision}$$

$$\begin{array}{l}
(-x^3 - 2x^2 + x + 2) : (x - 1) = -x^2 - 3x - 2 \\
\underline{-(-x^3 + x^2)} \\
\qquad -3x^2 + x \\
\qquad \underline{-(-3x^2 + 3x)} \\
\qquad\qquad -2x + 2 \\
\qquad\qquad \underline{-(-2x + 2)} \\
\qquad\qquad\qquad 0
\end{array}$$

$$-x^2 - 3x - 2 = 0$$

$$x_{2,3} = \frac{3 \pm \sqrt{(-3)^2 - 4 \cdot (-1) \cdot (-2)}}{-2}$$

$$x_{2,3} = \frac{3 \pm 1}{-2}$$

$$x_2 = -2;\ x_3 = -1$$

Einsetzen in f'' liefert die Art der Extrema:

$$f''(x) = -3x^2 - 4x + 1$$

$$f''(-2) = -3 \quad \Rightarrow \text{rel. Maximum}$$

$$f''(-1) = 2 \quad \Rightarrow \text{rel. Minimum}$$

$$f''(1) = -6 \quad \Rightarrow \text{rel. Maximum}$$

Die Art des Extremums kann auch aus dem Vorzeichenwechsel an der Nullstelle der 1. Ableitung abgelesen werden (siehe Seite 183).

Bestimmung der Koordinaten der relativen Extrempunkte:

$$f(-2) = \frac{1}{3} \Rightarrow H_1\left(-2 \,\middle|\, \frac{1}{3}\right)$$

$$f(-1) = \frac{1}{3} \Rightarrow T_1\left(-1 \,\middle|\, -\frac{1}{12}\right)$$

$$f(1) = \frac{31}{12} \Rightarrow H_2\left(1 \,\middle|\, \frac{31}{12}\right)$$

2. Bestimmung der Funktionswerte an den Rändern des Definitionsbereichs:

$$f(-3) = -\frac{11}{4} \Rightarrow T_2\left(-3 \mid -\frac{11}{4}\right)$$

$$f(2) = -\frac{7}{3} \Rightarrow T_3\left(2 \mid -\frac{7}{3}\right)$$

Beide Randstellen haben kleinere Funktionswerte als das Minimum an der Stelle $x_3 = -1$, also sind die Randpunkte Tiefpunkte.

3. Folgerung zu den absoluten Extrema: Der absolut höchste Punkt ist $H_2\left(1 \mid \frac{31}{12}\right)$ und der absolut tiefste Punkt $P_4\left(-3 \mid -\frac{11}{4}\right)$.

4. Die Wertemenge schließt alle möglichen Funktionswerte ein. Da die Funktion stetig (und differenzierbar) ist (siehe 11. Klasse), liegen alle Funktionswerte zwischen dem des absoluten Minimums y_4 und dem Funktionswert zum absoluten Maximum y_2. Damit gilt:

$$W_f = \left[-\frac{11}{4}; \frac{31}{12}\right]$$

5. Zur Veranschaulichung noch der Graph G_f zur Funktion f:

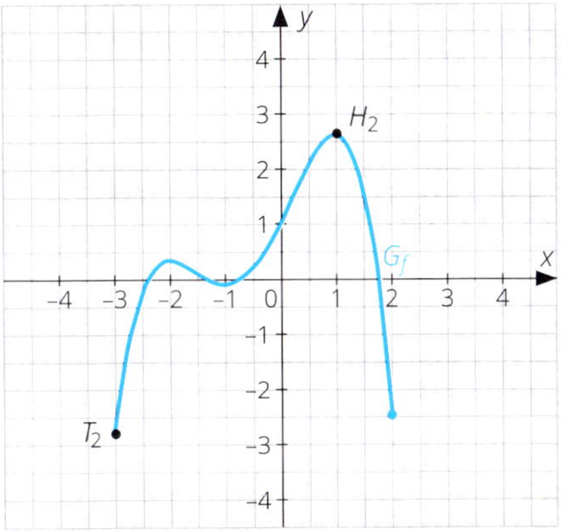

Merke

Die Funktionswerte absoluter Extrema bilden die Ränder des Wertebereichs einer Funktion f.

Zusammenfassung

- Die Nullstellen der ersten Ableitung liefern mögliche Extremstellen aus dem Inneren eines Definitionsbereichs.
- Ein absolutes Extremum im Definitionsbereich erhält man durch Vergleichen aller relativen Extrema und, wenn Definitionsränder vorhanden sind, der Randextrema.
- Funktionen geraden Grades haben für $D = \mathbb{R}$ immer mindestens ein absolutes Extremum, vgl. quadratische Funktionen.

Aufgaben

1. Bestimmen Sie Art und Koordinaten aller absoluten Extrempunkte der angegebenen ganzrationalen Funktionen mit teilweise eingeschränkten Definitionsbereichen und geben Sie damit die Wertemenge der Funktion an.

a) $f(x) = 4x^2 + 2x - 2$

b) $g(x) = -\frac{1}{4}(x+2)^2 - 1$

c) $h(x) = x^4 - 2x^2 + 1$

d) $i(x) = -3x^4 + 2x^2 + 1$

e) $j(x) = -\frac{1}{36}x^2 + \frac{10}{36}x + 5$ mit $D_j = [0; 10]$

f) $k(x) = 4x + 2$ mit $D_k = [-4; -1]$

g) $l(x) = \frac{1}{2}(x-1)^2(x+3)$ mit $D_l = [-2; 2]$

h)* $m(x) = \frac{1}{4}(x+8)^2(x+3)$ mit $D_m = [-8; -5]$

i)* $n(x) = -2x^4 - 3x^3 + 2x^2$ mit $D_n = [-2; 1]$

2. Begründen Sie ohne weitere Rechnung, ob die angegebenen Funktionen mit ihren Definitions- und Wertemengen möglich sind. Geben Sie für falsche Mengen eine korrigierte Form an.

Beispiel: $j(x) = -\frac{1}{36}x^2 + \frac{10}{36}x + 5$ mit $D_j = [0; 10]$ und $W_j = [1; 5]$

Antwort: Die Angaben sind möglich, da es sich um eine quadratische Funktion handelt, die durch den Scheitel bzw. die Randpunkte begrenzt wird.

a) $f(x) = 4x^2 + 2x - 2$ mit $D_f = \mathbb{R}$ und $W_f = \mathbb{R}$

b) $g(x) = -3x + 1$ mit $D_g = [6; 9]$ und $W_g = \mathbb{R}$

c) $h(x) = \frac{1}{8}x^3 + 2x^2 - 6$ mit $D_h = \mathbb{R}$ und $W_h = [-3,5; 7]$

d) $i(x) = \frac{1}{3}x^3 - 3x^2 + 4x + 1$ mit $D_i = [2; 6]$; und $W_i = \mathbb{R}$

e) $j(x) = 3x^4 - 3x^3 + 2x - \frac{3}{7}$ mit $D_j = R$; und $W_j = \mathbb{R}$

f)* $k(x) = \frac{1}{2}x^6 - 3x^4 + 2x - 4$ mit $D_k = [2; 6]$; und $W_k = [3; 5]$

3.* Nachfolgend sind die Graphen von Funktionen mit eingeschränkten Definitionsbereichen abgebildet. Geben Sie an, welche der folgenden Aussagen für die absoluten Extrema gilt: $f'(x) < 0$, $f'(x) = 0$, $f'(x) > 0$ oder f' existiert nicht.

a)

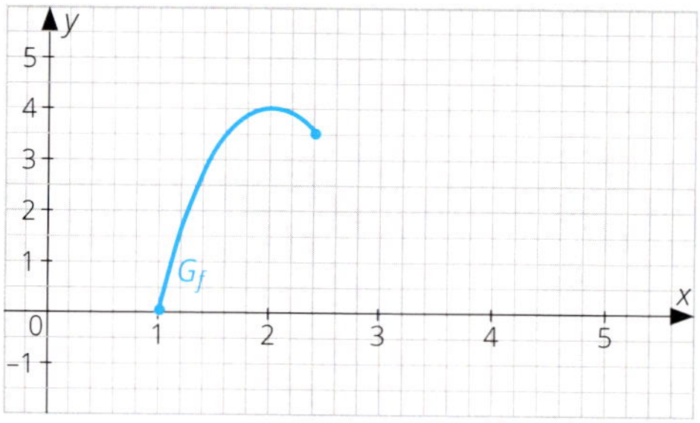

b)

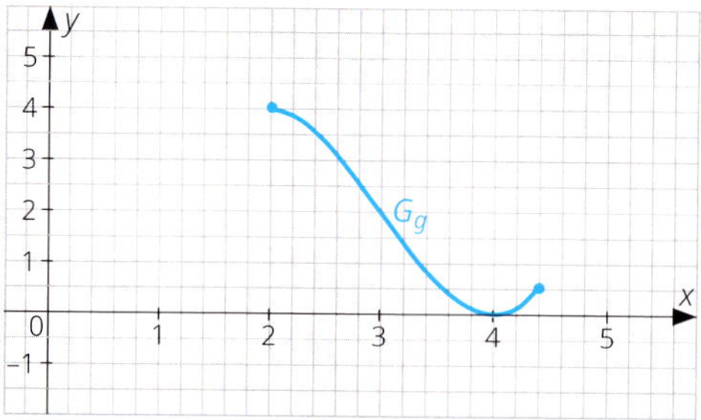

c)

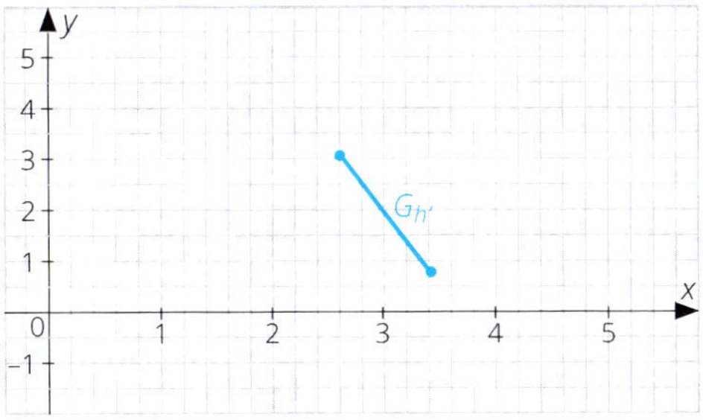

4.* Es sind die Graphen der ersten Ableitungsfunktion zu einer Funktion abgebildet. Bestimmen Sie alle Extremstellen, ihre Art und die Randextrema der Funktion, von der die erste Ableitung stammt. Die Ränder gehören zu den eingeschränkten Definitionsbereichen der Funktionen.

a)

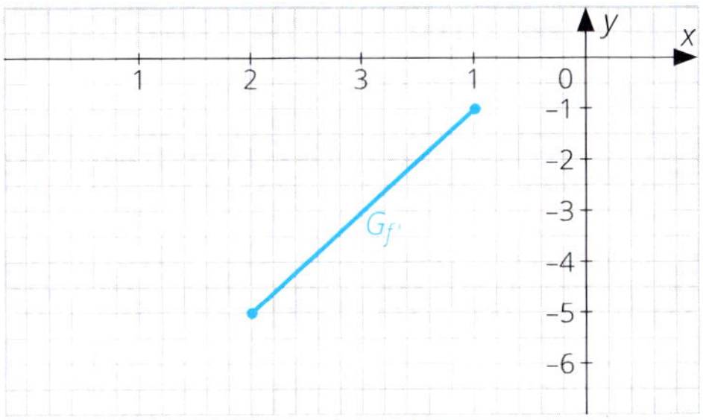

b)

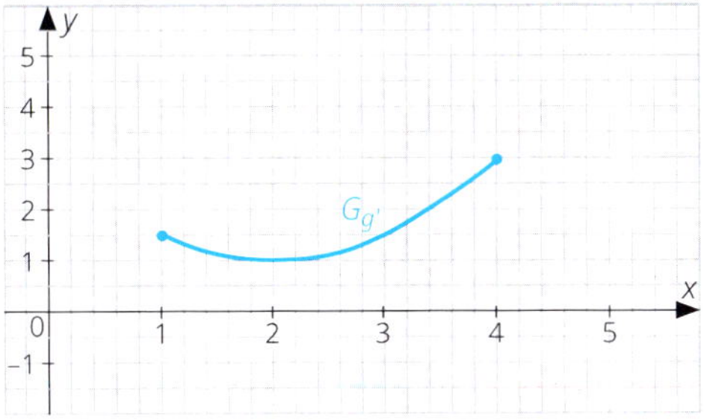

c)

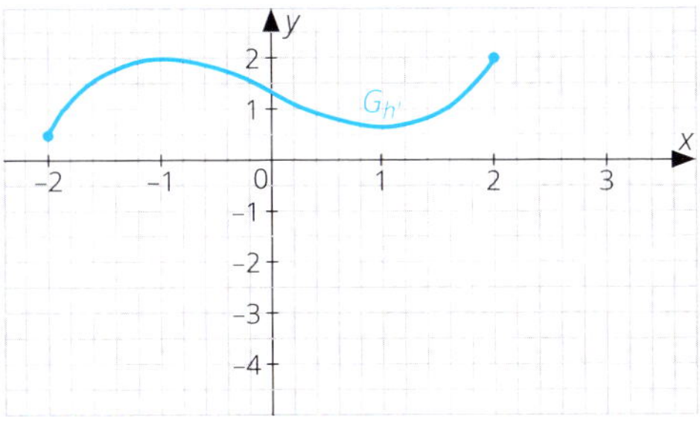

1.2 Änderungsraten

Situation 1

Bei einer Besprechung des Büros DFS zur Ausschreibung einer Isarbrücke wurden die Auf- bzw. Abfahrten der Brücke diskutiert. Die Tragwerkplanung der Chefstatikerin ergibt Rampen mit horizontalen Übergängen nach dem Modell

$f(x) = \frac{1}{1\,600}(3x^3 - 126x^2 + 1\,620x + 460) + \frac{207}{80}$ mit $D_f = [10; 18]$.

Ein Kollege im Rollstuhl merkt an, dass ein Gefälle oder eine Steigung maximal 6% betragen darf und die Einhaltung zu prüfen ist.

1. Skizzieren Sie bei Bedarf auch mit Zuhilfenahme von geeigneter Mathematiksoftware die Zufahrt unter der Annahme, dass die Straße auf beiden Enden der Rampe horizontal verläuft.
2. Bestimmen Sie die mittlere Änderungsrate und die maximale Änderungsrate der Zufahrt.
3. Überprüfen Sie, ob die rechtlichen Vorgaben erfüllt sind.

Lösung zu Situation 1

1.

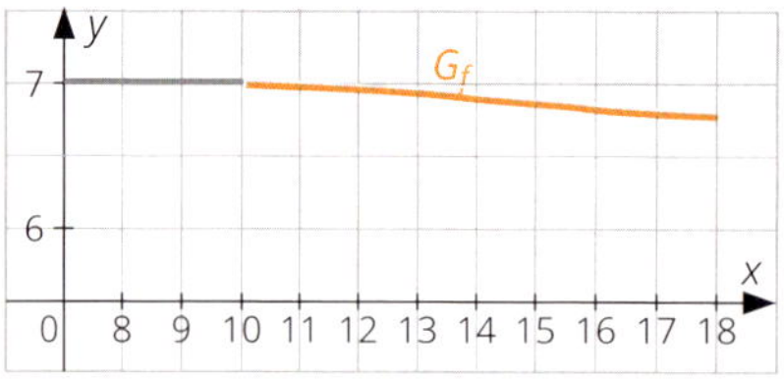

2. Die **mittlere Änderungsrate** entspricht der durchschnittlichen Steigung der Rampe. D. h., zur Berechnung verwendet man die beiden Randpunkte der Rampe und bestimmt damit die Steigung.

$$\overline{m} = \frac{\Delta y}{\Delta x} = \frac{f(18) - f(10)}{18 - 10}$$

$$= \frac{\frac{163}{25} - 7}{18 - 10} = -0{,}06 = -6\,\%$$

Die mittlere Änderungsrate entspricht (gerade noch) den Vorgaben. Das Vorzeichen ist negativ, da die rechte Rampe der Brücke im mathematischen Sinn fällt statt steigt.

Die extremale Änderungsrate entspricht dem Extremum der ersten Ableitung (innerhalb des Definitionsbereichs). Für die erste Ableitung erhält man:

$$f(x) = \frac{3}{1\,600}x^3 - \frac{63}{800}x^2 + \frac{81}{80}x + \frac{23}{8}$$

$$f'(x) = \frac{9}{1\,600}x^2 - \frac{63}{400}x + \frac{81}{80}$$

Das Extremum der ersten Ableitung bedingt eine Nullstelle mit Vorzeichenwechsel der zweiten Ableitung. Aus der Vorgabe, dass die Straßen auf beiden Enden der Rampe horizontal verlaufen, lässt sich folgern, dass die Steigung an den Grenzen der Definitionsmenge null ist (horizontale Tangente).

$$f''(x) = 0$$

$$\frac{9}{800}x_1 - \frac{63}{400} = 0$$

$$x_1 = 14$$

Da es sich um eine einfache Nullstelle handelt, ist auch die Bedingung des Vorzeichenwechsels erfüllt. Einsetzen von x_1 in die erste Ableitung liefert den Wert für die extremale Änderungsrate.

$$f'(14) = -0{,}09 = -9\,\%$$

3. Damit ist gezeigt, dass die vorgeschlagene Rampe nicht den gesetzlichen Bedingungen genügt, da die extremale lokale Änderungsrate außerhalb des zulässigen Bereichs von –6 % bis 6 % liegt.

Definition

Die mittlere Änderungsrate $\overline{m}$ einer Funktion f über dem Intervall $I = [a; b]$ ist der Wert des Differenzenquotienten $\overline{m} = \frac{f(b) - f(a)}{b - a}$.

Situation 2

Gegeben ist die Funktion $g(x) = -\frac{1}{3}x^3 + x^2 + 1$ mit $D_g = \mathbb{R}$. Bestimmen Sie die Stelle größter Steigung.

Lösung zu Situation 2

Die Steigung ist durch die erste Ableitung gegeben, damit entspricht die Stelle größter Steigung einer Extremstelle von g'. Extremstellen der ersten Ableitung sind Nullstellen (mit Vorzeichenwechsel) der zweiten Ableitung.

$$g'(x) = -x^2 + 2x$$

$$g''(x) = -2x + 2$$

$$g''(x) = 0$$

$$-2x_1 + 2 = 0 \Leftrightarrow x_1 = 1$$

Zur Überprüfung, ob es sich tatsächlich um eine Maximalstelle handelt, wie in der Angabe gefordert, muss entweder ein Vorzeichenwechsel an der Nullstelle der zweiten Ableitung oder ein negativer Funktionswert der dritten Ableitung (der zweiten Ableitung der ersten Ableitung) vorliegen:

$$g'''(x) = -2$$

$$g'''(1) = -2$$

Damit liegt bei $x_1 = 1$ eine Maximalstelle der ersten Ableitung vor.

Merke

Stellen stärkster Zu- bzw. Abnahme sind Extremalstellen der ersten Ableitung und entsprechen einfachen Nullstellen der zweiten Ableitung. Sie sind gleichzeitig Wendestellen der ursprünglichen Funktion.

Zusammenfassung

- Die mittlere Änderungsrate entspricht der durchschnittlichen Steigung über einem bestimmten Intervall.
- Die lokale Änderungsrate entspricht dem Funktionswert der ersten Ableitung an einer bestimmten Stelle x_0.
- Stellen stärkster Zu- bzw. Abnahme sind Extremalstellen der ersten Ableitung und entsprechen den Nullstellen (mit VZW), der zweiten Ableitung. Sie sind gleichzeitig Wendestellen der ursprünglichen Funktion.
- Die Beziehungen zwischen Funktion, erster Ableitung und zweiter Ableitung gelten analog für erste Ableitung, zweite Ableitung und dritte Ableitung.

Aufgaben

1. Die nachfolgenden Funktionen sind jeweils durch ihren Funktionsterm und die zugehörige Definitionsmenge gegeben. Bestimmen Sie die mittlere Änderungsrate und die Änderungsrate in der Mitte der Definitionsmenge. Lassen Sie sich anschließend die Graphen mit einem geeigneten Programm oder einem Taschenrechner darstellen und interpretieren Sie Ihre Ergebnisse.

a) $f(x) = -3x + 2$ mit $D_f = [-2; 4]$

b) $g(x) = \frac{1}{2}x^2 - 3x + \frac{13}{2}$ mit $D_g = [1; 5]$

c) $h(x) = \frac{1}{6}x^4 - \frac{1}{2}x^3 - 2x^2$ mit $D_h = [-2; 2]$

d) $i(x) = \frac{1}{4}x^3 - x^2$ mit $D_i = \left[0; \frac{8}{3}\right]$

2. Bestimmen Sie für die Funktionen die Stellen größter Zu- bzw. Abnahme im Definitionsbereich.

a) $f(x) = -\frac{1}{4}x^2 + 2x - 1$ mit $D_f = [-2; 2]$

b) $g(x) = \frac{1}{3}x^3 - x^2 + 3$ mit $D_g = [0; 2]$

c) $h(x) = \frac{1}{2}x^4 - 2x^3 + \frac{1}{2}x^2 + 2x$ mit $D_h = [-1; 2]$

d)* $i(x) = -\frac{1}{30}x^6 - \frac{1}{2}x^3 + 2x^2$ mit $D_i = [0; 2]$

3. Das Robert-Koch-Institut modelliert die zeitlichen Verläufe verschiedener Krankheiten. Dabei wird die Anzahl an Neuinfektionen zu einem bestimmten Zeitpunkt betrachtet. Einige Krankheiten brechen schneller aus als andere, die durch eine längere Inkubationszeit mehr Menschen infizieren. Nachfolgend sind die Ausschnitte der Infektionsverläufe für drei Krankheiten dargestellt. Sie zeigen die Anzahl an Neuerkrankungen in Abhängigkeit der Zeit in Tagen. Vergleichen Sie qualitativ die mittleren Änderungsraten und die größten lokalen Änderungsraten. Überlegen Sie sich Kriterien zur Abschätzung der Gesamtdauer des Krankheitsausbruchs und zur Bestimmung der Infektionsrate der Krankheiten.

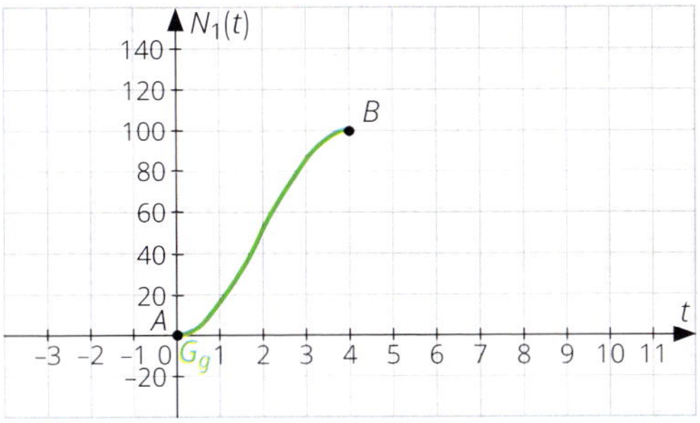

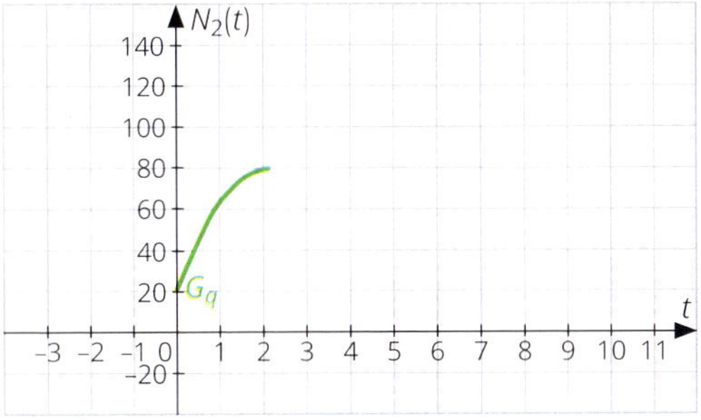

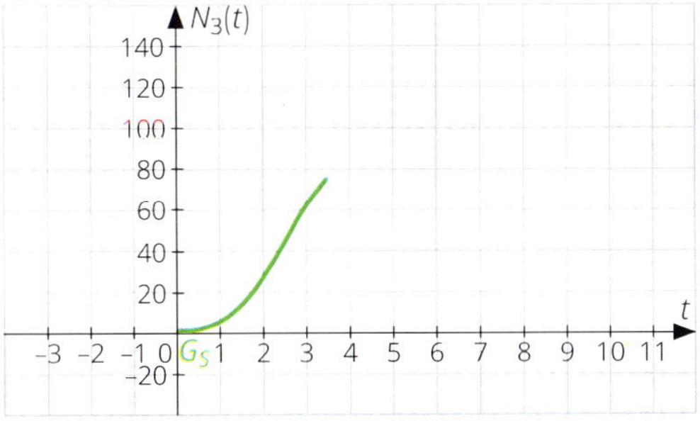

4. Die Funktion w beschreibt das Höhenprofil einer Wasserrutsche.
Es gilt: $w: x \mapsto \frac{1}{100}(x^3 - 15x^2 + 500)$ mit $D_w = [0; 10]$. Berechnen Sie, an welcher Stelle x_1 die Wasserrutsche das stärkste Gefälle aufweist. Lassen Sie sich den Graphen der Funktion zunächst durch eine geeignete App anzeigen.

1.3 Aufstellen von Funktionsgleichungen

Situation 1

Um an einer weiteren Ausschreibung teilzunehmen, musste das Ingenieurbüro DFS zunächst die Brückenfunktion aus den örtlichen Gegebenheiten ermitteln. Die Brücke soll aus mehreren Bögen bestehen. Ein Bogen soll 10 Meter überspannen, wobei der Koordinatenursprung im linken Ende des Bogens liegen soll. Der Bogen soll parabelförmig sein und sein höchster Punkt 25 Meter oberhalb der Ränder liegen.

Bestimmen Sie die Gleichung der Bogenfunktion *b*.

Lösung zu Situation 1

Die Funktion *b* soll eine quadratische Funktion werden, daher gilt: $b(x) = a \cdot x^2 + b \cdot x + c$.

1. Schritt: Symmetrie
Das linke Ende und das rechte Ende des Bogens entsprechen wegen der Symmetrie zwei Nullstellen der Funktion. Mittig zwischen den Nullstellen ist die Scheitelstelle.

2. Schritt: Nullstellen
Daher gilt für das linke Ende $x_1 = 0$ und für das rechte Ende $x_2 = 10$.

3. Schritt: allgemeine Funktionsgleichung in Faktorform (auch ein Lösungsvorgehen über die Scheitelform ist möglich)
In der faktorisierten Schreibweise erhält man somit:
$b(x) = a \cdot (x - x_1)(x - x_2) = a \cdot x(x - 10)$.

4. Schritt: Formfaktor *a* bestimmen
Aus der Angabe lässt sich für den Scheitel ablesen: $S(5|25)$, da dieser wegen der Symmetrie mittig zwischen beiden Nullstellen liegt. Damit gilt:

$$b(5) = 25$$
$$25 = a \cdot 5 \cdot (5 - 10)$$
$$25 = a \cdot (-25)$$
$$a = -1$$

5. Schritt: Funktionsgleichung
Damit erhält man den Funktionsterm $b(x) = -x(x - 10) = -x^2 + 10x$

Eine weitere Lösungsmöglichkeit neben der faktorisierten Darstellung ist die Scheitelform.

Merke

1. Der Grad einer ganzrationalen Funktion entspricht dem Wert des größten Exponenten von *x* im vollständig ausmultiplizierten Funktionsterm.
2. Bestimmungsgleichungen sind Gleichungen der allgemeinen Form $ax^n + bx^{n-1} \cdots = y$, bei denen noch die Koeffizienten als Unbekannte auftreten.

Situation 2

Der Graph einer Funktion f dritten Grades besitzt den Extrempunkt $P(0|0)$ und schneidet die x-Achse bei $x = 2$. Außerdem liegt der Punkt $S(-2|4)$ auf dem zugehörigen Graphen. Bestimmen Sie den Funktionsterm $f(x)$.

Lösung zu Situation 2

Allgemein gilt für eine Funktion dritten Grades: $f(x) = a \cdot x^3 + b \cdot x^2 + c \cdot x + d$. Da vier Unbekannte auftreten, werden mindestens vier Bestimmungsgleichungen benötigt um a, b, c und d eindeutig ermitteln zu können.

1. $S(-2|4) \Rightarrow f(-2) = 4$, die y-Koordinate entspricht dem Funktionswert an der zugehörigen Stelle.
2. Schnitt mit der x-Achse bei $x = 2$ (Nullstelle) $\Rightarrow f(2) = 0$, Nullstellen haben den Funktionswert 0.
3. Extrempunkt $P(0|0) \Rightarrow f(0) = 0$ und $f'(0) = 0$, für Extremwerte gilt die notwendige Bedingung $f'(x_0) = 0$.

Einsetzen in die allgemeine Gleichung liefert die vier Bestimmungsgleichungen:

1. $S(-2|4) \Rightarrow f(-2) = 4$: $a \cdot (-2)^3 + b \cdot (-2)^2 + c \cdot (-2) + d = 4$
2. $S_x(0|2) \Rightarrow f(0) = 2$: $a \cdot (0)^3 + b \cdot (0)^2 + c \cdot (0) + d = 2$
3. $P(0|0) \Rightarrow f(0) = 0$: $a \cdot (0)^3 + b \cdot (0)^2 + c \cdot (0) + d = 0 \Rightarrow d = 0$
4. $P(0|0) \Rightarrow f'(0) = 0$: $a \cdot (0)^2 + b \cdot (0) + c = 0 \Rightarrow c = 0$

Mit $c = d = 0$ bleiben zwei Gleichungen mit zwei Unbekannten übrig, die sich so vereinfachen:

$$a \cdot (-2)^3 + b \cdot (-2)^2 = 4$$
$$a \cdot (2)^3 + b \cdot (2)^2 = 0$$

aufgelöst ergibt sich:

$$-8 \cdot a + 4 \cdot b = 4$$
$$8 \cdot a + 4 \cdot b = 0$$

Addiert man beide Gleichungen, so ergibt sich:

$$-8 \cdot a + 4 \cdot b + (8 \cdot a + 4 \cdot b) = 4 + 0$$
$$\Leftrightarrow 8 \cdot b = 4 \Leftrightarrow b = \frac{4}{8} = \frac{1}{2}$$

Setzt man den gefundenen Wert für b in eine der beiden Gleichungen ein, so erhält man einen Wert für a:

$$8 \cdot a + 4 \cdot \frac{1}{2} = 0$$
$$\Leftrightarrow 8a + 2 = 0$$
$$\Leftrightarrow 8a = -2$$
$$\Leftrightarrow a = -\frac{2}{8} = -\frac{1}{4}$$

Damit lautet der Funktionsterm:

$$f(x) = -\frac{1}{4}x^3 + \frac{1}{2}x^2$$

Zusammenfassung

- Der Angabe entnimmt man den Grad der Funktion und damit den allgemeinen Funktionsterm mit den zugehörigen Ableitungen.
- Man stellt die Bestimmungsgleichungen auf, wobei man die gleiche Anzahl an Bestimmungsgleichungen wie an Unbekannten benötigt.
- Durch Auflösen und Einsetzen der Bestimmungsgleichungen ineinander wird schrittweise jede Unbekannte eliminiert.
- Nachdem man die erste Unbekannte bestimmt hat, erhält man durch Rückwärtseinsetzen die restlichen Unbekannten.
- Zum Schluss muss noch der Funktionsterm angegeben werden.

Merke

Jede Bestimmungsgleichung darf nur genau einmal verwendet werden.

Aufgaben

1. Überprüfen Sie, ob die angegebenen Bestimmungsgleichungen zur vorgegebenen Funktion passen. Geben Sie dazu an, welche Eigenschaft der Funktion für die Bestimmungsgleichungen genutzt wurde.

a) $f(x) = x^2 - 4x$

$$\begin{aligned} \text{I:}\quad & 4a + 2b + c = -4 \\ \text{II:}\quad & c = 0 \\ \text{III:}\quad & 4a + b = 0 \end{aligned}$$

b) $g(x) = \frac{1}{3}x^3 + \frac{1}{2}x^2 - 2x + 1$

$$\begin{aligned} \text{I:}\quad & 12a - 4b + c = 0 \\ \text{II:}\quad & a + b + c = 0 \\ \text{III:}\quad & d = 3 \\ \text{IV:}\quad & a + b + c + d = -\frac{1}{6} \end{aligned}$$

c) $h(x) = \frac{1}{6}x^3 + \frac{1}{2}x^2$

$$\begin{aligned} \text{I:}\quad & 3a + 2b + c = -1 \\ \text{II:}\quad & -27a + 9b - 3c + d = 0 \\ \text{III:}\quad & c = 2 \\ \text{IV:}\quad & a + b + c + d = -\frac{1}{6} \end{aligned}$$

2. Eine quadratische Funktion besitzt den Scheitel $S\left(-\frac{2}{3}\middle|-1\right)$. Der Punkt $P\left(\frac{7}{3}\middle|4\right)$ liegt ebenfalls auf dem Graphen der Funktion. Ermitteln Sie den Funktionsterm.

3. Eine Funktion dritten Grades besitzt eine Nullstelle bei $x_1 = -3$ und den Wendepunkt $W\left(-1 \mid \frac{1}{3}\right)$. Der Graph der Funktion schneidet die Koordinatenachsen im Ursprung. Bestimmen Sie den Funktionsterm.

4. Eine Funktion dritten Grades besitzt eine doppelte Nullstelle bei $x_1 = -2$ und eine einfache Nullstelle bei $x_2 = 4$. Außerdem liegt der Punkt $P(-4 \mid -8)$ auf dem Graphen. Bestimmen Sie den Funktionsterm.

5.* Eine Funktion vierten Grades besitzt die Wendetangente mit der Abbildungsvorschrift $t: x \mapsto -\frac{9}{2}x + 9$. Der zugehörige Wendepunkt liegt auf der x-Achse. Der Graph der Funktion schneidet die x-Achse bei $x_1 = 4$ und enthält den Punkt $P(-2 \mid -6)$. Stellen Sie alle möglichen Bestimmungsgleichungen auf und skizzieren Sie den Graphen.

Exkurs: Gauß-Verfahren

Im Abschnitt „Aufstellen von Funktionsgleichungen" werden die Unbekannten bestimmt, indem man jede Bestimmungsgleichung nach einer Unbekannten auflöst und in die nächste einsetzt usw. Dieses Verfahren ist umständlich, sehr schreiblastig und damit auch sehr fehleranfällig. Neben der Möglichkeit, einen Computer zu bemühen, gibt es aber auch handschriftliche Verfahren, die übersichtlicher und schneller funktionieren. Eines davon ist das **Gauß-Verfahren**.

Ausgangspunkt seien hier die beispielhaften Bestimmungsgleichungen $f(0) = 0$, $f(1) = -2$, $f(2) = -2$ und $f(-1) = -2$ einer Funktion dritten Grades der Form $f(x) = ax^3 + bx^2 + cx + d$:

$$\begin{aligned} \text{I: } & f(0) = 0 \Rightarrow d = 0 \\ \text{II: } & f(1) = -2 \Rightarrow a + b + c = -2 \\ \text{III: } & f(2) = -2 \Rightarrow 8a + 4b + 2c = -2 \\ \text{IV: } & f(-1) = -2 \Rightarrow -a + b - c = -2 \end{aligned}$$

Für das Gauß-Verfahren werden nur die Koeffizienten und die Ergebnisse betrachtet und in einer Matrixform aufgeschrieben:

$$\begin{array}{ccc|c} 1 & 1 & 1 & -2 \\ 8 & 4 & 2 & -2 \\ -1 & 1 & -1 & -2 \end{array}$$

Ziel ist, diese Matrix entweder in Dreiecksform oder in Diagonalform zu bringen. In der links gezeigten Dreiecksform kann ein Koeffizient in der letzten Zeile direkt berechnet werden und in der Zeile darüber jeweils ein weiterer Koeffizient durch Einsetzen ermittelt werden. In der rechts gezeigten Diagonalform sind alle Koeffizienten direkt abzulesen, weil alle Elemente außerhalb der Diagonalen den Wert null haben.

$$\begin{array}{ccc|c} 1 & \dots & \dots & \dots \\ 0 & 1 & \dots & \dots \\ 0 & 0 & 1 & \dots \end{array} \qquad \begin{array}{ccc|c} 1 & 0 & 0 & \dots \\ 0 & 1 & 0 & \dots \\ 0 & 0 & 1 & \dots \end{array}$$

Dazu dürfen Zeilen vertauscht werden, mit einer beliebigen Zahl außer Null multipliziert bzw. dividiert werden und mit anderen Zeilen addiert oder subtrahiert werden. Für letztere Aktion werden nur gleiche Spalteneinträge bzw. Koeffizienten betrachtet.

Für den ersten Schritt in der Ausgangsmatrix subtrahiert man 8-mal die erste Zeile von der zweiten und addiert die erste Zeile zur Dritten.

$$\begin{array}{ccc|c|c} 1 & 1 & 1 & -2 & \\ 8 & 4 & 2 & -2 & -8 \cdot \text{I} \\ -1 & 1 & -1 & -2 & +\text{I} \end{array}$$

$$\begin{array}{ccc|c} 1 & 1 & 1 & -2 \\ 8 - 8 \cdot 1 & 4 - 8 \cdot 1 & 2 - 8 \cdot 1 & -2 - 8 \cdot (-2) \\ -1 + 1 & 1 + 1 & -1 + 1 & -2 + (-2) \end{array}$$

Die erste Zeile bleibt erhalten. In den anderen beiden Zeilen werden die ersten Einträge bereits Null.

$$\begin{array}{ccc|c} 1 & 1 & 1 & -2 \\ 0 & -4 & -6 & 14 \\ 0 & 2 & 0 & -4 \end{array}$$

Da die letzte Zeile bereits zwei Einträge mit Null enthält, ist es für die Übersicht von Vorteil, diese Zeile mit der zweiten zu tauschen.

$$\begin{array}{ccc|c} 1 & 1 & 1 & -2 \\ 0 & 2 & 0 & -4 \\ 0 & -4 & -6 & 14 \end{array}$$

Als nächstes addiert man zweimal die zweite Zeile zur dritten:

$$\begin{array}{ccc|c|c} 1 & 1 & 1 & -2 & \\ 0 & 2 & 0 & -4 & \\ 0 & -4 & -6 & 14 & +2 \cdot \text{II} \end{array}$$

$$\begin{array}{ccc|c} 1 & 1 & 1 & -2 \\ 0 & 2 & 0 & -4 \\ 0 & -4+2 \cdot 2 & -6 & 14+2 \cdot (-4) \end{array}$$

$$\begin{array}{ccc|c} 1 & 1 & 1 & -2 \\ 0 & 2 & 0 & -4 \\ 0 & 0 & -6 & 6 \end{array}$$

Zur Vereinfachung können nun noch die zweite und dritte Zeile durch 2 bzw. −6 dividiert werden. Man erhält dann die endgültige Matrix:

$$\begin{array}{ccc|c} 1 & 1 & 1 & -2 \\ 0 & 1 & 0 & -2 \\ 0 & 0 & 1 & -1 \end{array}$$

Damit hat man bereits zwei Koeffizienten gefunden: $b = -2$ und $c = -1$. Den letzten Koeffizienten erhält man durch Rücksubstitution, also Einsetzen in die erste Zeile:

$$a + b + c = -2$$
$$\Rightarrow a - 2 - 1 = -2$$
$$a = 1$$

Damit erhält man den Funktionsterm: $f(x) = x^3 - 2x^2 - x$

Auch wenn das Gauß-Verfahren am Anfang etwas ungewohnt ist, so findet man sich mit etwas Übung schnell zurecht. Bereits für drei Bestimmungsgleichungen führt das Gauß-Verfahren schneller und oft sicherer zu einem Ergebnis als das umständlichere Auflösen und Einsetzen. Vor allem Computer können mit solchen Matrizen besser umgehen als mit unhandlichen Gleichungen. Mit ein bisschen Herumspielen kann man damit auch gut mathematische Symbolrätsel, wie Sie sie in vielen Zeitschriften finden, lösen.

1. Bestimmen Sie mit dem Gauß-Verfahren die Funktionsgleichungen, sodass die zugehörigen Graphen durch die angegebenen Punkte laufen.

a) Quadratische Funktion f mit $A(-2|1)$; $B(-1|-1)$; $C(1|7)$

b) Kubische Funktion g mit $A(-2|-16)$; $B(-1|0)$; $C(2|0)$; $D(3|4)$

c) Biquadratische Funktion h mit $A(1|-7)$; $B(-2|-10)$; $C(3|25)$

1.4 Optimierung

Situation 1

Die vom Ingenieurbüro DFS entwickelte Brücke benötigt eine Entwässerung, um Regenwasser abzuführen. Da das Oberflächenwasser mit Dreck, Reifenabrieb und öligen Stoffen vermengt ist, soll es in einer Zisterne gesammelt werden, wo sich Dreck und ölige Verschmutzungen absetzen können. Diese Zisterne soll aus statischen Erwägungen zylindrisch sein. Durch den unteren Teil des nach oben offenen Zylinders soll das Wasser in das Erdreich sickern (Rigole). Damit das Wasser nicht zu schnell versickert, darf die Rigole höchstens 50 m^2 Oberfläche haben. Zugleich soll sie ein möglichst großes Volumen haben.

1. Skizzieren Sie die zylindrische Rigole und überlegen Sie, welche Teile der Zylinderoberfläche zur Versickerung beitragen.
2. Stellen Sie eine Funktion V in Abhängigkeit vom Zylinderradius r auf und bestimmen Sie r so, dass das Volumen der Rigole maximal wird.

Lösung zu Situation 1

1. Zur Versickerung tragen bei einem nach oben offenen Zylinder die Grundfläche und die Mantelfläche bei; ihre Summe darf höchstens 50 m^2 betragen.

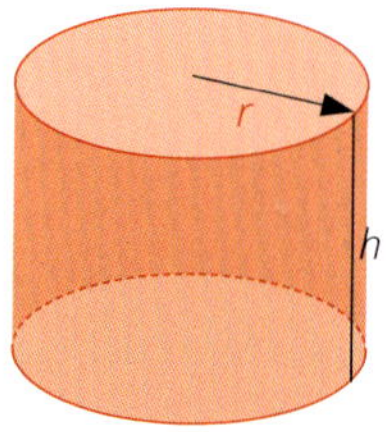

2. Das Volumen V eines Zylinders ist eine Funktion des Radius r und der Zylinderhöhe h. Das ist die **Zielfunktion** oder **Hauptbedingung**:

$$V(r, h) = \pi \cdot r^2 \cdot h$$

Wenn das Volumen der Rigole möglichst groß werden soll, ist ein Maximum und damit eine Nullstelle der ersten Ableitung der Funktion $V(r, h)$ gesucht. Dazu muss noch eine der Variablen r oder h eliminiert werden – dazu ist eine **Nebenbedingung** nötig. In diesem Fall ist es die gegebene Oberfläche.

Die Oberfläche eines Zylinders setzt sich aus der Mantelfläche $M = 2\pi \cdot r \cdot h$ und zwei Deckflächen $D = \pi \cdot r^2$ zusammen. Die obere Deckfläche der Rigole trägt nicht zur Versickerung bei, damit gilt für ihre Oberfläche abhängig von Radius r und Zylinderhöhe h allgemein:

$$\begin{aligned} O(r, h) &= M(r, h) + D(r) \\ &= 2\pi \cdot r \cdot h + \pi \cdot r^2 \end{aligned}$$

Da die Oberfläche mit 50 m^2 gegeben ist, gilt für die Rigole (ohne Einheiten):

$$\begin{aligned} O &= 50 \\ 50 &= 2\pi \cdot \mathrm{h} \cdot r + \pi \cdot r^2 \end{aligned}$$

Umgestellt nach h ergibt sich daraus:

$$\begin{aligned} 50 &= 2\pi \cdot r \cdot h + \pi \cdot r^2 \\ 50 - \pi \cdot r^2 &= 2\pi \cdot r \cdot h \\ h &= \frac{50 - \pi r^2}{2\pi \cdot r} \end{aligned}$$

Setzt man den Term für h aus der Nebenbedingung in den Funktionsterm $V(r, h)$ der Zielfunktion ein, erhält man eine **resultierende Zielfunktion** des Volumens, die nur noch von r abhängt:

$$V(r, h) = \pi \cdot r^2 \cdot h \qquad \text{mit } h = \frac{50 - \pi \cdot r^2}{2\pi \cdot r}$$

$$\begin{aligned} V(r) &= \pi \cdot r^2 \cdot \frac{50 - \pi \cdot r^2}{2\pi \cdot r} \\ &= r \cdot (25 - \pi \cdot r^2) \\ &= -\pi \cdot r^3 + 25r \end{aligned}$$

Damit lassen sich die erste Ableitung und mögliche Extremstellen bestimmen.

1. Ableitung: $V'(r) = -3\pi \cdot r^2 + 25$

Nullstellensuche:

$$\begin{aligned} V'(r) &= 0 \\ -3\pi \cdot r^2 + 25 &= 0 \\ r^2 &= \frac{25}{3\pi} \\ r &= \pm\sqrt{\frac{25}{3\pi}} \Rightarrow r_1 \approx -1{,}629;\ r_2 \approx 1{,}629 \end{aligned}$$

Die **sinnvolle Definitionsmenge der Zielfunktion** V enthält nur positive Werte von r, denn negative Radien oder $r = 0$ beschreiben keine Zylinder. Daher kann nur r_2 eine Extremstelle sein. Durch die zweite Ableitung kann überprüft werden, ob es eine Maximalstelle ist:

$$V''(r) = -6\pi \cdot r$$

Die zweite Ableitung ist für alle positiven r negativ (siehe Klasse 11), also ist r_2 eine Maximalstelle. Das Volumen der Rigole wird bei gegebener Oberfläche mit einem Radius von 1,629 m maximal.

Merke

1. Eine Funktion heißt Zielfunktion, wenn sie mit allen bekannten abhängigen Größen die gesuchte Größe beschreibt.
2. Die Gleichung heißt Nebenbedingung, wenn sie die Freiheitsgrade der abhängigen Größen einer Zielfunktion einschränkt.

Situation 2

Gegeben ist die Funktion F der Oberfläche eines Körpers mit $F(x, y) = x^2 + 2x \cdot y$ (ohne Einheiten). Dabei entspricht y der Höhe einer Seitenfläche des Körpers. Als Nebenbedingung soll gelten: $x + y = 10$

1. Bestimmen Sie $F(x)$ und die zugehörige Definitionsmenge.
2. Untersuchen Sie rechnerisch, ob es ein Wertepaar $(x|y)$ gibt, sodass die Oberfläche maximal wird.
3. Untersuchen Sie, ggf. mithilfe einer Internetrecherche, um welchen Körper es sich handeln könnte.

Lösung zu Situation 2

1. Die Definitionsmenge gibt an, welche Werte in den Funktionsterm eingesetzt werden dürfen. Daher wird zuerst eine der Unbekannten eliminiert und ein Funktionsterm mit nur einer Variablen gebildet:

$$x + y = 10 \Leftrightarrow y = 10 - x$$
$$\Rightarrow F(x) = x^2 + 2x \cdot (10 - x)$$

Aus der Nebenbedingung ist bereits ersichtlich, dass $D = [0; 10]$ gelten muss. Werte für x größer als 10 würden zu negativen y-Werten führen, die als Höhen einer Seitenfläche nicht in Frage kommen. Die beiden Randpunkte können ausgeschlossen werden, da auch eine Seitenlänge oder eine Höhe vom Wert null nicht zielführend sein kann, also ist der sinnvolle Definitonsbereich:

$$D_{\text{sinnvoll}} =]0; 10[$$

2. Extremwerte werden durch die Nullstellen der erste Ableitung bestimmt.

$$F(x) = x^2 + 2x \cdot (10 - x) = x^2 + 20x - 2x^2 = -x^2 + 20x$$
$$F'(x) = -2x + 20$$
$$-2x + 20 = 0$$
$$x = \frac{-20}{-2} = 10$$

Da $x = 10$ nicht in der Definitionsmenge enthalten ist, gibt es innerhalb der Definitionsmenge kein Maximum bzw. Extremum allgemein. Da die Definitionsmenge D nicht abgeschlossen ist, existieren auch keine Randextrema.

3. Der zugrunde liegende Funktionsterm $F(x, y)$ gehört zur Oberfläche einer regelmäßigen Pyramide mit quadratischer Grundfläche der Seitenlänge x und einer Höhe der dreieckigen Seitenflächen y.

Zusammenfassung

- Aus Zielfunktion und Nebenbedingung wird eine Funktion mit nur noch einer Unbekannten gebildet.
- Die Definitionsmenge der resultierenden Zielfunktion ergibt sich i. A. aus den (sinnvollen) Nullstellen der Zielfunktion oder der Nebenbedingung.
- Optimierung bedeutet, Extremwerte der Zielfunktion zu bestimmen, also die Nullstellen der ersten Ableitung zu suchen.
- Maxima oder Minima müssen nachgewiesen werden, z. B. über die zweite Ableitung mit der Krümmung oder über einen Vorzeichenwechsel der ersten Ableitung (Skizze des Graphen der Ableitungsfunktion, Vorzeichentabelle). Randextrema sind zu untersuchen.
- Aus den Extremstellen und der Nebenbedingung lässt sich ein Wert der zweiten gegebenen Größe bestimmen.

Aufgaben

1. Aus einem Draht der Länge $l = 42$ cm soll ein Rechteck mit möglichst großem Flächeninhalt gebogen werden. Bestimmen Sie die zugehörige Kantenlänge.

2. Am Tag der offenen Tür möchte eine Klasse Herzen aus einem Metallstab biegen (siehe Abbildung). Die Länge der zur Verfügung stehenden Metallstäbe beträgt 1 m. Die Herzen setzen sich aus zwei Halbkreisen und einem Quadrat zusammen. Dabei entspricht die Seitenlänge h dem Durchmesser eines Kreises.

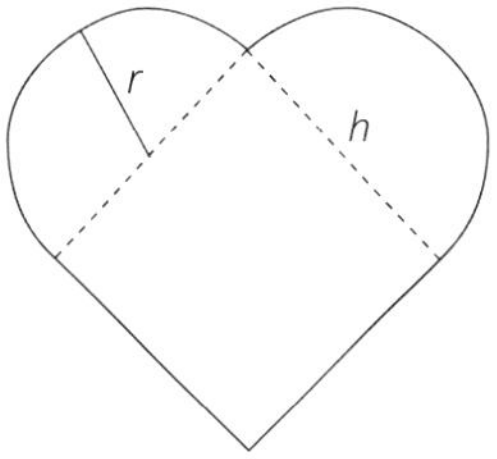

   a) Stellen Sie eine Funktion A für den Flächeninhalt in Abhängigkeit des Radius auf.

   b) Bestimmen Sie die Definitionsmenge D_A.

   c) Ermitteln Sie den Kreisradius r_0 und die Seitenlänge h_0 des Quadrats, für die der Flächeninhalt maximal wird.

3. Aus einer dünnen Holzleiste soll ein quaderförmiger Kasten mit den Eigenschaften für die Seitenlängen $a = c$ und $b = 2a$ gefertigt werden. Die Leiste hat eine Länge $l = 80$ cm.

   a) Bestimmen Sie die Seitenlänge so, dass das Volumen maximal wird.

   b) Berechnen Sie den Wert von a so, dass die Oberfläche des Quaders maximal wird.

4. Für einen Kuchenverkauf in der Schule sollen für Kekse auch kleine Schächtelchen aus Karton gebastelt werden. Nachdem die ersten Ergebnisse sehr unterschiedlich ausgefallen sind, sollen die Schachteln vereinheitlicht und optimiert werden. Aus einem Blatt DIN-A4-Karton soll eine Schachtel (ohne Deckel) mit möglichst großem Volumen gebastelt werden. Dazu wird nachfolgendes Schnittmuster verwendet.

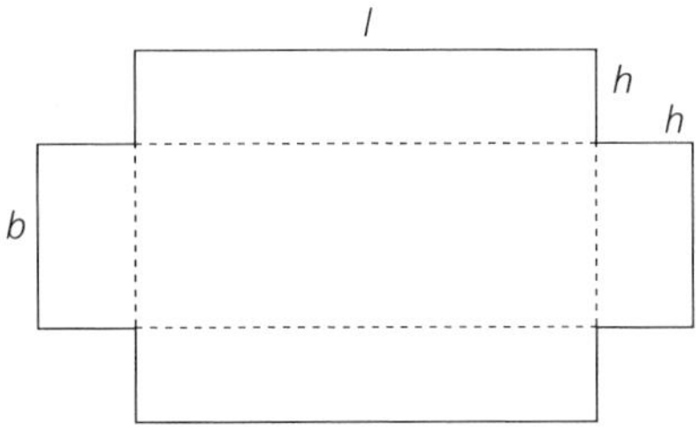

   a) Basteln Sie eine Schachtel mit möglichst großem Volumen und vergleichen Sie Ihre Ergebnisse in der Klasse.

   b) Stellen Sie die Zielfunktion und die Nebenbedingung für das Optimierungsproblem auf. Messen Sie ggf. die Länge und Breite eines DIN-A4-Blattes aus.

   c) Bestimmen Sie h so, dass das Volumen maximal wird und bestimmen Sie den Wert des maximalen Volumens V.

   d) Bauen Sie in der Gruppe eine optimale Schachtel und beurteilen Sie die Größe hinsichtlich Eignung im Sinne der vorgegebenen Thematik.

5.* Für eine Optimierungsaufgabe wurde die Nebenbedingung $b = 4\pi x + 2y$ und die Zielfunktion $a = 2\pi x^2 + 2\pi xy$ aufgestellt. Formulieren Sie ein Problem, das auf die beiden Gleichungen führt und fertigen Sie dazu eine saubere Skizze an.

6. „Ceterum censeo Carthaginem esse delendam" (Cato 234–149 v. Chr.). Als zeitweiliger größter Feind Roms sollte Karthago zerstört werden. Der Legende nach wurde diese Stadt von der trojanischen Prinzessin Dido gegründet. Recherchieren Sie in Partnerarbeit diese Legende und formulieren Sie ein passendes Optimierungsproblem mit allen notwendigen Angaben und Aufgaben. Lassen Sie Ihre Aufgabe von einer anderen Gruppe lösen.

7. Auf geogebra.org finden Sie viele Applets aus dem Bereich Mathematik. Suchen Sie in Partnerarbeit ein Applet zur Optimierung. Fertigen Sie dazu eine kurze Präsentation an, die das Problem, die Ansätze und die optimale Lösung kurz erklärt.

1.5 Zusammenhang der Graphen von Funktion und Ableitungsfunktion

Situation 1

Die Geschäftsführer von DFS betrachten den Graphen G_V der Volumenfunktion V der Zisterne und Rigole genauer. Um mögliche Kosteneinsparungen zu diskutieren, überlegen Sie noch, die Ableitungsfunktion zu skizzieren, da diese bei der Optimierung bereits eine Rolle gespielt hat. Für die Volumenfunktion ergab sich der Graph:

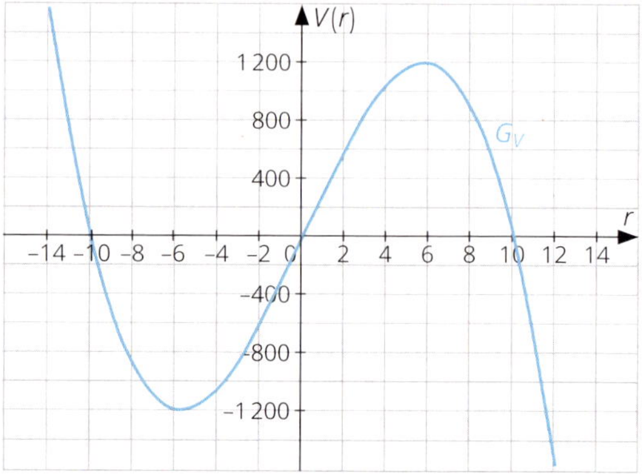

1. Kennzeichnen Sie den Teil des Graphen G_V, der für die Optimierung relevant war, und geben Sie damit die Definitionsmenge von $V(r)$ an.
2. Skizzieren Sie den Graphen der Ableitungsfunktion im relevanten Bereich.
3. Beschreiben Sie kurz das Verhalten des Graphen zu V' an den Extremstellen und der Wendestelle von V.
4. Geben Sie an, in welchen Intervallen G_V steigt bzw. fällt und wie der Graph der Ableitungsfunktion in diesen beiden Intervallen verläuft.

Lösung zu Situation 1

1. Definitionsbereich: $D = [0;10]$

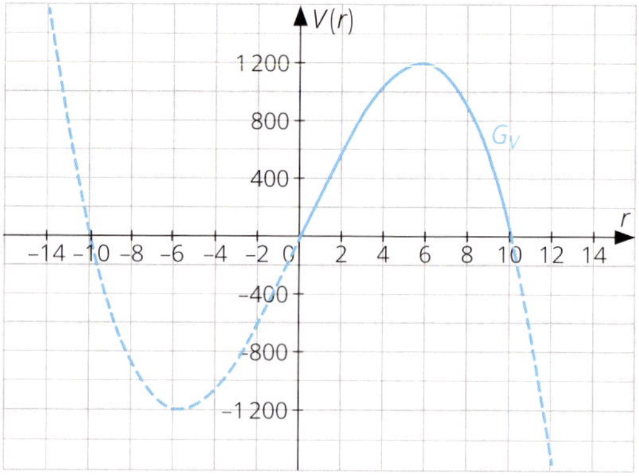

2. 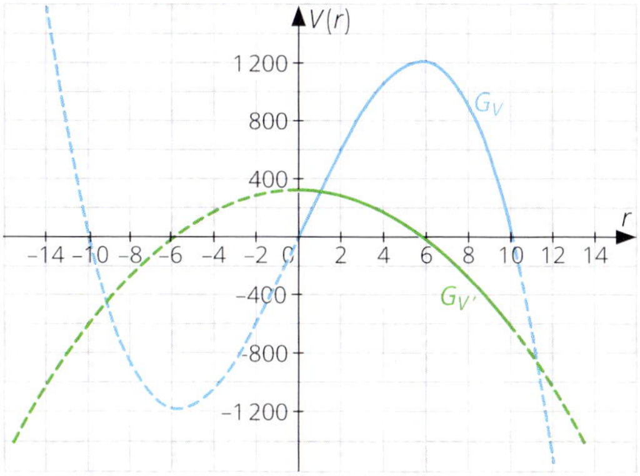

3. An den Extremstellen schneidet $G_{V'}$ die r-Achse, V' hat somit hier eine Nullstelle. Die Wendestelle von V ist die Extremstelle von V'.

4. G_V ist im Intervall $I_1 = [0;\ 5{,}75]$ streng monoton steigend. Hier verläuft $G_{V'}$ oberhalb der r-Achse. Im Intervall $I_2 = [5{,}75;\ 10]$ ist G_V streng monoton fallend und $G_{V'}$ verläuft unterhalb der r-Achse.

Situation 2

Gegeben ist der Graph $G_{f'}$ einer Ableitungsfunktion f' zur Funktion f.

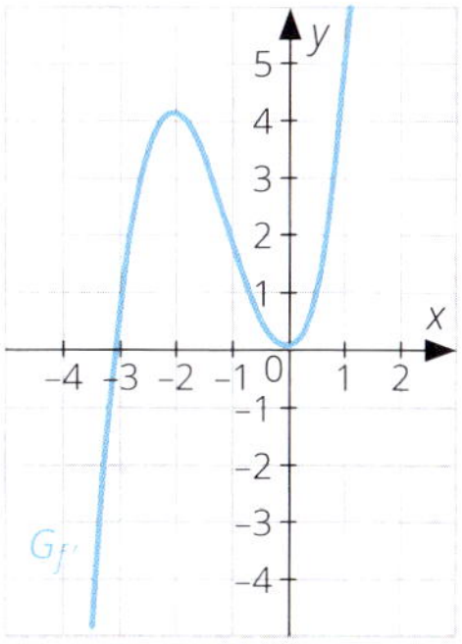

1. Geben Sie die Nullstellen von f'' an sowie deren Bedeutung für f' und f.
2. Geben Sie die Nullstellen von f' an und schließen Sie damit auf die Extremstelle von f.
3. Skizzieren Sie den Graphen von f und beschreiben Sie kurz, weshalb der exakte Graph nicht skizziert werden kann.
4. Begründen Sie das Aussehen Ihrer Skizze.

Lösung zu Situation 2

1. Die Nullstellen von f'' sind die Extremstellen von f'. Damit hat f'' bei $x_1 = -2$ und $x_2 = 0$ zwei einfache Nullstellen.
   x_1 und x_2 sind damit Wendestellen von f (Notwendige und hinreichende Bedingung sind erfüllt).

2. $x_3 = -3$, $x_4 = 0$. x_3 ist eine Minimumstelle von f (Vorzeichenwechsel – nach + in $G_{f'}$). x_4 ist keine Extremstelle von f, sondern eine Terrassenstelle ($f'(x) = f''(x) = 0$ bzw. Nst. ohne VZW in f').

3. Der exakte Graph von f kann nicht skizziert werden, weil der konstante Term beim Ableiten verschwindet. Damit kann der richtige Graph noch nach oben oder unten verschoben sein.
4. Im Bereich $-\infty < x \leq -3$ liegt $G_{f'}$ unterhalb der x-Achse, somit fällt G_f. Für $x \geq -3$ ist G_f monoton steigend.

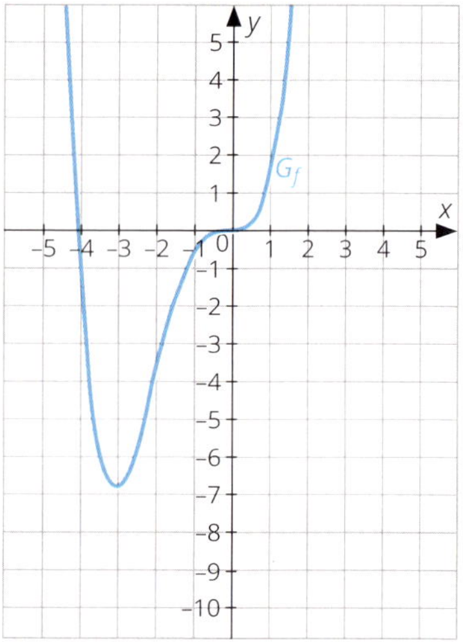

Zusammenfassung

- Nullstellen mit VZW von f' sind Extremstellen von f.
- Nullstellen mit VZW von f'' sind Wendestellen von f.
- Beim Ableiten verringert sich die Vielfachheit von Nullstellen stets um eins.
- Das Vorzeichen der Funktionswerte bzw. die Lage des Graphen von f' bezüglich der x-Achse beschreibt das Steigungsverhalten von G_f.

Aufgaben

1. Begründen Sie, weshalb der Graph G_g der Graph einer Funktion g sein kann, deren Ableitung f ist, von der der Graph G_f abgebildet ist.

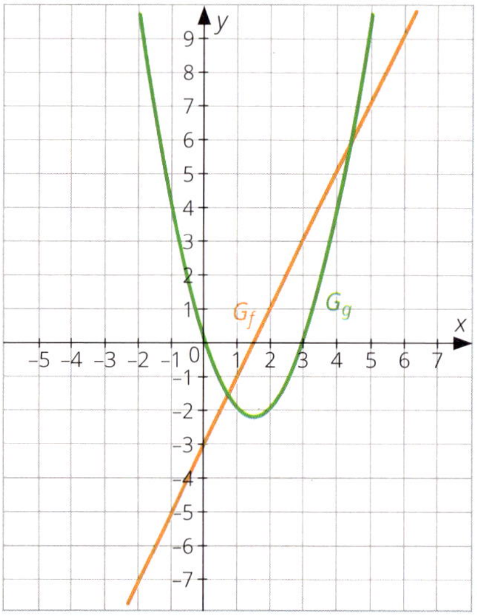

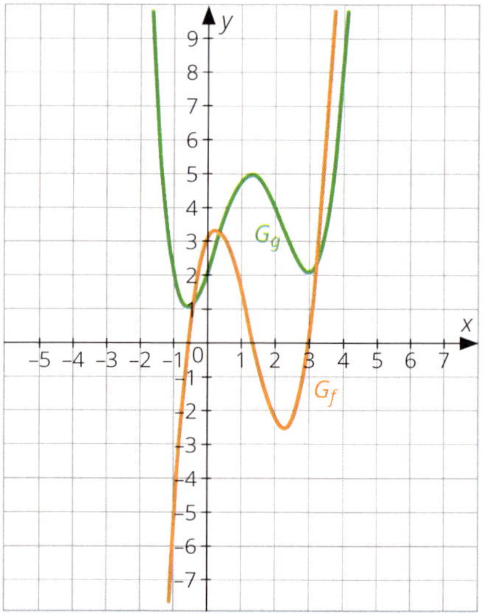

2. Ordnen Sie die Graphenausschnitte G_f bis G_i der Ableitungsfunktionen f, g, h und i den passenden Graphenausschnitten G_k bis G_m der Funktionen k, l, m und n zu, von denen sie abgeleitet wurden.

a)

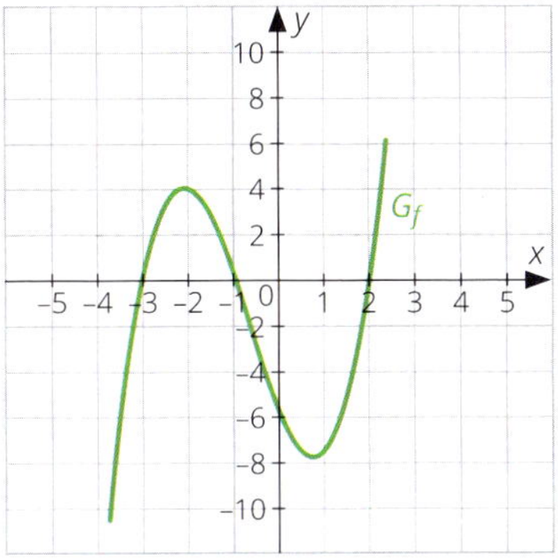

b)

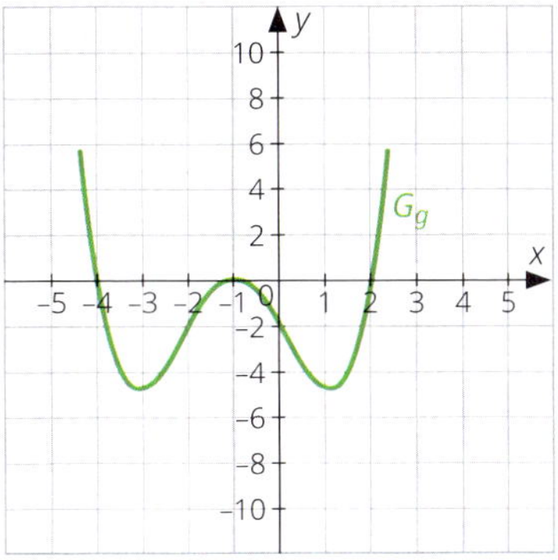

c)

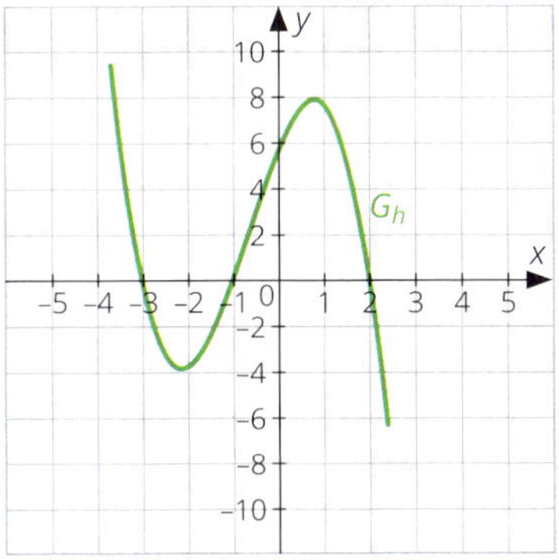

d)

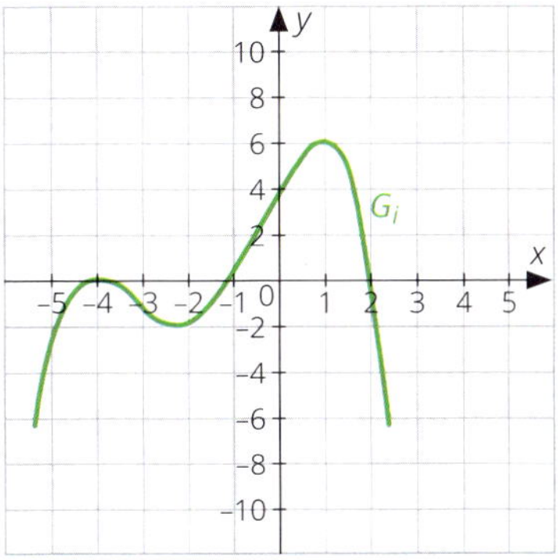

e)

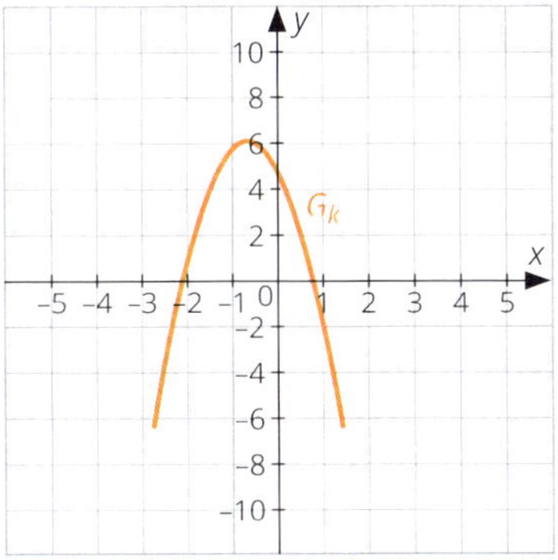

f)

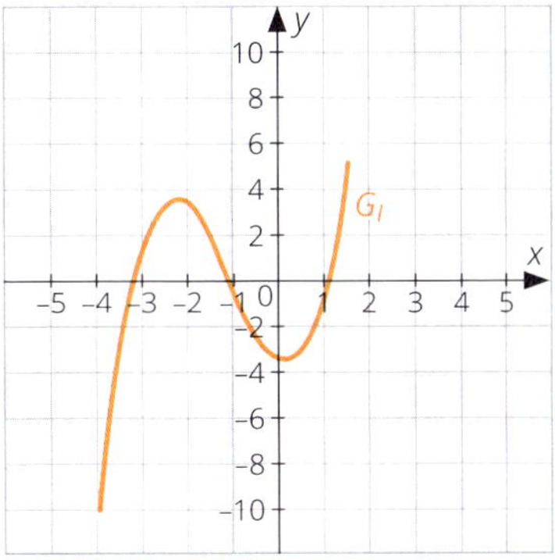

g)

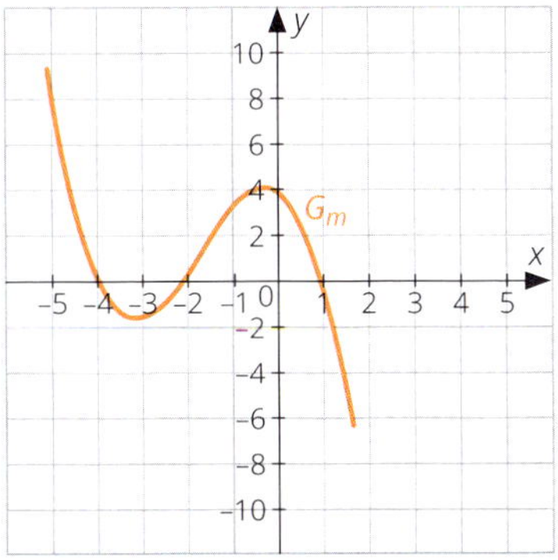

h)

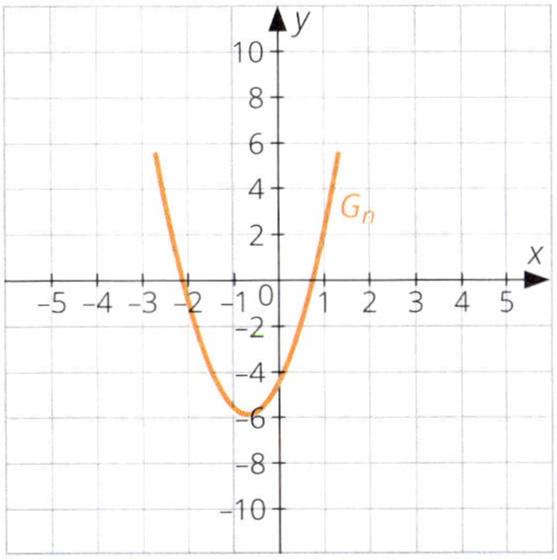

3. Skizzieren Sie die Graphen der Ableitungsfunktionen zu den vorgegebenen Funktionsgraphen.

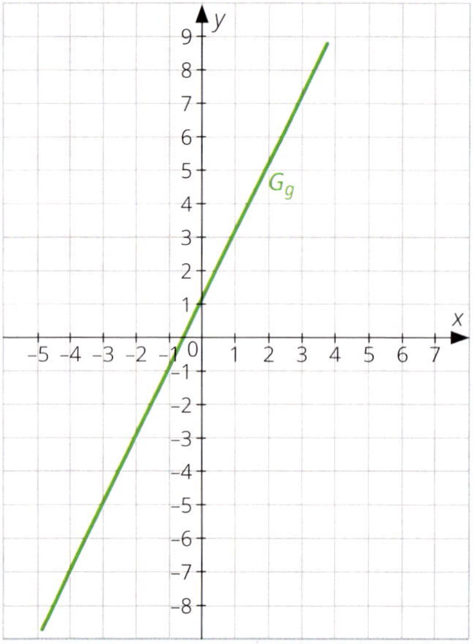

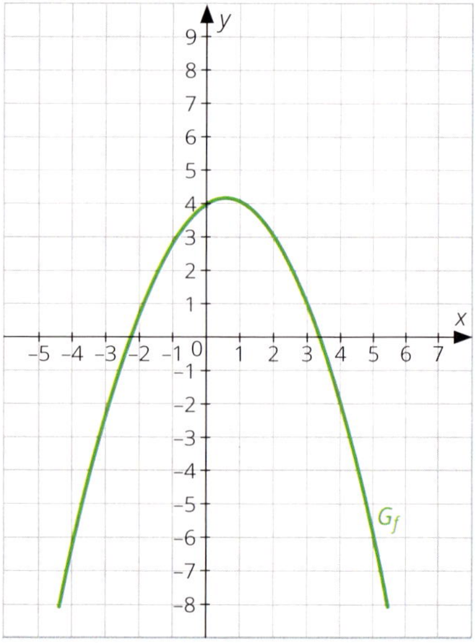

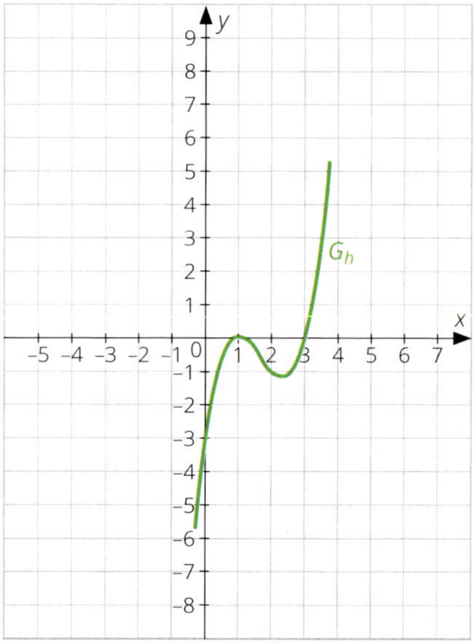

4. Skizzieren Sie den Funktionsgraphen zu den gegebenen Graphen der Ableitungsfunktionen.

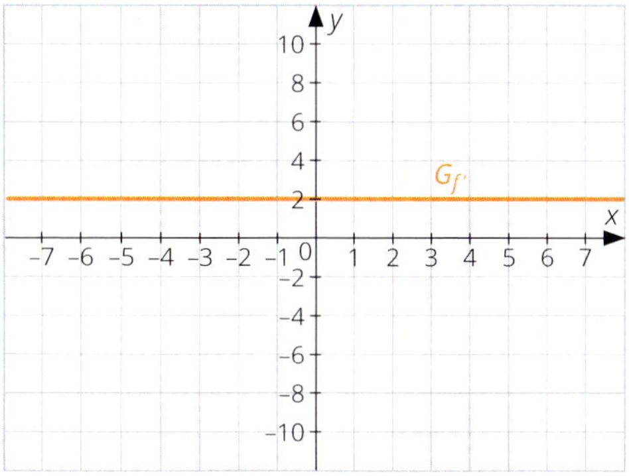

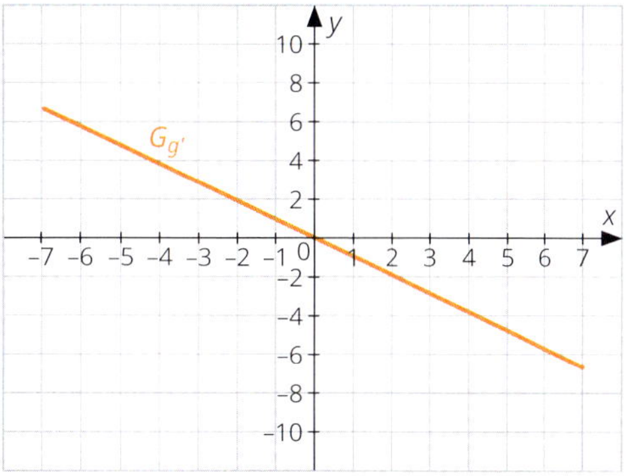

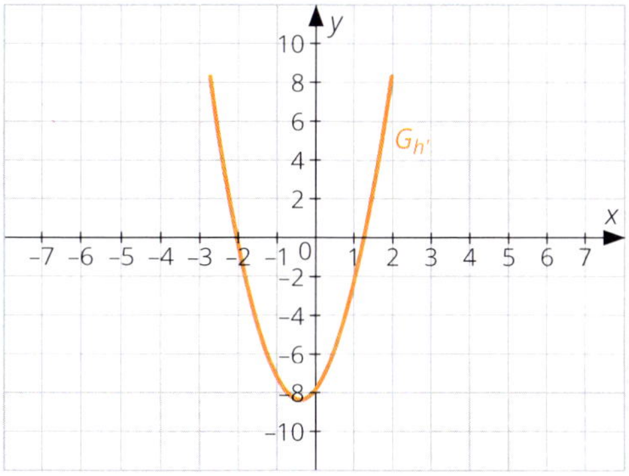

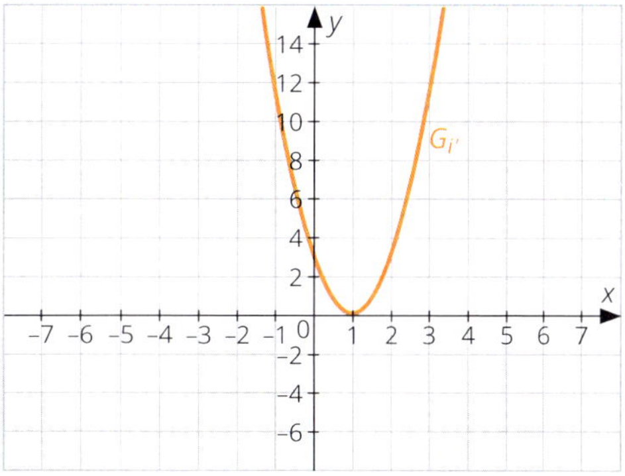

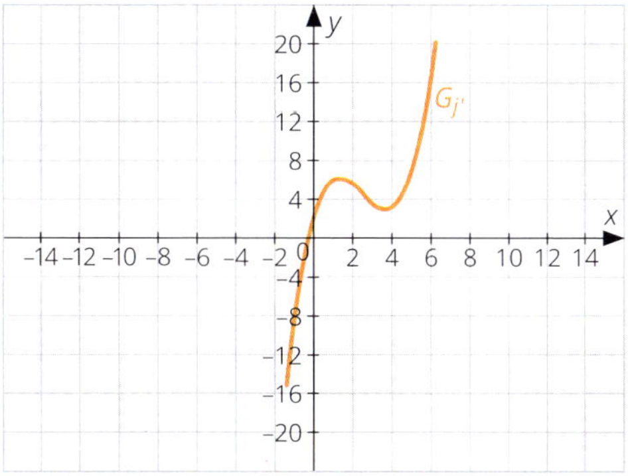

1.6 Vernetzte Aufgaben

1. Das Ingenieurbüro DFS muss noch Berechnungen zur Bewerbung nachreichen. Dabei geht es um die befahrbare Querschnittsfläche für die Aufbauten bzw. Container auf den Schiffen. Dazu wird der Parabel zu $f: x \mapsto -\frac{1}{36}x^2 + \frac{10}{36}x + 5$ ein Rechteck einbeschrieben, das symmetrisch zum Scheitel der Parabel liegen soll. Für dieses Rechteck soll der größtmögliche Flächeninhalt in Abhängigkeit von der Breite bestimmt werden.
   a) Ändern Sie den Funktionsterm derart ab, dass die *y*-Achse des Koordinatensystems durch den Scheitel der Parabel verläuft.
   b) Erstellen Sie ein Applet mit einem Funktionenplotter, mit dem Sie sich den Sachverhalt in Abhängigkeit von der Breite veranschaulichen können, und lesen Sie das Ergebnis für den maximalen Flächeninhalt aus dem Programm ab.
   c) Stellen Sie die Zielfunktion *A* auf und geben Sie deren Definitionsmenge an.
   d) Bestimmen Sie den Wert von *x* so, dass der Flächeninhalt des Rechtecks über dem Wasserspiegel maximal wird, und geben Sie die Höhe des Rechtecks über dem Wasserspiegel an.
   e) Untersuchen Sie, ob es sich bei der optimalen Fläche um ein relatives oder absolutes Extremum handelt.
   f) Aus Sicherheitsgründen soll die Vorgabe für die Höhe und Breite um jeweils 20 % unterhalb des optimalen Wertes liegen. Ermitteln Sie, um wie viel Prozent die sichere Durchfahrtsfläche kleiner ist als das Optimum.

2.[2)] a)*Gegeben sind die reellen Funktionen $f_a: x \mapsto -\frac{1}{8}x(x-a)(x-5)^2$ mit $D_f = \mathbb{R}$ und $a \in \mathbb{R}$.
   - Ermitteln Sie in Abhängigkeit von a die Anzahl, Lage und Vielfachheiten der Nullstellen von f_a.
   - Bestimmen Sie $a \in \mathbb{R}$ so, dass der Punkt $P\left(4\left|-\frac{1}{2}\right.\right)$ auf dem Graphen der Funktion f_a liegt.

   b) Nun wird $a = 3$ gesetzt. Die Funktion f_3 wird im Folgenden kurz mit f bezeichnet. Es gilt: $f(x) = -\frac{1}{8}x(x-3)(x-5)^2$.
   - Zeigen Sie, dass sich die Funktion f auch in der Form $f(x) = -\frac{1}{8}(x^4 - 13x^3 + 55x^2 - 75x)$ darstellen lässt.
   - Ermitteln Sie Art und Koordinaten der relativen Extrempunkte des Graphen der Funktion f.
   - Zeichnen Sie den Graphen der Funktion f im Bereich $-0{,}25 \leq x \leq 6$ mithilfe vorliegender Ergebnisse in ein Koordinatensystem (Maßstab auf beiden Achsen: 1 LE = 1 cm).

2) Quelle: Bayerisches Staatsministerium für Unterricht und Kultus, Fachabitur Bayern 2010, Mathematik NT, Infinitesimalrechnung A I

Differenzialrechnung bei ganzrationalen Funktionen

Aufgabe 1

Können Sie zwischen relativen und absoluten Extrempunkten unterscheiden?

Ordnen Sie die Begriffe den entsprechenden Punkten *A*–*D* des Funktionsgraphen einer auf D = [–2,5; 1] definierten Funktion zu und begründen Sie ihre Zuordnung.

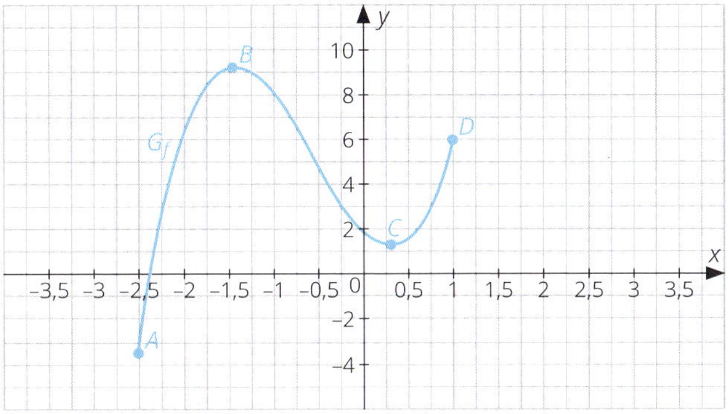

Lösung auf Seite 189

Nicht gelöst	Mit Hilfestellung gelöst	Sicher gelöst
Arbeiten Sie Situation 2 in Kapitel 1.1 nochmal durch.	Bearbeiten Sie Aufgabe 1 in Kapitel 1.1 zur weiteren Übung.	Bearbeiten Sie Aufgabe 4 in Kapitel 1.1 zur Vertiefung.

Aufgabe 2

Können Sie zwischen momentaner und mittlerer Änderungsrate unterscheiden und deren Bedeutung im Alltagskontext erfassen?

a) Skizzieren Sie den Graphen einer Funktion dritten Grades.

b) Zeichnen Sie je einen Graphen zur mittleren und zur lokalen Änderungsrate ein und beschreiben Sie kurz den Unterschied.

c) Nennen Sie eine Anwendung der beiden Änderungsraten aus ihrer Alltagserfahrung.

Lösung auf Seite 189

Nicht gelöst	Mit Hilfestellung gelöst	Sicher gelöst
Arbeiten Sie Situation 2 in Kapitel 1.2 nochmal durch.	Bearbeiten Sie Aufgabe 1 in Kapitel 1.2 zur weiteren Übung.	Bearbeiten Sie Aufgabe 3 in Kapitel 1.2 zur Vertiefung.

Selbsttest Kapitel 1

Aufgabe 3

Können Sie Bestimmungsgleichungen aufstellen und erkennen, welche Eigenschaften aus welchen Ableitungen folgen (vgl. Band 1/11 NT für die Bedeutung der Ableitungen)?

Kreuzen Sie die richtige(n) Aussage(n) an, die auf eine Funktion dritten Grades führen.

a) $f'(x) = ax_0^3 - bx_0^2 + cx_0 + d$ ist eine mögliche Bestimmungsgleichung.

☐ ja ☐ nein

b) Ohne die Ausnutzung von besonderen Funktionseigenschaften wie Symmetrie sind genau drei Bestimmungsgleichungen möglich.

☐ ja ☐ nein

c) Um das Steigungsverhalten in einer Bestimmungsgleichung auszudrücken, verwendet man die zweite Ableitung.

☐ ja ☐ nein

d) Zielführende Bestimmungsgleichungen könnten sein:

☐ $3a - 4b + 2 = 2$ ☐ $d = 2$ ☐ $3x^3 - 4x^2 + 2x = 2$

Lösung auf Seite 189

Nicht gelöst	Mit Hilfestellung gelöst	Sicher gelöst
Arbeiten Sie Situation 2 in Kapitel 1.3 nochmal durch.	Bearbeiten Sie Aufgabe 2 in Kapitel 1.3 zur weiteren Übung.	Bearbeiten Sie Aufgabe 5 in Kapitel 1.3 zur Vertiefung.

Aufgabe 4

Können Sie Ansätze von Optimierungsproblemen verstehen und aufstellen sowie das prinzipielle Lösungsverfahren beschreiben?

Die Zielfunktion eines Optimierungsproblems lautet $f(a) = 6a - a^2$.

a) Geben Sie an, um welche reale Größe es sich handeln könnte.

b) Extrahieren Sie eine mögliche Nebenbedingung aus der Zielfunktion.

c) Beschreiben Sie, ob die gesuchte Größe maximiert oder minimiert werden wird und wie das weitere mathematische Vorgehen zur Lösung aussieht.

Lösung auf Seite 189

Nicht gelöst	Mit Hilfestellung gelöst	Sicher gelöst
Arbeiten Sie Situation 2 in Kapitel 1.4 nochmal durch.	Bearbeiten Sie Aufgabe 2 in Kapitel 1.5 zur weiteren Übung.	Bearbeiten Sie Aufgabe 4 in Kapitel 1.5 zur Vertiefung.

Aufgabe 5

Können Sie aus gegebenen Graphen einer Ableitungsfunktion ausgezeichnete Punkte und Intervalle des Graphen der Stammfunktion entnehmen und diesen konstruieren?

Gegeben ist der Ausschnitt eines Graphen $G_{f'}$ einer Ableitungsfunktion f'. Bestimmen Sie die Intervalle maximaler Monotonie und daraus Art und Abszissenwerte der relativen Extrempunkt(e) und die Abszissenwerte der Wendepunkt(e) zu f.

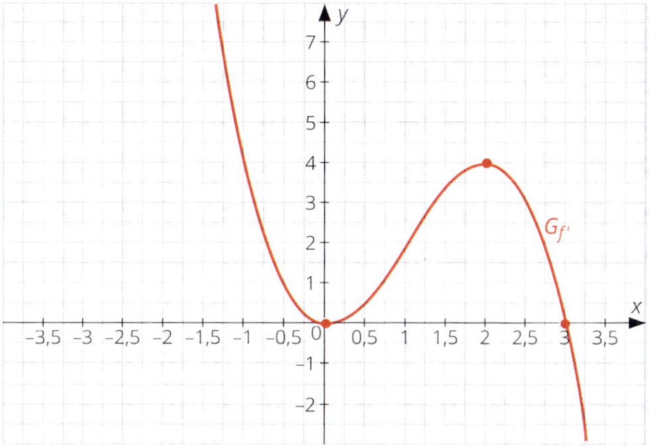

Lösung auf Seite 189

Nicht gelöst	Mit Hilfestellung gelöst	Sicher gelöst
Arbeiten Sie Situation 2 in Kapitel 1.5 nochmal durch.	Bearbeiten Sie Aufgabe 2 in Kapitel 1.4 zur weiteren Übung.	Bearbeiten Sie Aufgabe 5 in Kapitel 1.4 zur Vertiefung.

2 Exponentialfunktion und Logarithmus

In diesem Kapitel

- beschreiben und ermitteln Sie die grundlegenden Eigenschaften der Funktion $x \mapsto a \cdot b^{c \cdot (x-d)} + y_0$ ($b > 0$), um bei exponentiellen Vorgängen in Realsituationen Vorhersagen zu treffen.
- entscheiden Sie, welchen Einfluss eine Veränderung der Werte der Parameter a, b, c, d und y_0 jeweils auf den Verlauf des Graphen der Funktion $x \mapsto a \cdot b^{c \cdot (x-d)} + y_0$ ($b > 0$ und insbesondere $b = \mathrm{e}$) hat. Umgekehrt bestimmen Sie anhand eines vorgegebenen Graphen einer solchen Funktion möglichst viele Informationen über den zugehörigen Funktionsterm.
- modellieren Sie den exponentiellen Zusammenhang zweier Größen in anwendungsorientierten Problemstellungen (z. B. Kapitalverzinsung, radioaktiver Zerfall, Bakterienwachstum) durch geeignete Funktionen, um Aussagen über die Entwicklung einer Größe in Abhängigkeit der anderen Größe zu treffen.
- berechnen Sie, für welche Werte der unabhängigen Größe (z. B. Zeit t) die abhängige exponentiell wachsende Größe (z. B. Anzahl der Bakterien) bestimmte Werte annimmt, um beispielsweise Vorhersagen bezüglich der zeitlichen Entwicklung einer Populationsgröße zu treffen. Beim Lösen der auftretenden Exponentialgleichungen verwenden Sie die Logarithmen und die Logarithmusgesetze.

2.1 Die allgemeine Exponentialfunktion

Situation 1

Sabrina und Ahmed versuchen ein Blatt Papier möglichst häufig zu falten, indem sie es immer wieder über die Mitte knicken. Jedoch stoßen beide nach wenigen Faltungen an ihre Grenzen, da der entstandene Stapel zu kompakt ist, um nochmal gefaltet zu werden.

Ahmed schlägt Sabrina daraufhin das folgende Gedankenexperiment vor: „Stell dir vor, wir könnten das Papier unendlich oft falten. Wie oft müssten wir dann das Blatt knicken, um vom Boden bis zur Decke zur kommen? Oder gleich bis zum Mond?“

1. Erstellen Sie für die ersten 5 Faltungen jeweils eine Tabelle für die Anzahl der Schichten und für die Dicke des Papiers in Abhängigkeit der Faltungen. Beginnen Sie im ungefalteten Zustand. Gehen Sie dabei von einer Blattdicke von 0,1 mm aus.

2. Geben Sie allgemein eine Formel zur Berechnung der Anzahl der Schichten s sowie für die Dicke d des Papiers bei x Faltungen an. Einheiten müssen nicht mitgeführt werden.

3. Ermitteln Sie durch Probieren die Anzahl der Faltungen, die theoretisch nötig sind, um die von Ahmed erwähnten Entfernungen zu überbrücken. Für die durchschnittliche Raumhöhe nehmen Sie 2,40 m an, die mittlere Entfernung Erde-Mond ist 384 400 km. Einheiten müssen nicht mitgeführt werden.

4. Zeichnen Sie die zu Aufgabe 2 zugehörigen Funktionsgraphen. Für $s(x)$ und $d(x)$ soll jeweils $D = \mathbb{R}$ gelten.

5.* Untersuchen Sie mithilfe der Schiebereglerfunktion einer Mathematiksoftware den Einfluss verschiedener Papierdicken (im allgemeinen exponentiellen Zusammenhang auch als **Anfangswert** bezeichnet) auf den Verlauf des Graphen. Erweitern Sie anschließend die Betrachtung, indem Sie unabhängig von einer realen Papierdicke die Funktion auch für Anfangswerte kleiner oder gleich null betrachten.

Lösung zu Situation 1

1. Die Anzahl der Schichten kann zum einen durch Überlegen oder zum anderen anschaulich durch Nachfalten ermittelt werden, wobei 0 Faltungen dem Ausgangszustand entsprechen:

Faltungen	Schichten
0	1
1	2
2	4
3	8
4	16
5	32

Die entsprechende Dicke des gefalteten Papiers erhält man, indem die Schichten mit der Blattdicke 0,1 mm multipliziert werden:

Faltungen	Papierdicke
0	0,1 mm
1	0,2 mm
2	0,4 mm
3	0,8 mm
4	1,6 mm
5	3,2 mm

2. In Aufgabe 1 erkennt man, dass sich die Anzahl der Schichten mit jeder Faltung verdoppelt. Somit gilt allgemein für x Faltungen:

$$s(x) = 2^x$$

Ebenso ist bei einem Vergleich der beiden Tabellen in Aufgabe 1 ersichtlich, dass man die Papierdicke allgemein durch Multiplikation der Schichten mit 0,1 erhält:

$$d(x) = 0{,}1 \cdot 2^x$$

3. Zunächst müssen die angegebenen Entfernungen in mm umgerechnet werden, damit die Ergebnisse besser verglichen werden können. Die Raumhöhe entspricht dann 2 400 mm und die Distanz Erde-Mond 384 400 000 000 mm. Durch Einsetzen verschiedener Werte für x in $d(x)$ bzw. mithilfe der Tabellenfunktion des Taschenrechners erhält man:

$$d(14) = 1638{,}4$$
$$d(15) = 3276{,}8$$

Der genaue Wert liegt also zwischen 14 und 15 Faltungen. Durch 15-maliges Falten des Papiers hätte man die Raumhöhe somit nicht nur erreicht, sondern sogar weit überschritten. Für die Entfernung von der Erde zum Mond gilt näherungsweise:

$$d(41) \approx 2{,}199 \cdot 10^{11} = 219\,900\,000\,000$$
$$d(42) \approx 4{,}398 \cdot 10^{11} = 439\,800\,000\,000$$

Nach der 42. Faltung des Papiers kann also eine Brücke von der Erde zum Mond geschlagen werden.

4. Für die beiden Graphen G_s und G_d erhält man folgende Verläufe:

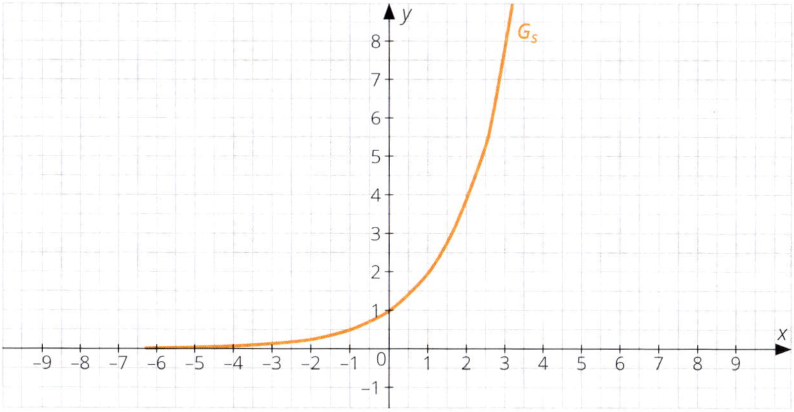

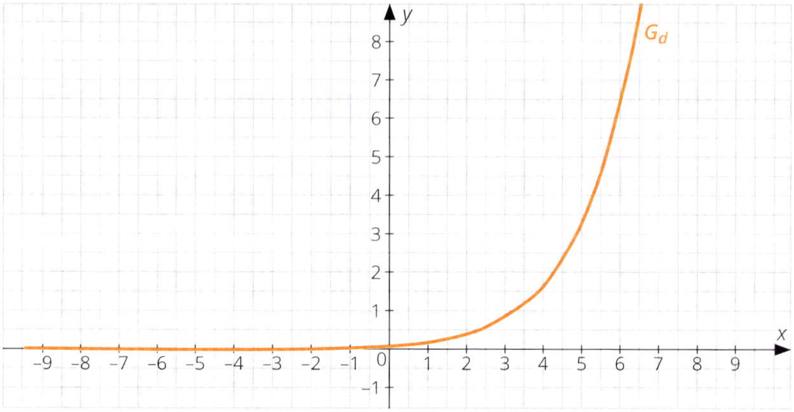

5.* Mithilfe des Schiebereglers und der Funktion „Spur anzeigen" können für verschiedene Papierdicken entsprechende Graphen erzeugt und gleichzeitig angezeigt werden:

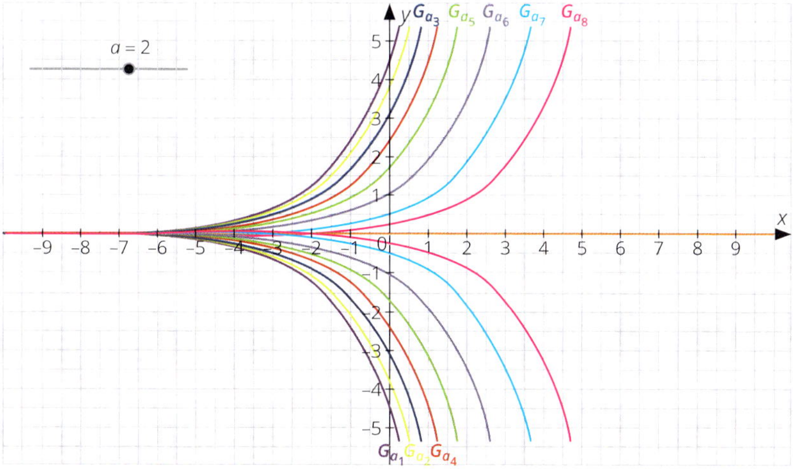

Man kann erkennen, dass für einen Anfangswert von 0 eine Gerade entsteht, die auf der x-Achse verläuft. Dieser Fall ist im Zusammenhang mit exponentiellen Vorgängen nicht sinnvoll. Weiterhin sieht man, dass sich mit dem Anfangswert a auch der Schnittpunkt $Y(0|a)$ mit der y-Achse verändert und der Graph steiler verläuft, wenn $|a|$ größer wird. Für $a > 0$ ist die Wertemenge $W = \mathbb{R}^+$ und für $a < 0$ gilt $W = \mathbb{R}^-$. Zudem ist ein Graph für $a < 0$ streng monoton fallend und rechtsgekrümmt, für $a > 0$ streng monoton steigend und linksgekrümmt. Als Asymptote ergibt sich unabhängig von a die x-Achse:

$$d(x) \to 0 \text{ für } x \to -\infty$$

Zudem gilt für das Verhalten im Unendlichen:

$$d(x) \to +\infty \text{ für } x \to +\infty, \text{ wenn } a > 0$$
$$d(x) \to -\infty \text{ für } x \to +\infty, \text{ wenn } a < 0$$

Situation 2

Aufgrund ihrer Pollenallergie muss Tamara im Frühling und Sommer regelmäßig ein Allergiemittel spritzen. Die Konzentration des Medikaments im Blut wird in mg/L gemessen, wobei im Laufe einer Stunde ein fester Prozentsatz des Mittels im Körper abgebaut wird. Drei Stunden nach der Einnahme beträgt die Konzentration 8,4 mg/L, nach acht Stunden noch 6,3 mg/L. Einheiten müssen bei der Berechnung nicht mitgeführt werden.

1. Bestimmen Sie einen Funktionsterm der Form $k(t) = a \cdot b^t$, der die Konzentration k des Medikaments in Abhängigkeit von der Zeit t (in Stunden) angibt. Runden Sie jeweils auf zwei Nachkommastellen.
2. Geben Sie eine sinnvolle Definitionsmenge D_k für die Funktion k an.
3. Zeichnen Sie den Funktionsgraph G_k in ein geeignetes Koordinatensystem.
4. Bei Medikamenten spielt unter anderem die **Halbwertszeit** t_H eine wichtige Rolle. Bestimmen Sie näherungsweise anhand des Graphen G_k die Halbwertszeit von Tamaras Allergiemittel.
5. Fällt die Konzentration unter einen Wert von 1 mg/L, ist die Wirksamkeit des Medikaments nicht mehr zu 100 % gewährleistet und Tamara muss eine neue Dosis einnehmen. Ermitteln Sie anhand des Graphen G_k näherungsweise die Zeit t_n, nach der Tamara die Dosis spätestens wieder injizieren sollte.

6.* Untersuchen Sie mithilfe einer geeigneten Mathematiksoftware den Einfluss verschiedener Basen auf den Verlauf des Graphen der Funktion k. Gehen Sie hierfür von der Definitionsmenge $D = \mathbb{R}$ aus.

Lösung zu Situation 2

1. Durch die angegebenen Konzentrationen nach drei bzw. acht Stunden kann ein Gleichungssystem aufgestellt werden:

$$k(3) = 8{,}4 \Leftrightarrow ab^3 = 8{,}4$$
$$k(8) = 6{,}3 \Leftrightarrow ab^8 = 6{,}3$$

Dieses Gleichungssystem kann z. B. mit dem Einsetzungsverfahren gelöst werden. Hierbei ist es am geschicktesten, zunächst die erste Gleichung nach a aufzulösen und dies dann in die zweite Gleichung einzusetzen:

$$ab^3 = 8{,}4 \Rightarrow a = \frac{8{,}4}{b^3}$$
$$\Rightarrow \frac{8{,}4}{b^3} \cdot b^8 = 6{,}3$$

b^3 und b^8 können gekürzt und die Gleichung nach b aufgelöst werden:

$$\frac{8{,}4}{b^3} \cdot b^8 = 6{,}3$$
$$8{,}4 \cdot b^5 = 6{,}3$$
$$b^5 = 0{,}75$$
$$b = \sqrt[5]{0{,}75} \approx 0{,}94$$

Für den Parameter a und den Funktionsterm $k(t)$ ergibt sich somit:

$$a = \frac{8{,}4}{b^3} \approx 9{,}98$$
$$k(t) = 9{,}98 \cdot 0{,}94^t$$

2. Für die Definitionsmenge D_k sind nur Werte von t sinnvoll, die größer oder gleich Null sind, da der Verlauf in Abhängigkeit von der Zeit betrachtet wird. $t = 0$ ist hier der Zeitpunkt der Injektion: $D_k = \mathbb{R}_0^+$.

3. Für den Graph G_k erhält man:

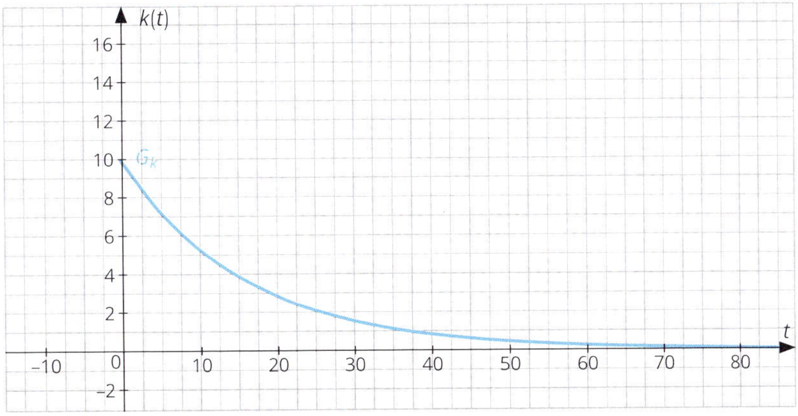

4. Unter der **Halbwertszeit** versteht man die Zeitspanne, in der die Hälfte des anfänglichen Werts erreicht wird. Am einfachsten bestimmt man die Halbwertszeit grafisch, indem man vom Anfangswert, also dem Schnittpunkt mit der y-Achse ausgeht, hier $k(0) = 9{,}98$. Die Hälfte dieses Anfangswerts ist 4,99. Die Halbwertszeit ist somit der Zeitpunkt, an dem eine Konzentration von 4,99 mg/L vorliegt:

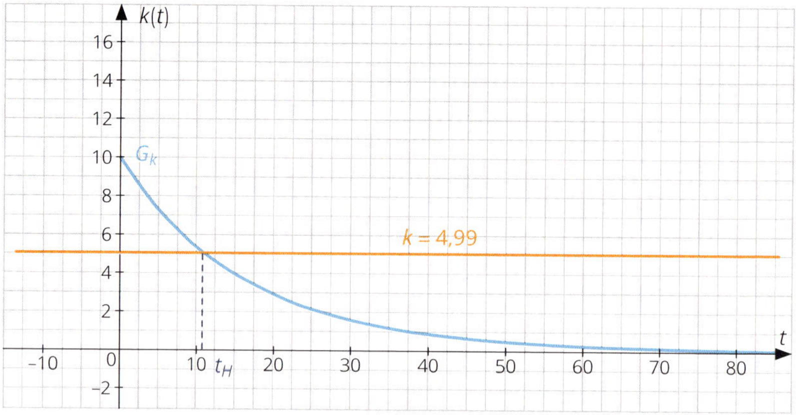

t_H beträgt also ungefähr 11,25 Stunden.

5. Um den Zeitpunkt t_n zu bestimmen, nach dem sich Tamara eine neue Dosis spritzen muss, geht man ähnlich vor wie bei der Bestimmung der Halbwertszeit. Die relevante Konzentration ist diesmal 1 mg/L:

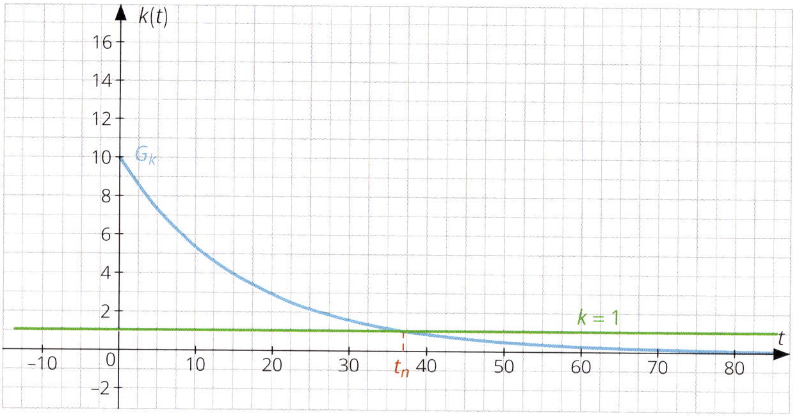

Tamara sollte sich spätestens nach ca. 37 Stunden eine neue Dosis spritzen, um den Allergieschutz sicher zu erhalten.

6.* Wie in Situation 1 werden auch hier mithilfe des Schiebereglers und der Funktion „Spur anzeigen" für verschiedene Basen entsprechende Graphen erzeugt und gleichzeitig angezeigt:

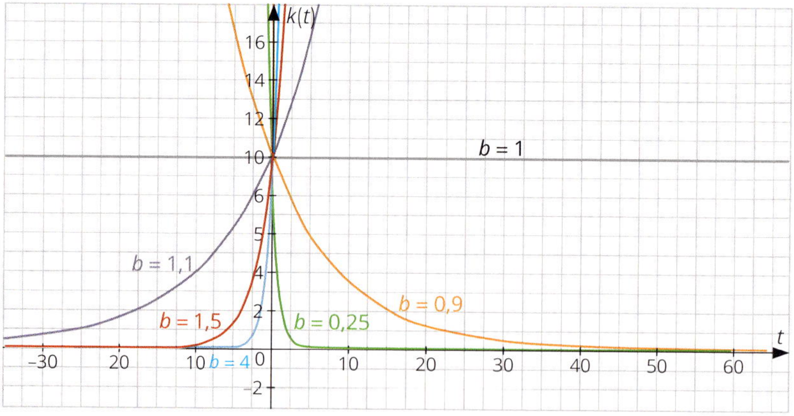

Man kann erkennen, dass für negative Werte von b keine Kurve entsteht. Der zu $b = 1$ zugehörige Graph ist eine Gerade, die parallel zur t-Achse durch $(0|a)$ verläuft. Dieser Fall ist im Zusammenhang mit exponentiellen Vorgängen nicht sinnvoll. Weiterhin sieht man, dass sich mit der Basis b die Monotonie des Graphen ändert: Für $0 < b < 1$ ist der Graph streng monoton fallend (**exponentielle Abnahme**), für $b > 1$ streng monoton steigend (**exponentielle Zunahme**). Zusätzlich entsteht der Graph zur Basis $\frac{1}{b}$ durch Achsenspiegelung an der $k(t)$-Achse aus dem Graphen für die Basis b. Auf den Schnittpunkt mit der $k(t)$-Achse sowie auf die Wertemenge $W = \mathbb{R}^+$ hat eine Änderung der Basis keinen Einfluss. Als Asymptote ergibt sich auch hier die t-Achse. Allgemein kann man hier für das Verhalten im Unendlichen formulieren:

$$k(t) \to 0 \text{ für } t \to -\infty, \text{ wenn } b > 1$$
$$k(t) \to +\infty \text{ für } t \to +\infty, \text{ wenn } b > 1$$
$$k(t) \to 0 \text{ für } t \to +\infty, \text{ wenn } 0 < b < 1$$
$$k(t) \to +\infty \text{ für } t \to -\infty, \text{ wenn } 0 < b < 1$$

Definition

Die **Halbwertszeit** bezeichnet die Zeitspanne, in der eine mit der Zeit exponentiell abnehmende Größe die Hälfte ihres anfänglichen Werts erreicht.

Zusammenfassung

- Eine Funktion f der Form $f: \mathbb{R} \to \mathbb{R}, x \mapsto a \cdot b^x$, mit $a \in \mathbb{R} \setminus \{0\}$ und $b \in \mathbb{R}^+ \setminus \{1\}$ nennt man **allgemeine Exponentialfunktion**.
- Hierbei heißt a **Anfangswert** und b **Wachstumsfaktor**.
- Die **Halbwertszeit** bezeichnet bei zeitabhängigen Funktionen die Zeitspanne, in der eine mit der Zeit abnehmende Größe die Hälfte ihres anfänglichen Werts erreicht.
- Für Exponentialfunktionen vom Typ $f: x \mapsto a \cdot b^x$ mit $a \in \mathbb{R} \setminus \{0\}$ und $b \in \mathbb{R}^+ \setminus \{1\}$ gilt:

	$b > 1$	$0 < b < 1$
$a > 0$	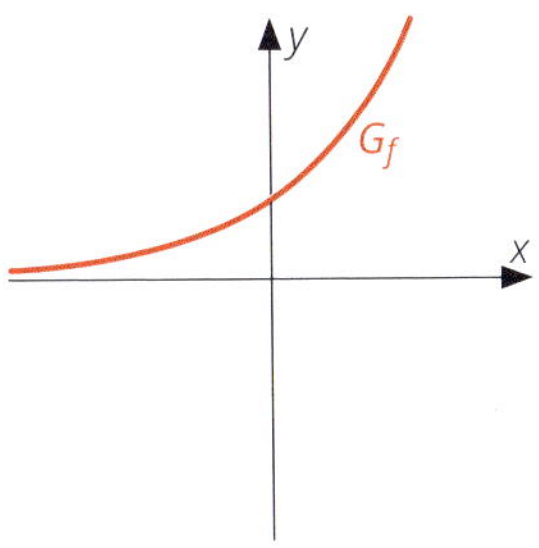 $W_f = \mathbb{R}^+$ G_f steigt streng monoton Schnittpunkt mit der y-Achse: $Y(0\|a)$ Verhalten im Unendlichen: $f(x) \to 0$ für $x \to -\infty$ $f(x) \to +\infty$ für $x \to +\infty$	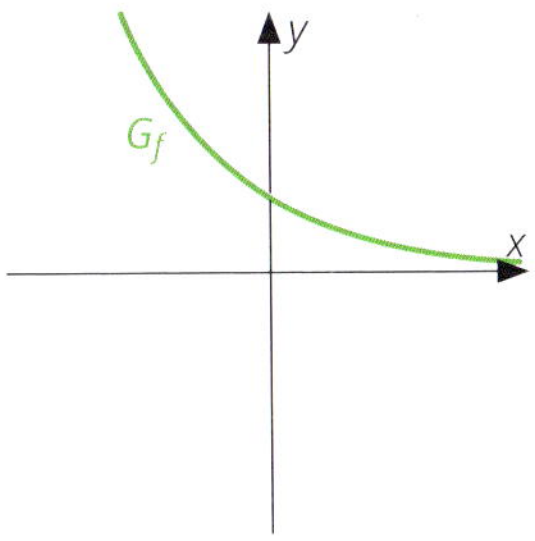 $W_f = \mathbb{R}^+$ G_f fällt streng monoton Schnittpunkt mit der y-Achse: $Y(0\|a)$ Verhalten im Unendlichen: $f(x) \to 0$ für $x \to +\infty$ $f(x) \to +\infty$ für $x \to -\infty$

	$b > 1$	$0 < b < 1$
$a < 0$	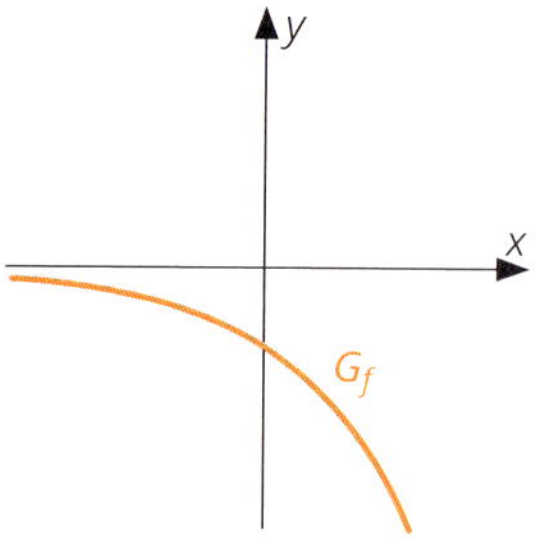 $W_f = \mathbb{R}^-$ G_f fällt streng monoton Schnittpunkt mit der y-Achse: $Y(0 \mid a)$ Verhalten im Unendlichen: $f(x) \to 0$ für $x \to -\infty$ $f(x) \to -\infty$ für $x \to +\infty$	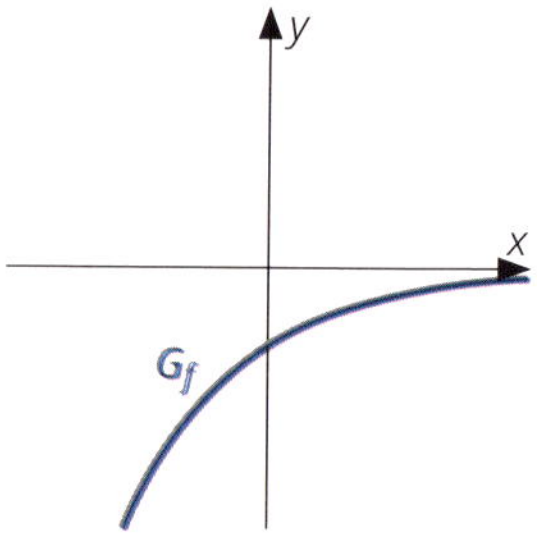 $W_f = \mathbb{R}^-$ G_f steigt streng monoton Schnittpunkt mit der y-Achse: $Y(0 \mid a)$ Verhalten im Unendlichen: $f(x) \to 0$ für $x \to +\infty$ $f(x) \to -\infty$ für $x \to -\infty$

- Allgemein findet für $a < 0$ eine Spiegelung an der x-Achse statt. Die Graphen für b und $\frac{1}{b}$ sind symmetrisch bzgl. der y-Achse.

Aufgaben

1. Stellen Sie jeweils einen zugehörigen Funktionsterm der Form $f(x) = a \cdot b^x$ auf.

a) Ein Computer, der 1 000,00 € gekostet hat, verliert jedes Jahr 25 % an Wert.

b) Eine Hefekultur wiegt zu Beginn 10 Gramm und verdreifacht stündlich ihre Masse.

c) 50,00 € werden mit einem Zinssatz von 0,1 % pro Jahr angelegt.

d) Eine Wassermelone wiegt zu Beginn 0,3 kg und verdoppelt alle 6 Tage ihre Masse.

2. In einer Petrischale wächst die von einer Bakterienkultur bedeckte Fläche jede halbe Stunde um 25 %. Zu Beginn nimmt die Probe eine Fläche von 0,25 cm^2 ein. Bestimmen Sie, nach wie vielen Stunden der Boden der Petrischale vollständig bedeckt ist. Betrachtet wird eine Petrischale mit dem Radius 4,5 cm.

3. Im Sportunterricht müssen Sie zum Training der Wurfgenauigkeit einen Ball aus einer Höhe von 5 Metern so auf den Boden werfen, dass er nach mindestens einem Aufprall in den Ballwagen fällt. Der Ball selbst erreicht nach jeder Bodenberührung nur noch 45 % der vorangegangenen Höhe.

a) Stellen Sie einen passenden Funktionsterm auf.

b) Ermitteln Sie die Höhe, die der Ball nach dem dritten Aufprall noch erreicht.

c) Untersuchen Sie, nach wie vielen Bodenkontakten der Ball nicht mehr in den 80 cm hohen Ballwagen springen kann.

4. Emma möchte ihr Taschengeld auf einem Sparkonto anlegen. Ihr Startkapital von 10,00 € erhöht sich dabei aufgrund der aktuellen Gegebenheiten nur um monatlich 0,01 %.

a) Stellen Sie einen passenden Funktionsterm auf.

b) Ermitteln Sie, nach wie vielen Jahren bei gleichbleibendem Zinssatz ein Kapital von 100,00 € erreicht wird.

2.2 Die natürliche Exponentialfunktion

Situation 1

Max möchte bei der *Sparbank* ein Konto eröffnen, um das Geld aus seinem Ferienjob möglichst gewinnbringend anzulegen. Hierzu bietet die Bank verschiedene Kontomodelle an, bei denen die Zinsgutschrift jeweils nach verschiedenen Zeiträumen erfolgt und der sog. Zinseszinseffekt zum Tragen kommt. So gibt es z. B. die Möglichkeit einer halbjährlichen oder vierteljährlichen Verzinsung, bei der der jährliche Zinssatz (z. B. 1,2 %) durch zwei bzw. vier geteilt wird:

- halbjährlich: zweimalige Verzinsung zu je 0,6 %
$$K = K_0 \cdot 1{,}006 \cdot 1{,}006 = K_0 \cdot 1{,}006^2$$
- vierteljährlich: viermalige Verzinsung zu je 0,3 %
$$K = K_0 \cdot 1{,}003 \cdot 1{,}003 \cdot 1{,}003 \cdot 1{,}003 = K_0 \cdot 1{,}003^4$$

Hierbei steht K_0 für das zu verzinsende Startkapital.

1. Max möchte ein Startkapital von 400,00 € zu einem jährlichen Zinssatz von $p = 1{,}2\,\%$ anlegen. Bestimmen Sie den jeweiligen Betrag, den Max bei einer halb- bzw. vierteljährlichen Verzinsung am Ende des Jahres auf dem Konto hat. Einheiten müssen bei der Berechnung nicht mitgeführt werden.

2.* Stellen Sie eine Formel auf, mit der allgemein das Kapital K bei n Verzinsungen zu einem Zinssatz p pro Jahr berechnet werden kann.

3. Max möchte wissen, ob er theoretisch immer mehr Geld verdienen würde, wenn der Zinssatz erhöht und die Zinsperioden immer weiter verkleinert werden. Hierfür beginnt er mit einem fiktiven Startkapital von 1,00 € und rechnet mit einem Zinssatz von $p = 100\,\%$ (wohl wissend, dass dies in der Realität nicht eintreten wird). Erstellen Sie eine Tabelle für dieses hypothetische Modell. Verwenden Sie hierzu die folgenden Zinsperioden: jährlich, halbjährlich, vierteljährlich, monatlich, täglich, stündlich, sekündlich. (Hinweis: Im Bankenwesen hat das Zinsjahr 360 Tage.)

4. Interpretieren Sie die Ergebnisse aus Aufgabe 3.

5. Zeichnen Sie mihilfe einer geeigneten Mathematiksoftware die Graphen der Funktion $f: x \mapsto b^x$ sowie von deren Ableitung f' für verschiedene Basen $b \in \mathbb{R}^+ \setminus \{1\}$. Gehen Sie auch auf Besonderheiten ein.

Lösung zu Situation 1

1. Ausgehend vom angegebenen Beispiel kann man das Kapital K nach zwei bzw. vier Verzinsungen berechnen:
   - halbjährlich:
   $$K = K_0 \cdot 1{,}006^2 = 400 \cdot 1{,}006^2 \approx 404{,}81$$
   - vierteljährlich:
   $$K = K_0 \cdot 1{,}003^4 = 400 \cdot 1{,}003^4 \approx 404{,}82$$

   Die Ergebnisse werden sinnvollerweise auf zwei Nachkommastellen (Cent) gerundet.

2.* Zur allgemeinen Berechnung des Kapitals K mit n Verzinsungen muss man beachten, dass für den Wachstumsfaktor der Zinssatz p durch die Anzahl der Verzinsungen geteilt und mit 1 addiert wird:
   $$1 + \frac{p}{n}$$
   Für n Verzinsungen erhält man somit einen Faktor von
   $$\left(1 + \frac{p}{n}\right)^n$$
   der mit dem Startkapital K_0 multipliziert wird:
   $$K = K_0 \cdot \left(1 + \frac{p}{n}\right)^n$$

3. Durch die Voraussetzungen $K_0 = 1$ und $p = 1$, die Max in seinen Überlegungen trifft, kann man zunächst die in 2. aufgestellte Formel vereinfachen:
   $$K = \left(1 + \frac{1}{n}\right)^n$$
   Mit dieser angepassten Formel und dem Hinweis, dass das Zinsjahr 360 Tage hat, kann man nun das Kapital für die angegebenen Zinsperioden berechnen:

n	1	2	4	12	360	8 640	31 104 000
K	2	2,25	2,441406...	2,613035...	2,714516...	2,718124...	2,718281...

   Die Ergebnisse werden zur besseren Verdeutlichung und Interpretation nicht gerundet.

4. Bei Betrachtung der Ergebnisse erkennt man, dass der Kapitalzuwachs bei immer kleineren Zinsperioden nicht beliebig groß wird, sondern sich einem Wert annähert. Dieser Zusammenhang kann als Grenzwert interpretiert werden:
   $$\lim_{n \to \infty} \left(1 + \frac{1}{n}\right)^n = 2{,}718281828\ldots$$
   Das Ergebnis dieses Grenzwerts (2,718281828 ...) wird als **Eulersche Zahl**, kurz e, bezeichnet. Sie ist die Basis der **natürlichen Exponentialfunktion**.

5. Mithilfe der Schiebereglerfunktion lassen sich für verschiedene Basen die entsprechenden Graphen erzeugen:

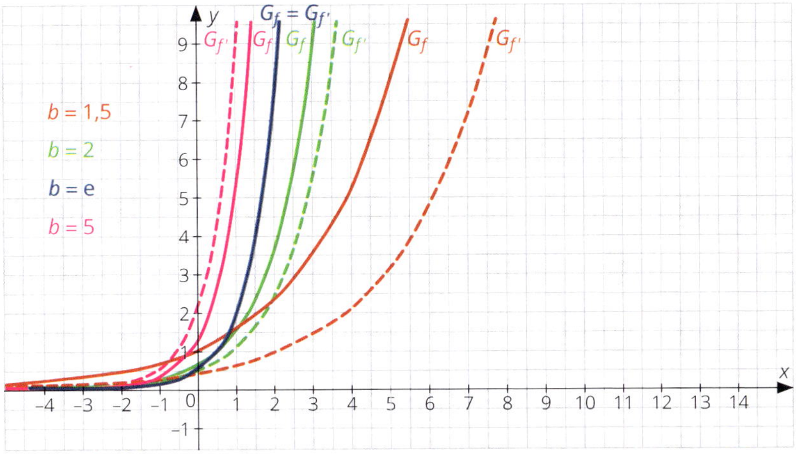

Man erkennt, dass sich die Graphen von Funktion (durchgezogen) und Ableitung (gestrichelt) zunächst annähern und dann wieder entfernen, wenn man b vergrößert. Es gibt jedoch einen Wert für b, bei dem G_f und $G_{f'}$ identisch sind. Die Vermutung liegt nahe, dass dies für $b = \mathrm{e}$ zutrifft, was man mithilfe der Software schnell bestätigen kann. Für die Ableitung f' von $f(x) = \mathrm{e}^x$ gilt also $f'(x) = \mathrm{e}^x$.

Definition

Die Funktion $f: \mathbb{R} \to \mathbb{R}^+, x \mapsto \mathrm{e}^x$ mit der **Eulerschen Zahl** $\mathrm{e} = 2{,}718\ldots$ heißt **natürliche Exponentialfunktion** oder **e-Funktion**. Ihre Definitionsmenge enthält alle reellen Zahlen, ihre Wertemenge enthält nur positive reelle Zahlen.

Merke

Die Funktion f mit $f(x) = \mathrm{e}^x$ ist in $\mathbb{R}$ differenzierbar. Es gilt: $f'(x) = \mathrm{e}^x$.

Situation 2

Im Sommer trinkt Mariko gern Eistee. Da sie sich jedesmal wundert, dass der Eistee innerhalb kurzer Zeit warm wird, hat sie im Internet recherchiert und eine Funktion gefunden, mit der sich die Erwärmung von Wasser, und somit auch von Eistee, näherungsweise beschreiben lässt:

$$T(t) = 30 - 27 \cdot \mathrm{e}^{-0{,}0408t}$$

T ist hierbei die Temperatur des Eistees in °C und t die Zeit in Minuten. Als Definitionsmenge soll $D_T = \mathbb{R}$ gelten.

1. Zeichnen Sie den Graph der Funktion T in ein geeignetes kartesisches Koordinatensystem.
2. Mariko möchte mit der gefundenen Funktion nun untersuchen, wie viel Zeit sie zum Trinken eines kühlen Eistees hat. Ermitteln Sie grafisch die Zeitspanne, in der der Eistee eine optimale Trinktemperatur von 5 °C – 10 °C besitzt.

3. Interpretieren Sie die Konstante 30 im Sachzusammenhang. Geben Sie auch die Bedeutung negativer Werte von t an und beurteilen Sie deren Sinnhaftigkeit.

4. Zeichnen Sie zusätzlich den Graphen der e-Funktion $g(t) = e^t$ in das vorhandene Koordinatensystem. Beschreiben Sie allgemein, wie der Graph G_T aus dem Graphen der e-Funktion hervorgeht.

5.* Untersuchen Sie nacheinander mithilfe geeigneter Mathematiksoftware die Auswirkungen der Parameter a, c, d und y_0 auf den Verlauf des Graphen der Funktion $f: x \mapsto a \cdot e^{c \cdot (x-d)} + y_0$.

Lösung zu Situation 2

1. Um den Graphen G_T geeignet darzustellen, sollte der Maßstab der Koordinatenachsen angepasst werden:

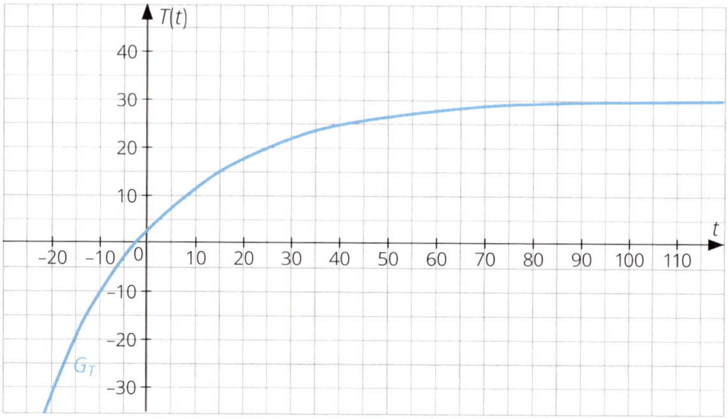

2. Zur grafischen Ermittlung der Zeitspanne der optimalen Trinktemperatur ist es hilfreich, die Schnittpunkte von G_T mit den Geraden von $T(t) = 5$ und $T(t) = 10$ zu betrachten:

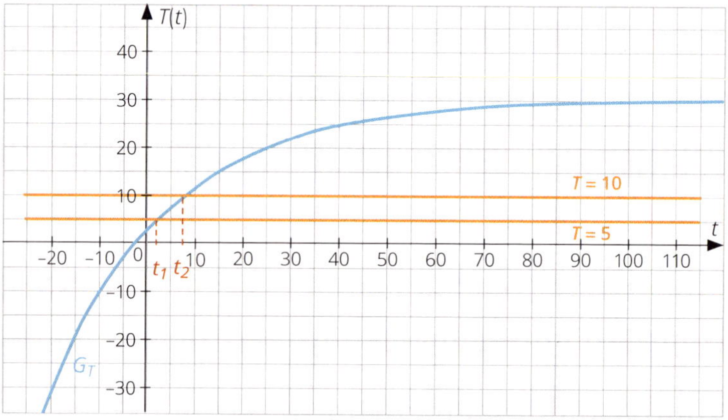

Der Eistee besitzt also in der Zeit von ungefähr zwei bis sieben Minuten nach dem Servieren eine optimale Trinktemperatur.

3. Die Konstante 30 steht hier für die Umgebungstemperatur, der sich der Eistee beim Erwärmen immer weiter annähert. In der Realität wird die Umgebungstemperatur jedoch erreicht, anders als im angegebenen Modell. Negative Werte von *t* entsprechen hier einer Betrachtung von vergangenen Zeitpunkten vor dem Servieren des Eistees. Sie ergeben hier jedoch nur begrenzt Sinn, da davon auszugehen ist, dass der Eistee vor dem Servieren bei einer konstanten Temperatur gelagert wurde, die nicht dem abgebildeten Wertebereich entspricht.

4.

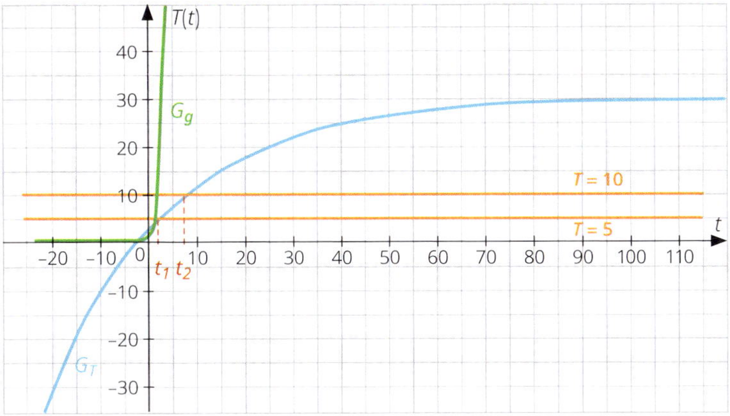

G_T entsteht aus dem Graphen der e-Funktion (im Koordinatensystem grün dargestellt)

- durch Spiegelung an der horizontalen Achse,
- Spiegelung an der vertikalen Achse,
- Stauchung in vertikaler Richtung und
- Verschiebung um 30 Einheiten nach oben.

5.* Man betrachtet jeweils für die einzelnen Parameter die Funktionen $y = f(x)$ mit:

$$f: x \mapsto a \cdot e^x$$
$$f: x \mapsto e^{cx}$$
$$f: x \mapsto e^{x-d}$$
$$f: x \mapsto e^x + y_0$$

Mithilfe der Schiebereglerfunktion einer Mathematiksoftware lassen sich jeweils verschiedene Graphen zu den jeweiligen Parameterwerten erzeugen. Hierbei erkennt man, dass die Auswirkungen des Parameters *a* denen entsprechen, die bereits in Kapitel 2.1 untersucht wurden. Mit e liegt jeweils nur eine andere Basis vor.

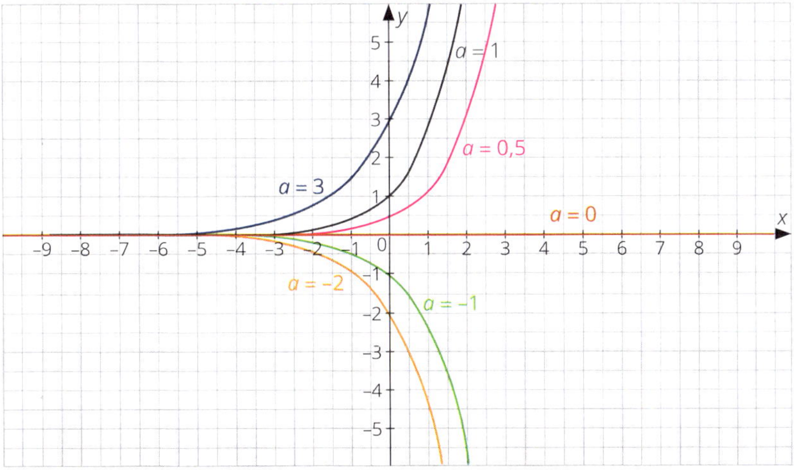

Eine Änderung der Werte von c hat folgende Graphenverläufe zur Folge:

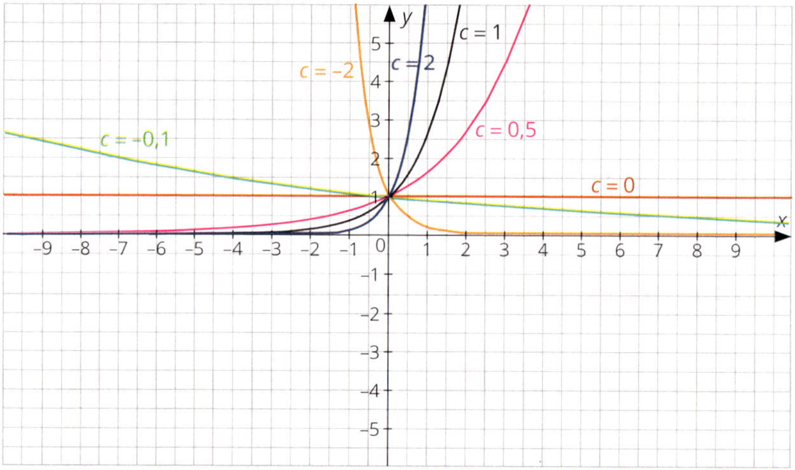

Auch hier erkennt man in den Verläufen eine Ähnlichkeit zu Kapitel 2.1. Der Parameter c bewirkt hier eine Änderung der Basis, da wegen der Potenzgesetze $e^{cx} = (e^c)^x$ gilt und e^c als Basis interpretiert werden kann, die sich mit dem Wert von c ändert. Somit kann man die Ergebnisse aus Kapitel 2.1 für eine allgemeine Basis b auf den Parameter c übertragen:

- $|c| > 1$: Der Graph steigt steiler gegen unendlich und nähert sich schneller der Asymptote als die e-Funktion.
- $0 < |c| < 1$: Der Graph steigt flacher gegen unendlich und nähert sich langsamer der Asymptote als die e-Funktion.
- $c > 0$: exponentielle Zunahme
- $c < 0$: exponentielle Abnahme

Ändern des Parameters d in der Mathematiksoftware scheint wie positive a eine Streckung oder Stauchung zu bewirken, aber tatsächlich bewirkt d eine Verschiebung des Graphen entlang der x-Achse.

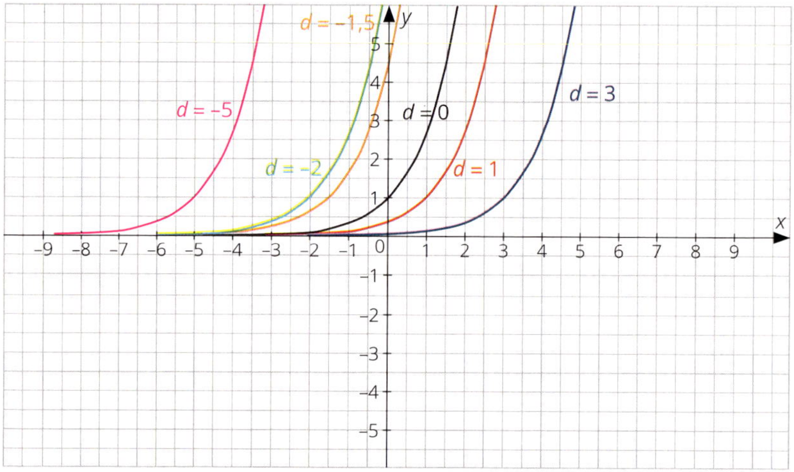

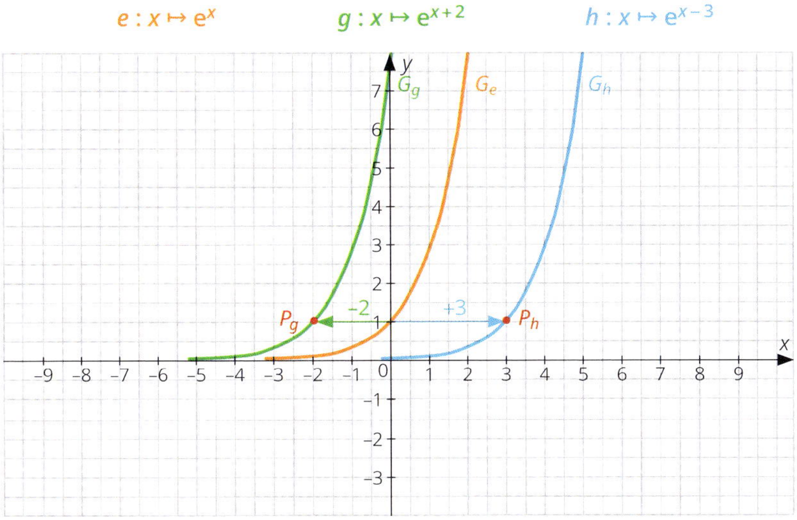

Der Graph der Funktion g ist um zwei Einheiten nach links und der Graph der Funktion h um drei Einheiten nach rechts verschoben. Dies erkennt man, da der y-Achsenabschnitt der e-Funktion $Y_e(0\,|\,1)$ jeweils um $|d|$ nach links bzw. rechts verschoben wurde: $P_g(-2\,|\,1)$ bzw. $P_h(3\,|\,1)$. Allgemein liegt dieser Punkt auf dem Graphen der Funktion $f: x \mapsto e^{x-d}$ bei $P(d\,|\,1)$.

Für verschiedene Werte von y_0 sieht man, dass G_f entlang der y-Achse verschoben wird:

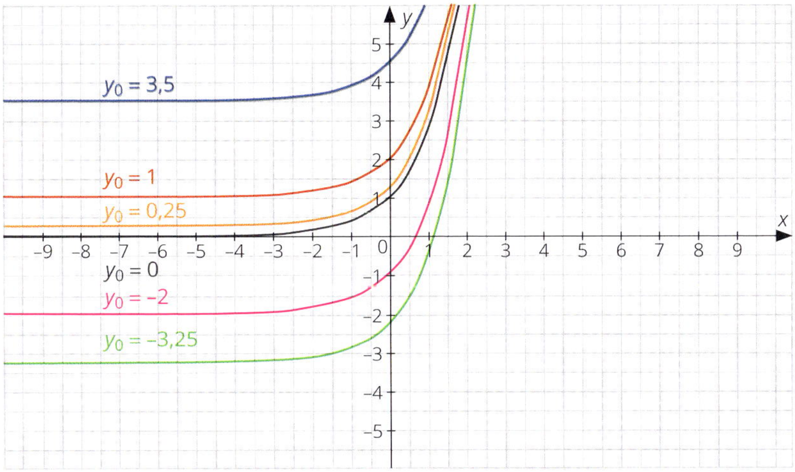

Für $y_0 < 0$ wird der Graph nach unten, für $y_0 > 0$ nach oben verschoben. Zudem ändert sich entsprechend die Asymptote: $y = y_0$.

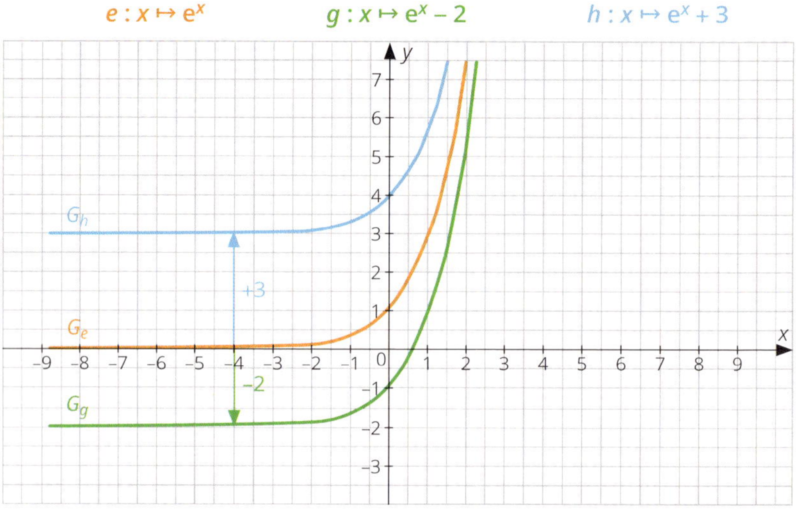

Merke

Alle Veränderungen der Funktionsgraphen gelten analog für jede Basis $b \in \mathbb{R}^+ \setminus \{1\}$.

Zusammenfassung

- Die Funktion $f: \mathbb{R} \to \mathbb{R}^+, x \mapsto e^x$ mit der **Eulerschen Zahl** $e = 2{,}718\ldots$ heißt **natürliche Exponentialfunktion** oder **e-Funktion**. Ihre Definitionsmenge enthält alle reellen Zahlen, ihre Wertemenge enthält nur positive reelle Zahlen.
- Die Funktion f mit $f(x) = e^x$ ist in $\mathbb{R}$ differenzierbar. Es gilt: $f'(x) = e^x$.
- Für die allgemeine natürliche Exponentialfunktion $f: x \mapsto a \cdot e^{c \cdot (x-d)} + y_0$ mit $a, c \in \mathbb{R} \setminus \{0\}$ und $d, y_0 \in \mathbb{R}$ gilt:
  - Parameter a und c bewirken wenn $d = 0$:

	$c > 0$	$c < 0$
$a > 0$	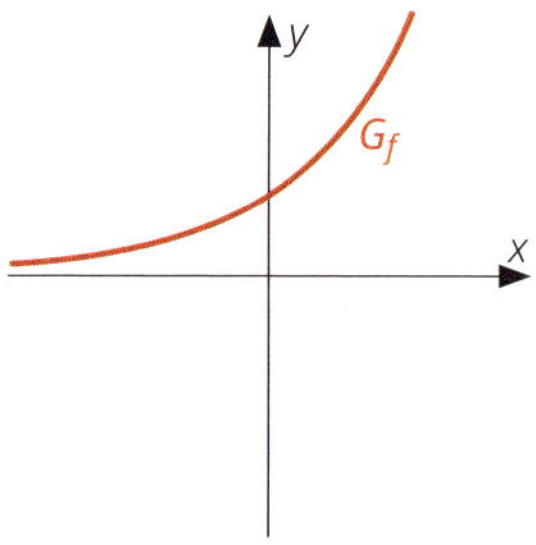 $W_f = \mathbb{R}^+$ G_f steigt streng monoton Schnittpunkt mit der y-Achse: $Y(0\,\vert\,a)$ $f(x) \to 0^+$ für $x \to -\infty$ $f(x) \to +\infty$ für $x \to +\infty$	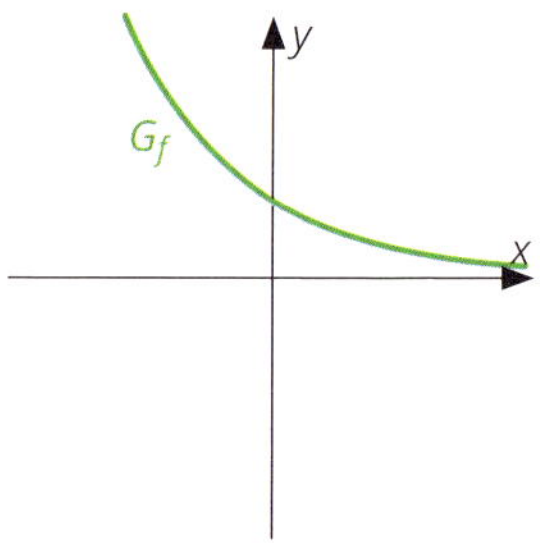 $W_f = \mathbb{R}^+$ G_f fällt streng monoton Schnittpunkt mit der y-Achse: $Y(0\,\vert\,a)$ $f(x) \to +\infty$ für $x \to -\infty$ $f(x) \to 0^+$ für $x \to +\infty$

	$c > 0$	$c < 0$
$a < 0$	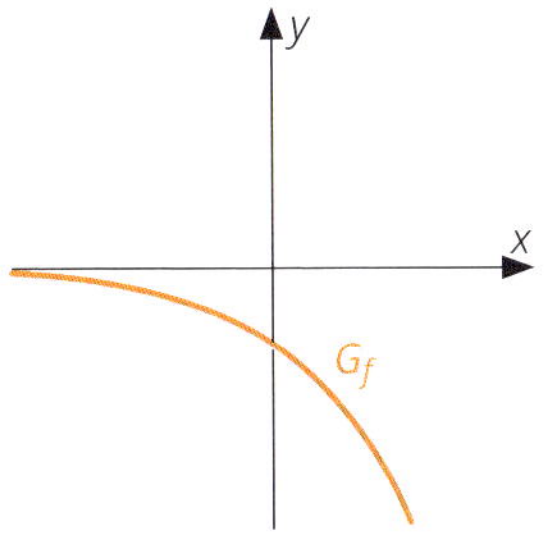 $W_f = \mathbb{R}^-$ G_f fällt streng monoton Schnittpunkt mit der y-Achse: $Y(0\,\|\,a)$ $f(x) \to 0^-$ für $x \to -\infty$ $f(x) \to -\infty$ für $x \to +\infty$	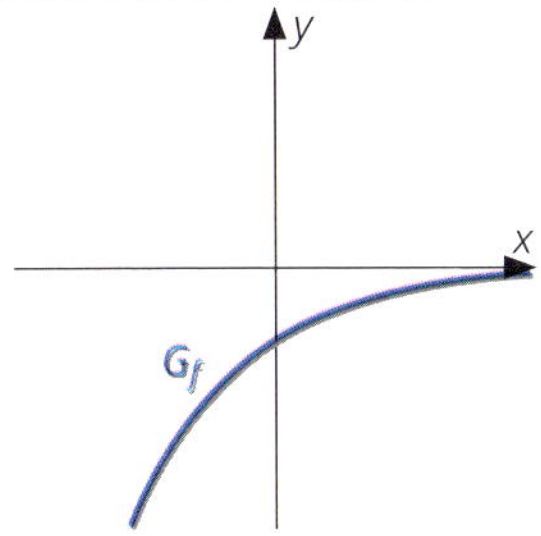 $W_f = \mathbb{R}^-$ G_f steigt streng monoton Schnittpunkt mit der y-Achse: $Y(0\,\|\,a)$ $f(x) \to -\infty$ für $x \to -\infty$ $f(x) \to 0^-$ für $x \to +\infty$

- $a < 0$: Spiegelung an der x-Achse
- $c < 0$: Spiegelung an der y-Achse
- Parameter d: Verschiebung entlang der x-Achse
- Parameter y_0: Verschiebung entlang der y-Achse

- Alle Veränderungen der Funktionsgraphen gelten analog für jede Basis $b \in \mathbb{R}^+ \setminus \{1\}$.

Aufgaben

1. Ordnen Sie den Funktionen den jeweils passenden Funktionsgraphen zu. Begründen Sie Ihre Zuordnung.

$f: x \mapsto 2e^{x+1} + 0{,}5$
$g: x \mapsto -e^{2x} + 2$
$h: x \mapsto e^{x-2} + 0{,}5$
$i: x \mapsto 2 - 0{,}5e^{-2x+2}$
$k: x \mapsto e^{-x+1}$

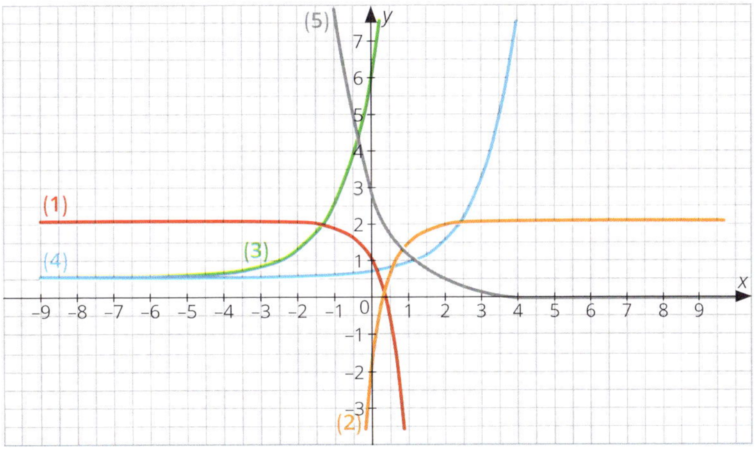

2. Beschreiben Sie, wie der Graph der Funktion f aus dem Graphen der e-Funktion hervorgeht.

a) $f: x \mapsto -e^{x-\frac{1}{3}} + 2$ **b)** $f: x \mapsto 3e^{2x} - 1$

c) $f: x \mapsto 5 + e^{2x+\frac{1}{2}}$ **d)** $f: x \mapsto -0{,}5e^{-x}$

3.* Geben Sie einen Funktionsterm einer Funktion f an, deren Graph im Vergleich zum Graphen der Funktion $g: x \mapsto 2 \cdot e^{x-1}$

a) um eine Einheit nach links verschoben ist.

b) sowohl an der x- als auch an der y-Achse gespiegelt ist.

c) an der y-Achse gespiegelt und um zwei Einheiten nach unten verschoben ist.

Exkurs: Leonhard Euler

Leonhard Euler wurde 1707 in der Schweiz geboren und gilt als einer der bedeutendsten Mathematiker der Geschichte. Durch seine Beiträge zur Integral- und Differenzialrechnung sieht man ihn daher als Mitbegründer der modernen Analysis. Viele der heute benutzten mathematischen Schreibweisen und Symbole, wie z. B. $f(x)$, e, π usw., gehen auf ihn zurück. Seine Arbeiten verteilen sich außerdem auf Gebiete der Physik und Musiktheorie.

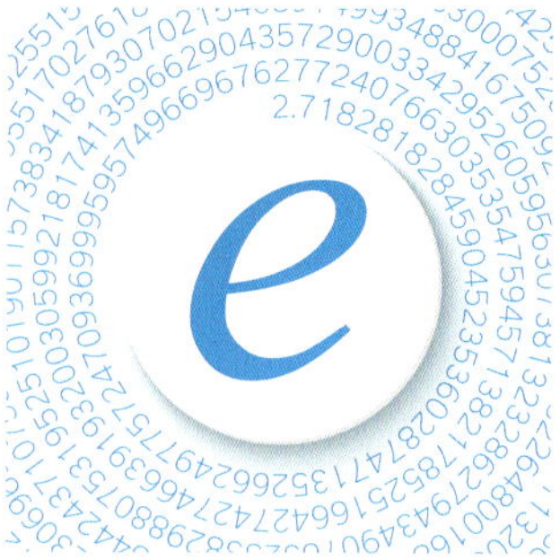

Bekanntheit erlangte auch sein Beweis zum „Königsberger Brückenproblem“ 1736, in dem er zeigte, dass es keinen Weg gibt, bei dem alle sieben Brücken des damaligen Königsbergs genau ein Mal überquert werden und man somit nicht mehr zum Ausgangspunkt zurückkommt.

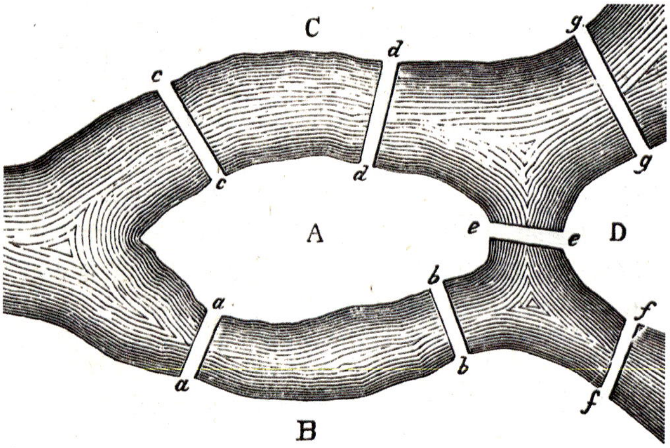

Dieser Beweis gilt als einer der ersten Beiträge zum Gebiet der Graphentheorie.

Euler lebte u. a. in St. Petersburg, wo er eine wichtige Persönlichkeit in der dortigen Universität war, obwohl er selbst nie deren Präsident wurde. Er starb 1783 an einer Hirnblutung in St. Petersburg.

1. Informieren Sie sich zu weiteren Details der Biografie Eulers. Erstellen Sie Plakate zu seinen wesentlichen Errungenschaften und Arbeiten.
2. Informieren Sie sich über weitere Darstellungsmöglichkeiten der Zahl e.
3. Recherchieren Sie zur Thematik des „Königsberger Brückenproblems“. Stellen Sie Ihre Ergebnisse in einer kurzen Präsentation vor.
4. Erstellen Sie eine kurze Präsentation zum sog. „Springerproblem“.

2.3 Logarithmus und Exponentialgleichungen

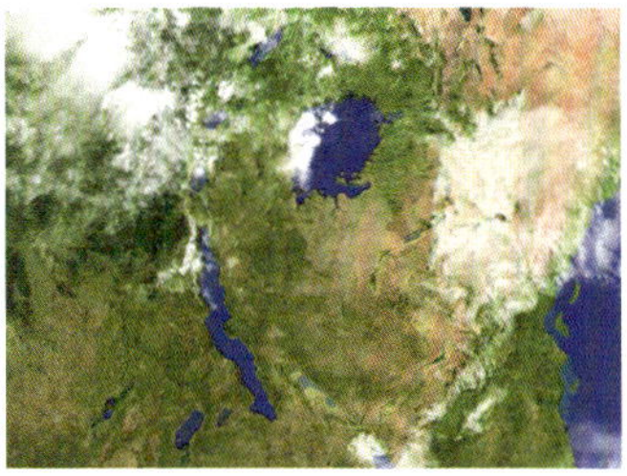

Situation 1

Der Victoriasee ist mit ca. 68 800 km^2 der größte See Afrikas und der drittgrößte weltweit. In den letzten Jahrzehnten ist die Ökologie des Sees jedoch durch die aus Südamerika eingeschleppte Wasserhyazinthe zunehmend gefährdet. Da die Wasserhyazinthe dort keine Feinde hat und optimale klimatische Bedingungen vorfindet, vergrößert sich die von ihr bedeckte Fläche jede Woche um ungefähr 40 %. Dieses Wachstum soll durch eine Funktion A modelliert werden. Dabei wird die von den Wasserhyazinthen bedeckte Fläche in km^2 in Abhängigkeit von der Zeit t in Wochen beschrieben.

1. Beurteilen Sie die folgende Aussage: „Die von Wasserhyazinthen bedeckte Fläche verdoppelt sich ca. alle zwei Wochen."
2. Geben Sie für das Wachstum der Wasserhyazinthen einen geeigneten Funktionsterm $A(t)$ an, wenn zu Beginn der Beobachtung im Jahr 2010 die bedeckte Fläche 20 000 ha beträgt.
3. Ermitteln Sie näherungsweise durch Probieren ein Zeitintervall, in dem der See komplett von Wasserhyazinthen bedeckt wäre.
4.* Ermitteln Sie exakt den Zeitpunkt, zu dem der See komplett von Wasserhyazinthen bedeckt wäre.
5. Bestimmen Sie rechnerisch die **Verdopplungszeit** t_V der Wasserhyazinthen.

Lösung zu Situation 1

1. Durch die Angabe, dass sich die von der Wasserhyazinthe bedeckte Fläche jede Woche um ca. 40 % vergrößert, kann man einen funktionalen Zusammenhang formulieren:

$$A(t) = a \cdot 1{,}40^t$$

Hierbei ist $A(t)$ die von der Pflanze bedeckte Fläche in km^2 und t die Zeit in Wochen nach Beobachtungsbeginn. Der Parameter a steht hier für die bedeckte Fläche bei Beginn der Messung. Nach zwei Wochen gilt somit:

$$A(2) = a \cdot 1{,}40^2 = a \cdot 1{,}96$$

Die Fläche der Wasserhyazinthen ist also um ca. 96 % gewachsen, was ungefähr einer Verdopplung entspricht. Die Aussage kann als wahr eingestuft werden.

2. Als Funktionsterm kann z. B.

$$A(t) = 200 \cdot 1{,}40^t$$

verwendet werden. Dabei ist $A(t)$ die Pflanzenfläche in km^2 und t die Zeit in Wochen seit Beobachtungsbeginn. Den Anfangswert von 20 000 ha muss man in km^2 umrechnen: 20 000 ha = 200 km^2.

3. Durch Einsetzen verschiedener Werte für t kann man ungefähr den Zeitpunkt abschätzen, zu dem die komplette Seefläche zugewachsen sein wird:

$$A(17{,}3) \approx 67\,459{,}8\ [\text{km}^2]$$
$$A(17{,}4) \approx 69\,768{,}2\ [\text{km}^2]$$

Die völlige Bedeckung des Victoriasees würde somit im Zeitraum von 17,3 bis 17,4 Wochen nach Beobachtungsbeginn stattfinden.

4.* Gesucht ist der Wert des Exponenten t, bei dem die bedeckte Fläche unter den gegebenen Voraussetzungen exakt 68 800 km² beträgt:

$$68\,800 = 200 \cdot 1{,}40^t$$

Ein Teilen durch 200 führt zur Gleichung:

$$344 = 1{,}40^t$$

Diese **Exponentialgleichung** kann nicht mit den bisher bekannten Mitteln gelöst werden, da die Variable hier im Exponenten steht. Um eine Exponentialgleichung nach dem Exponenten umzustellen, benötigt man den **Logarithmus**:

$$344 = 1{,}40^t$$
$$t = \log_{1,40}(344) \approx 17{,}3584\ldots$$

Der Ausdruck **$\log_{1,40}(344)$** wird **„Logarithmus von 344 zur Basis 1,40"** ausgesprochen.

5. Analog zur Halbwertszeit versteht man unter der **Verdopplungszeit** die Zeitspanne, in der das Doppelte des anfänglichen Werts erreicht wird:

$$400 = 200 \cdot 1{,}40^{t_V}$$

Diese Gleichung kann nun umgeformt und mithilfe des Logarithmus nach t_V aufgelöst werden:

$$2 = 1{,}40^{t_V}$$
$$t_V = \log_{1,40}(2) \approx 2{,}0600\ldots$$

Die Verdopplungszeit der Wasserhyazinthen beträgt also etwas mehr als zwei Wochen.

Definition

Für $b \in \mathbb{R}^+ \setminus \{1\}$ und $y \in \mathbb{R}^+$ heißt die Zahl, mit der man b potenzieren muss, um y zu erhalten **Logarithmus von *y* zur Basis *b***:

$$\log_b(y)$$

Definition

Die **Verdopplungszeit** bezeichnet die Zeitspanne, in der eine mit der Zeit zunehmende Größe das Doppelte ihres anfänglichen Werts erreicht.

Merke

Jede Gleichung der Form $b^x = y$ mit $b \in \mathbb{R}^+ \setminus \{1\}$ und $y \in \mathbb{R}^+$ hat die Lösung $x = \log_b(y)$.
Allgemein gilt:

$$b^x = y \Leftrightarrow x = \log_b(y)$$
$$\log_b(b^x) = x$$

Situation 2

Um die Ausbreitung von Borkenkäfern in bayerischen Wäldern zu erforschen, wird der Befall eines ausgewählten Baumes über den Zeitraum von 12 Monaten untersucht. Die Anzahl der in diesem Baum befindlichen Borkenkäfer kann näherungsweise durch den Term $N(t) = N_0 \cdot e^{\lambda \cdot (t^2 - 12t)}$ mit $t, \lambda \in \mathbb{R}$ und $t \geq 0, \lambda < 0$ beschrieben werden, wobei N_0 die Anzahl der Borkenkäfer zu Beginn des Beobachtungszeitraums und t die Zeit in Monaten ab Beobachtungsbeginn ist.

Es ist bekannt, dass sich die Anzahl der Borkenkäfer nach dem ersten Monat verdreifacht hat und nach einem weiteren Monat 133 Borkenkäfer gezählt wurden.

Alle Ergebnisse sind auf zwei Nachkommastellen zu runden, sofern nicht anders gefordert. Auf das Mitführen der Einheiten kann bei den Berechnungen verzichtet werden.[3)]

1. Bestimmen Sie λ und N_0. Runden Sie dabei N_0 auf eine ganze Zahl.

2.* Ab einem Befall von 540 Borkenkäfern gilt der Baum als dauerhaft geschädigt. Berechnen Sie den Zeitpunkt t_0, zu dem diese Anzahl erstmalig erreicht ist.

3.* Der Gemeine Ameisenbuntkäfer zählt zu den natürlichen Feinden des Borkenkäfers, da er diesen frisst und so zur Wiederherstellung des natürlichen Gleichgewichts beiträgt. Die Anzahl der Ameisenbuntkäfer kann dabei durch den Term

$$A(t) = 50 \cdot e^{-0{,}075(t^2 - 10t - 5)}$$

mit $t \in \mathbb{R}_0^+$ (in Monaten) beschrieben werden. Ermitteln Sie den Zeitpunkt, zu dem es erstmals gleich viele Borkenkäfer und Ameisenbuntkäfer gibt.

Lösung zu Situation 2

1. Durch die Zeitangaben und die zugehörigen Anzahlen der Borkenkäfer kann man ein Gleichungssystem aufstellen:

$$N(1) = 3N_0 \Rightarrow N_0 \cdot e^{\lambda \cdot (-11)} = 3N_0 \Rightarrow e^{\lambda \cdot (-11)} = 3$$
$$N(2) = 133 \Rightarrow N_0 \cdot e^{\lambda \cdot (-20)} = 133$$

Die erste Gleichung kann mit dem **Logarithmus zur Basis e** (**natürlicher Logarithmus**, Schreibweise: ln) nach λ aufgelöst werden:

$$e^{\lambda \cdot (-11)} = 3$$
$$\ln\left(e^{\lambda \cdot (-11)}\right) = \ln(3)$$
$$\lambda \cdot (-11) = \ln(3)$$
$$\lambda = -\frac{\ln(3)}{11} \approx -0{,}10$$

Durch Einsetzen von λ in die zweite Gleichung kann N_0 ermittelt werden:

$$N_0 \cdot e^{-0{,}10 \cdot (-20)} = 133$$
$$N_0 = \frac{133}{e^2} \approx 18$$

3) Quelle: Bayerisches Staatsministerium für Unterricht und Kultus, Fachabitur Bayern 2015, Mathematik T, Infinitesimalrechnung A II

2.* Gesucht ist die Lösung der Exponentialgleichung

$$18 \cdot e^{-0{,}10 \cdot (t^2 - 12t)} = 540$$

Durch Umformen und Anwenden des natürlichen Logarithmus kommt man zu folgender Gleichung:

$$\begin{aligned} 18 \cdot e^{-0{,}10 \cdot (t^2 - 12t)} &= 540 \\ e^{-0{,}10 \cdot (t^2 - 12t)} &= 30 \\ -0{,}10 \cdot (t^2 - 12t) &= \ln(30) \\ t^2 - 12t + \frac{\ln(30)}{0{,}10} &= 0 \end{aligned}$$

Dies ist eine quadratische Gleichung, deren Lösungen man mit der Lösungsformel bestimmt:

$$t_1 \approx 7{,}41 \text{ und } t_2 \approx 4{,}59$$

Der gesuchte Zeitpunkt t_0 ist die kleinere der beiden Lösungen: $t_0 = t_2$.

3.* Der Zeitpunkt, zu dem es gleich viele Borken- und Ameisenbuntkäfer gibt, entspricht der Lösung der Gleichung

$$18 \cdot e^{-0{,}10 \cdot (t^2 - 12t)} = 50 \cdot e^{-0{,}075(t^2 - 10t - 5)}$$

Diese Art von Exponentialgleichung kann man z. B. lösen, indem man beide Seiten zunächst geeignet **logarithmiert**:

$$\ln\left(18 \cdot e^{-0{,}10 \cdot (t^2 - 12t)}\right) = \ln\left(50 \cdot e^{-0{,}075(t^2 - 10t - 5)}\right)$$

Die so entstandenen Ausdrücke können mithilfe der **Logarithmusgesetze** umgeformt werden:

$$\begin{aligned} \ln\left(18 \cdot e^{-0{,}10 \cdot (t^2 - 12t)}\right) &= \ln\left(50 \cdot e^{-0{,}075(t^2 - 10t - 5)}\right) \\ \ln(18) + \ln\left(e^{-0{,}10 \cdot (t^2 - 12t)}\right) &= \ln(50) + \ln\left(e^{-0{,}075(t^2 - 10t - 5)}\right), \text{ da } \ln(u \cdot v) = \ln(u) + \ln(v) \\ \ln(18) + \left(-0{,}10 \cdot (t^2 - 12t)\right) &= \ln(50) + \left(-0{,}075(t^2 - 10t - 5)\right), \text{ da } \ln(e^x) = x \\ \left(-0{,}10 \cdot (t^2 - 12t)\right) - \left(-0{,}075(t^2 - 10t - 5)\right) &= \ln(50) - \ln(18) \\ -0{,}025t^2 + 0{,}45t - 0{,}375 &= \ln\left(\frac{50}{18}\right), \text{ da } \ln(u) - \ln(v) = \ln\left(\frac{u}{v}\right) \\ -0{,}025t^2 + 0{,}45t - 0{,}375 - \ln\left(\frac{50}{18}\right) &= 0 \end{aligned}$$

Die so erhaltene quadratische Gleichung hat dann die Lösungen:

$$t_1 \approx 3{,}99 \text{ und } t_2 \approx 14{,}01$$

Es gibt also nach ca. 4 Monaten gleich viele Käfer.

Da es sich hier in der Ausgangsgleichung um eine Exponentialgleichung handelt, bei der auf der linken und rechten Seite jeweils dieselbe Basis steht, kann man die Lösung auch durch folgende Umformung ermitteln:

$$\begin{aligned} 18 \cdot e^{-0{,}10 \cdot (t^2 - 12t)} &= 50 \cdot e^{-0{,}075(t^2 - 10t - 5)} \\ \frac{e^{-0{,}10 \cdot (t^2 - 12t)}}{e^{-0{,}075(t^2 - 10t - 5)}} &= \frac{50}{18} \\ e^{-0{,}10 \cdot (t^2 - 12t) - (-0{,}075(t^2 - 10t - 5))} &= \frac{50}{18} \\ -0{,}10 \cdot (t^2 - 12t) - \left(-0{,}075(t^2 - 10t - 5)\right) &= \ln\left(\frac{50}{18}\right) \\ -0{,}025t^2 + 0{,}45t - 0{,}375 - \ln\left(\frac{50}{18}\right) &= 0 \end{aligned}$$

Definition

Der **Logarithmus zur Basis e** wird als **natürlicher Logarithmus** bezeichnet:

$$\log_e(y) = \ln(y)$$

Merke

Durch den natürlichen Logarithmus kann jede Exponentialfunktion $f: x \mapsto b^x$ ($b \in \mathbb{R}^+ \setminus \{1\}$) mit der Basis e geschrieben werden:

$$f: x \mapsto b^x = e^{\ln(b) \cdot x}$$

Merke

Logarithmusgesetze

Für $b \in \mathbb{R}^+ \setminus \{1\}$ gilt:

1. $\log_b(u \cdot v) = \log_b(u) + \log_b(v)$ $\quad u, v \in \mathbb{R}^+$
2. $\log_b\left(\frac{u}{v}\right) = \log_b(u) - \log_b(v)$ $\quad u, v \in \mathbb{R}^+$
3. $\log_b(u^r) = r \cdot \log_b(u)$ $\quad u \in \mathbb{R}^+, r \in \mathbb{R}$

Insbesondere gelten diese Rechenregeln auch für $b = e$, also den natürlichen Logarithmus.

Zusammenfassung

- Für $b \in R^+ \setminus \{1\}$ und $y \in R^+$ heißt die Zahl, mit der man b potenzieren muss, um y zu erhalten, **Logarithmus von *y* zur Basis *b***:
  $$\log_b(y)$$
- Die **Verdopplungszeit** bezeichnet die Zeitspanne, in der eine mit der Zeit zunehmende Größe das Doppelte ihres anfänglichen Werts erreicht.
- Jede Gleichung der Form $b^x = y$ mit $b \in R^+ \setminus \{1\}$ und $y \in R^+$ hat die Lösung $x = \log_b(y)$. Allgemein gilt:
  $$b^x = y \Leftrightarrow x = \log_b(y)$$
  $$\log_b(b^x) = x$$
- Der **Logarithmus zur Basis e** wird als **natürlicher Logarithmus** bezeichnet:
  $$\log_e(y) = \ln(y)$$
- Durch den natürlichen Logarithmus kann jede Exponentialfunktion $f: x \mapsto b^x$ ($b \in R^+ \setminus \{1\}$) mit der Basis e geschrieben werden:
  $$f: x \mapsto b^x = e^{\ln(b) \cdot x}$$
- Für $b \in R^+ \setminus \{1\}$ gilt:
  1. $\log_b(u \cdot v) = \log_b(u) + \log_b(v)$ $\quad u, v \in \mathbb{R}^+$
  2. $\log_b\left(\frac{u}{v}\right) = \log_b(u) - \log_b(v)$ $\quad u, v \in \mathbb{R}^+$
  3. $\log_b(u^r) = r \cdot \log_b(u)$ $\quad u \in \mathbb{R}^+, r \in \mathbb{R}$

  Insbesondere gelten diese Rechenregeln auch für $b = e$, also den natürlichen Logarithmus.

Aufgaben

1. Schreiben Sie die folgenden Funktionsterme mit e als Basis.

a) $f(x) = 2 \cdot 3^{2x}$

b) $f(x) = -0{,}5 \cdot \left(\frac{1}{3}\right)^{x-1}$

c) $f(x) = \left(\frac{1}{e}\right)^{x}$

2. Fassen Sie zu einem Logarithmus zusammen.

a) $\log(x + 1) - 2\log(x - 1)$

b) $\frac{1}{3}\log(2x + 1) + \log(x)$

c) $\frac{1}{2}[\log(2x) + \log(x - 2) - \log(1 + 3x)]$

3.* Bestimmen Sie, falls möglich, den Schnittpunkt der zugehörigen Funktionsgraphen. Runden Sie auf drei Nachkommastellen.

a) $f: x \mapsto 5 \cdot 0{,}75^{x}$ und $g: x \mapsto 2{,}5 \cdot 1{,}25^{x+1}$

b) $f: x \mapsto 1{,}5^{2x-1}$ und $g: x \mapsto 0{,}75 \cdot 1{,}8^{-3x}$

c) $f: x \mapsto -3 \cdot e^{-x-1}$ und $g: x \mapsto 0{,}5 \cdot \left(\frac{1}{e}\right)^{x+3}$

d) $f: x \mapsto e^{x}$ und $g: x \mapsto 0{,}45 \cdot e^{-x}$

4. a) Eine Bakterienkultur verdoppelt stündlich ihre Masse. Bestimmen Sie die Zeit, nach der sich die anfängliche Masse verhundertfacht hat.

b) Ermitteln Sie, nach wie vielen Minuten sich Bakterien teilen, wenn ihre Anzahl nach einer Stunde um 70 % zugenommen hat.

5. Bestimmen Sie die Halbwertszeiten in folgenden Situationen.

a) Pro Tag zerfallen von Phosphor-32 4,7 % der vorhandenen Atome.

b) In jeweils 1 000 Jahren zerfallen 2,8 % der vorhandenen Atome von Plutonium-239.

6.* Unter der **Halbwertsdicke** d_H eines Materials versteht man die Dicke, nach deren Durchdringung die Intensität I von Strahlung (z. B. Gammastrahlung) nur noch die Hälfte der ursprünglichen Intensität I_0 beträgt.

a) Stellen Sie einen geeigneten Funktionsterm $I(d)$ auf, der den Zusammenhang allgemein darstellt. d soll dabei in cm angegeben werden. Einheiten müssen nicht mitgeführt werden.

b) Für Blei gilt $d_H = 0{,}87$ cm, für Wasser $d_H = 10{,}8$ cm. Ermitteln Sie, wie dick die durchdrungene Schutzschicht jeweils sein muss, damit die Intensität auf ein Zehntel der ursprünglichen Intensität absinkt.

Exkurs: Logistisches Wachstum

Betrachtet man z. B. Kaninchenpopulationen in freier Wildbahn, so stellt man fest, dass sich die Tiere nicht unendlich ausbreiten und vermehren. Ermittelt man die Anzahl der Tiere in einer Population in Abhängigkeit von der Zeit, ergibt sich der folgende Verlauf:

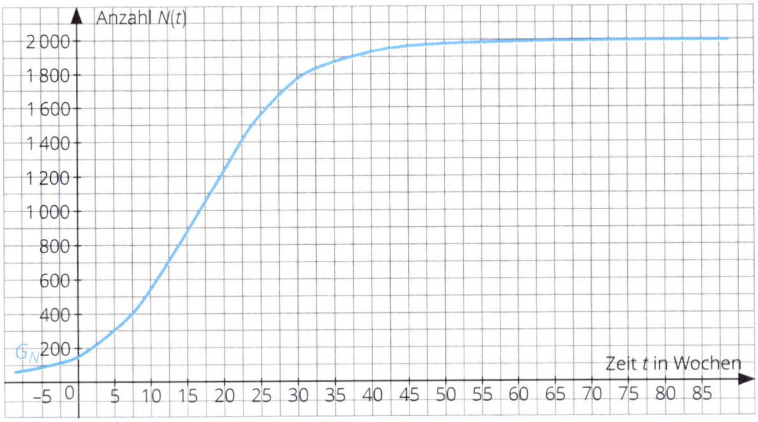

Zu Beginn vermehren sich die Tiere näherungsweise exponentiell, ab einem bestimmten Zeitpunkt aber schwächt sich das Wachstum ab. Die weitere Entwicklung des Bestandes lässt sich dann durch ein begrenztes Wachstum beschreiben, das sich einer **Sättigungsgrenze** annähert.

Ein Wachstum dieser Art wird als **logistisches Wachstum** bezeichnet. Der zugehörige Funktionsterm hat die Form

$$f(x) = \frac{a \cdot S}{a + (S - a) \cdot e^{-Skx}}$$

Dabei ist a der **Anfangswert**, S die **Sättigungsgrenze** und k die **Wachstumskonstante**.
Für das beschriebene Beispiel ist

$$N(t) = \frac{300\,000}{150 + 1\,850e^{-0{,}15t}}$$

1. Geben Sie die Werte von a, S und k für das oben beschriebene Beispiel an.

2. Interpretieren Sie den grafischen Verlauf der Kaninchenpopulation im Sachzusammenhang.

3. Bestimmen Sie grafisch den Zeitpunkt, an dem das Wachstum der oben beschriebenen Kaninchenpopulation am größten ist. Klassifizieren Sie den zugehörigen Punkt.

4. Das Höhenwachstum eines Strauches kann näherungsweise durch die logistische Funktion h mit

$$h(t) = \frac{150}{5 + 25e^{-t}}$$

beschrieben werden. Dabei ist t die Zeit ab Beobachtungsbeginn in Jahren und $h(t)$ die Höhe in Dezimetern.

a) Bestimmen Sie die Werte von a, S und k.

b) Zeichnen Sie G_h in ein geeignetes kartesisches Koordinatensystem.

5. Recherchieren Sie zu weiteren Wachstumsarten. Stellen Sie Ihre Ergebnisse kurz vor

2.4 Vernetzte Aufgaben

1. Beim Reaktorunglück von Fukushima 2011 wurden u. a. große Mengen des radioaktiven Isotops Iod-131 (I-131) freigesetzt, das in der Folge auch in verschiedenen Nahrungsmitteln nachgewiesen werden konnte. Messungen ergaben z. B. für Milch eine Radioaktivität von bis zu 1 500 Bq/kg. Becquerel (Bq) ist die Einheit für die radioaktive Aktivität (Zerfälle pro Sekunde). I-131 zerfällt dabei exponentiell mit einer Halbwertszeit von 8,02 Tagen. Einheiten müssen bei den Berechnungen nicht mitgeführt werden.
   a) Stellen Sie für die Aktivität A von I-131 einen Funktionsterm der Form $A(t) = a \cdot b^t$ auf. Hierbei soll t die vergangene Zeit in Tagen seit dem Unfall sein. Runden Sie ggf. auf zwei Nachkommastellen.
   b) Als Reaktion auf die Katastrophe hat die EU die Iod-Grenzwerte für Importe aus Japan bei Milchprodukten auf 300 Bq/kg festgesetzt. Berechnen Sie, zu welchem Zeitpunkt dieser Grenzwert wieder erreicht wird.

2.[4] Nach einem Modell des britischen Ökonomen Thomas Malthus kann die Zahl B der Weltbevölkerung in Abhängigkeit von der Zeit t (in Jahren) näherungsweise durch folgende Funktionsgleichung beschrieben werden (Einheiten werden nicht mitgeführt):

$$B(t) = B_0 \cdot e^{r \cdot t}$$

wobei gilt: $t \in \mathbb{R}$ und $t \geq 0$ sowie $r \in \mathbb{R}$ und $r > 0$.

Dabei gibt B_0 die Bevölkerungszahl zum Zeitpunkt $t = 0$ am 1.1.1800 an und r ist ein Maß für die Wachstumsrate der Bevölkerung.

Am 1.1.1950 betrug die Weltbevölkerung etwa 3,7 Milliarden Menschen, und am 1.1.2050 werden etwa 9,5 Milliarden Menschen weltweit erwartet.

   a) Zeigen Sie, dass für die Werte von B_0 und r gilt: $B_0 \approx 0{,}90 \cdot 10^9$ und $r \approx 9{,}43 \cdot 10^{-3}$.
   b) Stellen Sie die Entwicklung der Weltbevölkerung zwischen 1.1.1800 und 1.1.2050 mit einem geeigneten Maßstab grafisch dar.
   c)* Entnehmen Sie einer entsprechenden Markierung im Diagramm der Aufgabe b) zu einem beliebigen Zeitpunkt t das Zeitintervall Δt, für das folgende Bedingung gilt:

   $$B(t + \Delta t) = 2 \cdot B(t)$$

   Zeigen Sie durch Rechnung, dass das Zeitintervall Δt unabhängig vom Zeitpunkt t ist, und berechnen Sie Δt auf eine Nachkommastelle gerundet.

3.[5] Für die Maßzahl $p(h)$ des barometrischen Luftdrucks mit der Einheit Hektopascal gilt in Abhängigkeit von der Maßzahl h der Höhe über der Erdoberfläche mit der Einheit Kilometer in guter Näherung die Funktionsgleichung

$$p(h) = 1013 \cdot 2^{-\frac{h}{5,5}}$$

wobei $h \geq 0$. Auf die Mitführung der Einheiten wird somit verzichtet.

   a) Berechnen Sie, in welcher Höhe $h = h_H$ der Luftdruck nur noch die Hälfte des Wertes an der Erdoberfläche annimmt.

4) Quelle: Bayerisches Staatsministerium für Unterricht und Kultus, Fachabitur Bayern 2011, Mathematik T, Infinitesimalrechnung A I

5) Quelle: Bayerisches Staatsministerium für Unterricht und Kultus, Fachabitur Bayern 2008, Mathematik T, Infinitesimalrechnung A I

b)* Zeigen Sie, dass der Luftdruck bei einer Höhenzunahme um $\Delta h = h_H$ unabhängig von der Ausgangshöhe h_A jeweils halbiert wird.

c) Berechnen Sie, ab welcher Höhe der Luftdruck weniger als $\frac{1}{1000}$ des Wertes an der Erdoberfläche beträgt.

d)* Berechnen Sie den Wert des Differenzenquotienten $\frac{p(1)-p(0)}{1-0}$ sowie den Wert des Differenzialquotienten der Funktion $p(h)$ an der Stelle $h_0 = 1$ und geben Sie die physikalische Bedeutung der beiden Werte an.

4.* In einer Box werden Mehlwürmer als Futter für Schildkröten gezüchtet. Der Bestand der Mehlwürmer in dieser Box wird in Kilogramm [kg] angegeben und nach einem Modell durch die Funktion $M: t \mapsto a \cdot e^{b \cdot t}$ mit $t, a, b \in \mathbb{R}$ und $t \geq 0, a > 0, b > 0$ beschrieben. Dabei gibt t die Zeit in Tagen [d] ab Beobachtungsbeginn an. Zum Zeitpunkt $t = 0$ werden 0,8 kg Mehlwürmer in die Box eingesetzt. Exakt drei Tage später hat sich ihr Bestand um 2,79 kg vermehrt.

Auf das Mitführen der Einheiten kann bei den Berechnungen verzichtet werden.
Alle Ergebnisse sind gegebenenfalls auf eine Nachkommastelle zu runden.

a) Bestimmen Sie die Werte der Parameter a und b.

Für die folgenden Teilaufgaben gilt: $a = 0{,}8$ und $b = 0{,}5$.

b) Berechnen Sie die mittlere Zuwachsrate des Mehlwürmerbestands in den ersten vier Tagen des Beobachtungszeitraums.

c) Berechnen Sie den Bestand an Mehlwürmern, bei dem die momentane Zuwachsrate $1{,}2\,\frac{\text{kg}}{\text{d}}$ beträgt. (Hinweis: Verwenden Sie geeignete Mathematiksoftware.)

d)[6] Durch $M(t)$ wie im obigen Modell wird der Bestand an Mehlwürmern nur für wenige Tage hinreichend genau beschrieben. Der tatsächliche Bestand wird durch die Funktion

$$p: t \mapsto \frac{0{,}8 \cdot S}{0{,}8 + 9{,}2 \cdot e^{-0{,}6 \cdot t}}$$

mit $t, S \in \mathbb{R}$ und $t \geq 0, S > 0$ besser erfasst.

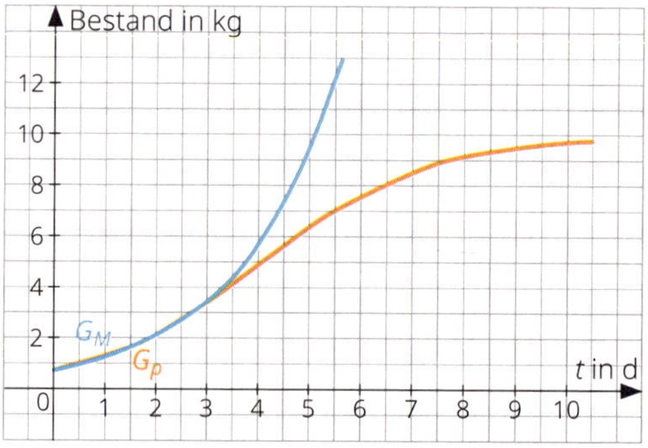

Im obigen Diagramm sind die Graphen von M und p abgebildet.

- Entnehmen Sie dem Verlauf von G_p näherungsweise den maximalen Bestand an Mehlwürmern, die in der Box leben können, und folgern Sie hieraus auf den Wert von S.
- Bestimmen Sie mithilfe der Abbildung aus d) die größte momentane Zuwachsrate des Mehlwürmerbestands, wie ihn die Funktion p beschreibt. Beschreiben Sie Ihr Vorgehen.

6) Über den Lehrplan hinausgehende Kenntnisse des logistischen Wachstums erforderlich, vgl. S. 69 f.

Exponentialfunktion und Logarithmus

Aufgabe 1

Können Sie entscheiden, welchen Einfluss eine Veränderung der Werte der Parameter a, b, c, d und y_0 jeweils auf den Verlauf der Funktion $x \mapsto a \cdot b^{c \cdot (x-d)} + y_0$ (b > 0 und insbesondere $b = e$) hat und anhand eines vorgegebenen Graphen einer Funktion $\mapsto a \cdot b^{c \cdot (x-d)} + y_0$ ($b >$ 0 und insbesondere $b = e$) möglichst viele Informationen über den zugehörigen Funktionsterm bestimmen?

Ordnen Sie den Funktionen den jeweils passenden Funktionsgraphen zu. Begründen Sie Ihre Zuordnung.

$f: x \mapsto 1 - 4e^{-x}$

$g: x \mapsto 2e^{(x-1)} + 1$

$h: x \mapsto -4e^{-(x+3)} + 1$

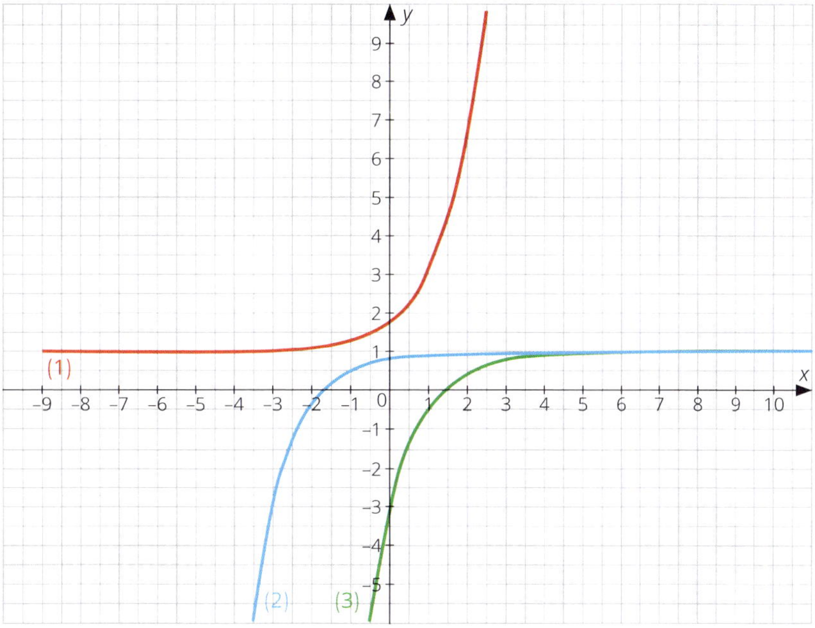

Lösung auf Seite 189

Nicht gelöst	Mit Hilfestellung gelöst	Sicher gelöst
Arbeiten Sie Situation 2 in Kapitel 2.2 nochmal durch.	Bearbeiten Sie Aufgabe 1 in Kapitel 2.2 zur weiteren Übung.	Bearbeiten Sie Aufgabe 2 in Kapitel 2.4 zur Vertiefung.

Selbsttest Kapitel 2

Aufgabe 2

Können Sie den exponentiellen Zusammenhang zweier Größen in anwendungsorientierten Problemstellungen (z. B. radioaktiver Zerfall) durch geeignete Funktionen modellieren und berechnen, für welche Werte der unabhängigen Größe (z. B. Zeit t) die abhängige exponentiell wachsende Größe (z. B. die Anzahl der Bakterien) bestimmte Werte annimmt?

Ein Hefeteig vereineinhalbfacht pro Stunde seine Höhe in einem 20 cm hohen zylinderförmigen Gefäß. Zu Beginn ist der Teig 5 cm hoch.

a) Stellen Sie einen geeigneten Funktionsterm der Form $h(t) = a \cdot e^{c \cdot t}$ auf, der die Höhe des Teiges (in cm) in Abhängigkeit von der Zeit (in Stunden) beschreibt. Einheiten müssen nicht mitgeführt werden. Runden Sie ggf. auf vier Nachkommstellen.

b) Ermitteln Sie, nach wie vielen Stunden der Teig das Gefäß vollständig ausfüllt. Runden Sie auf zwei Nachkommastellen.

Lösung auf Seite 189

Nicht gelöst	Mit Hilfestellung gelöst	Sicher gelöst
Arbeiten Sie die Situationen 1 und 2 in Kapitel 2.3 nochmal durch.	Bearbeiten Sie Aufgabe 1 in Kapitel 2.4 zur weiteren Übung.	Bearbeiten Sie Aufgabe 4 in Kapitel 2.4 zur Vertiefung.

3 Verknüpfung von Exponentialfunktionen mit linearen und quadratischen Funktionen

In diesem Kapitel

- diskutieren Sie die Eigenschaften von Funktionen der Form $x \mapsto f(x) \cdot e^{g(x)} + y_0$, wobei es sich bei f und g um lineare oder quadratische Funktionen handelt.
- berechnen Sie Ableitungen unter Verwendung der Kettenregel und der Produktregel.
- zeichnen bzw. skizzieren Sie die Funktionsgraphen unter Verwendung der diskutierten Eigenschaften dieser Funktionen.
- lösen Sie anwendungsorientierte Problemstellungen (z. B. Analyse der Entwicklung der Schadstoffkonzentration in der Atmosphäre), bei denen durch Idealisierung und/oder Modellierung Funktionen der Form $x \mapsto f(x) \cdot e^{g(x)} + y_0$ auftreten, wobei f und g lineare oder quadratische Funktionen sind.

3.1 Die Kettenregel

Situation 1

Um die Ausbreitung von Borkenkäfern in bayerischen Wäldern zu erforschen, wird der Befall eines ausgewählten Baumes über den Zeitraum von 12 Monaten untersucht. Die Anzahl der in diesem Baum befindlichen Borkenkäfer kann näherungsweise durch den Term

$$N(t) = 18 \cdot e^{-0{,}10 \cdot (t^2 - 12t)}$$

mit $t \in \mathbb{R}_0^+$ beschrieben werden, wobei t die Zeit in Monaten ab Beobachtungsbeginn ist (vgl. Kapitel 2.3, Situation 2).

Alle Ergebnisse sind auf zwei Nachkommastellen zu runden, sofern nicht anders gefordert. Auf das Mitführen der Einheiten kann bei den Berechnungen verzichtet werden.[7)]

1. Zerlegen Sie die Funktion N so in zwei Funktionen u und v, dass $N(t) = u(v(t))$ gilt.
2. Bestimmen Sie den Zeitpunkt t_{max}, zu dem der Befall des Baumes am größten ist.

Lösung zu Situation 1

1. Der Ausdruck $u(v(t))$ bedeutet, dass die beiden Funktionen u und v **hintereinander ausgeführt** werden. Man spricht in diesem Fall auch von einer **Verkettung** der Funktionen u und v. Anschaulich bedeutet das, dass die Funktionswerte von v in die Funktion u eingesetzt werden. Die Wertemenge von v wird also zur Definitionsmenge von u (unter Berücksichtigung möglicher zusätzlicher Einschränkungen durch die Funktion u).

$$t \overset{v}{\mapsto} v(t)$$
$$v(t) \overset{u}{\mapsto} u(v(t))$$

Hierbei ist v die **innere Funktion** und u die **äußere Funktion**.

Bei genauerer Betrachtung von $N(t)$ erkennt man, dass sich im Exponenten der e-Funktion eine quadratische Funktion befindet. Diese stellt v dar:

$$N(t) = \mathbf{18 \cdot e}^{-0{,}10 \cdot (t^2 - 12t)} = \mathbf{18 \cdot e}^{v(t)}$$

Somit ist $u(t) = 18 \cdot e^t$.

2. Um den Zeitpunkt des größten Befalls zu ermitteln, benötigt man zunächst die erste Ableitung nach der Zeit t, die mit einem Punkt gekennzeichnet wird: $\dot{N}$. Da N die **Verkettung** zweier Funktionen u und v ist, bestimmt man $\dot{N}$ mithilfe der **Kettenregel** (Herleitung s. S. 83), allgemein:

$$[u(v(x))]' = u'(v(x)) \cdot v'(x)$$

„äußere Ableitung mal innere Ableitung"

Angewendet auf $N(t)$ erhält man für $\dot{N}(t)$:

$$\dot{N}(t) = \underbrace{\mathbf{18 \cdot e}^{-0{,}10 \cdot (t^2 - 12t)}}_{\dot{u}(v(t))} \cdot \underbrace{(-0{,}10(2t - 12))}_{\dot{v}(t)}$$
$$= (-3{,}6t + 21{,}6) \cdot e^{-0{,}10 \cdot (t^2 - 12t)}$$

7) Quelle: Bayerisches Staatsministerium für Unterricht und Kultus, Fachabitur Bayern 2015, Mathematik T, Infinitesimalrechnung A II

Erinnerung: In Kapitel 2.2, Situation 1 wurde festgestellt, dass $(e^x)' = e^x$.

Nach dem bekannten Vorgehen werden nun als Nächstes die Nullstellen von $\dot{N}$ bestimmt. Dabei ist zu beachten, dass eine e-Funktion nicht null werden kann:

$$\dot{N}(t) = 0 \Leftrightarrow (-3{,}6t + 21{,}6) \cdot \underbrace{e^{-0{,}10 \cdot (t^2 - 12t)}}_{\neq 0} = 0$$

$$-3{,}6t + 21{,}6 = 0$$
$$t = 6$$

Für den Nachweis, dass es sich für $t = 6$ um eine Maximalstelle handelt, verwendet man z. B. eine Vorzeichentabelle:

t		6	
$\dot{N}(t)$	+	0	–
G_N	↗		↘

Damit ist $t_{max} = 6$ [Monate].

Definition

Eine Funktion f mit $f(x) = u(v(x))$ heißt **Verkettung** der Funktionen u und v.

Dabei bezeichnet man u als **äußere Funktion** und v als **innere Funktion**.

Eine weitere Schreibweise für die Verkettung ist $u \circ v$ bzw. $(u \circ v)(x)$.

Die Definitionsmenge D_v der inneren Funktion v muss so eingeschränkt werden, dass ihre Wertemenge W_v nur Werte der Definitionsmenge D_u der äußeren Funktion enthält.

Kettenregel

Für die Ableitung einer **Verkettung** der Form $f(x) = u(v(x))$ von Funktionen u und v gilt die **Kettenregel**:

$$f'(x) = u'(v(x)) \cdot v'(x)$$

Zusammenfassung

- Eine Funktion f mit $f(x) = u(v(x))$ heißt **Verkettung** der Funktionen u und v. Dabei bezeichnet man u als **äußere Funktion** und v als **innere Funktion**.
- Eine weitere Schreibweise für die Verkettung ist $u \circ v$ bzw. $(u \circ v)(x)$. Die Definitionsmenge D_v der inneren Funktion v muss so eingeschränkt werden, dass ihre Wertemenge W_v nur Werte der Definitionsmenge D_u der äußeren Funktion enthält.
- Für die Ableitung einer **Verkettung** der Form $f(x) = u(v(x))$ von Funktionen u und v gilt die **Kettenregel**:

$$f'(x) = u'(v(x)) \cdot v'(x)$$

Aufgaben

1. Bilden Sie jeweils die Verkettungen $u(v(x))$ und $v(u(x))$ für die folgenden Funktionen u und v.

a) $u(x) = x^2;\ v(x) = 2x + 1$

b) $u(x) = 2x^3 - 3x^2 + x + 4;\ v(x) = -x + 1$

c) $u(x) = e^x;\ v(x) = -3x + 2$

d) $u(x) = xe^x;\ v(x) = -5x^2$

e) $u(x) = e^x;\ v(x) = x^2$

2. Zerlegen Sie die nachfolgenden Funktionen in eine äußere Funktion u und eine innere Funktion v.

a) $f(x) = e^{2x^2 + 1}$

b) $f(x) = (x - 1)^2$

c) $f(x) = \frac{1}{2}e^{-x^2 + 5}$

d) $f(x) = x^2e^{x^2}$

3. Bestimmen Sie jeweils die erste Ableitung.

a) $f(x) = (x^2 + 1)^2$

b) $f(x) = (-3x^4 + 2x^3 - x - 1)^3$

c) $f(x) = 3(x^2 - x + 3)^2$

d) $f(x) = -\frac{1}{3}(x^3 - 1)^5$

e) $f(x) = e^{-2x + 1}$

f) $f(x) = -e^{x^2 + x + 1}$

g) $f(x) = e^{x^2}$

h) $f(x) = (e^x)^2$

3.2 Die Produktregel

Situation 1

Nach Einnahme eines Medikaments kann man dessen Konzentration im Blut des Patienten messen. Für die ersten 6 Stunden nach der Einnahme beschreibt die Funktion g mit dem Funktionsterm $g(t) = 10 \cdot t \cdot e^{-0,5 \cdot t}$ die Konzentration des Medikaments im Blut des Patienten (in Milligramm pro Liter) in Abhängigkeit von der Zeit t (in Stunden seit der Einnahme), wobei auf das Mitführen der Einheiten verzichtet wird. Nach 6 Stunden seit der Einnahme erfolgt der weitere Abbau des Medikaments linear.[8)]

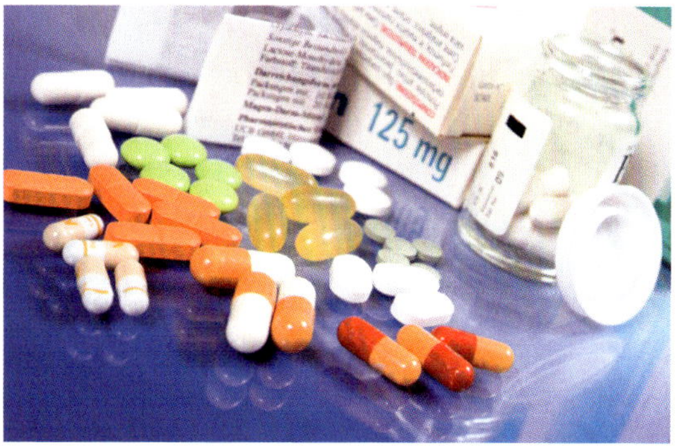

1. Zerlegen Sie die Funktion g so in zwei Funktionen u und v, dass $g(t) = u(t) \cdot v(t)$ gilt.
2. Berechnen Sie die maximale Konzentration des Medikaments im Blut des Patienten und den Zeitpunkt, zu dem diese vorliegt.
3.* Bestimmen Sie den Zeitpunkt, zu dem das Medikament am schnellsten abgebaut wird.
4.* Der lineare Abbau nach 6 Stunden wird näherungsweise durch die Tangente s an den Graphen von g im Punkt $P(6\,|\,g(6))$ beschrieben. Bestimmen Sie die Gleichung der Tangente s und berechnen Sie damit den Zeitpunkt, an dem das Medikament vollständig abgebaut ist.
5. Zeichnen Sie den Graph der Funktion $k : t \mapsto k(t)$, die die Konzentration des Medikaments im Blut des Patienten innerhalb der ersten 9 Stunden nach der Einnahme beschreibt.

Lösung zu Situation 1

1. Die Funktion g soll als **Produkt** zweier Funktionen u und v geschrieben werden. Man erkennt als passende Unterteilung

$$g(t) = \underbrace{\mathbf{10 \cdot t}}_{u(t)} \cdot \underbrace{e^{-0,5 \cdot t}}_{v(t)} = u(t) \cdot v(t)$$

2. Zur Bestimmung der maximalen Konzentration bzw. des zugehörigen Zeitpunkts folgt man der bekannten Vorgehensweise. Zunächst stellt man die 1. Ableitung $\dot{g}$ auf. Da es sich hier bei g um ein **Produkt** aus zwei Funktionen u und v handelt, verwendet man für $\dot{g}$ die **Produktregel** (Herleitung s. S. 84):

$$[u(x) \cdot v(x)]' = u'(x) \cdot v(x) + u(x) \cdot v'(x)$$

Bei der Anwendung auf $g(t)$ muss man noch beachten, dass $\dot{v}(t)$ zusätzlich nach der **Kettenregel** gebildet wird. Man erhält somit für $\dot{g}(t)$:

$$\dot{g}(t) = \underbrace{\mathbf{10}}_{\dot{u}(t)} \cdot \underbrace{e^{-0,5 \cdot t}}_{v(t)} + \underbrace{10 \cdot t}_{u(t)} \cdot \underbrace{e^{-0,5 \cdot t} \cdot (-0,5)}_{\dot{v}(t)}$$
$$= e^{-0,5 \cdot t} \cdot (10 + 10t \cdot (-0,5))$$
$$= e^{-0,5 \cdot t} \cdot (10 - 5t)$$

8) Quelle: Bayerisches Staatsministerium für Unterricht und Kultus, Fachabitur Bayern 2012, Mathematik T, Infinitesimalrechnung A II

Bei der Berechnung der Nullstelle muss man berücksichtigen, dass der Faktor mit der e-Funktion nicht null werden kann:

$$\dot{g}(t) = 0 \Leftrightarrow \underbrace{e^{-0,5 \cdot t}}_{\neq 0} \cdot (10 - 5t) = 0$$
$$10 - 5t = 0$$
$$t = 2$$

Mithilfe einer Vorzeichentabelle weist man nach, dass es sich für $t = 2$ um eine Maximalstelle handelt:

t		2	
$\dot{g}(t)$	+	0	–
G_g	↗		↘

Damit ist $t_{max} = 2$ [Stunden]. Die maximale Konzentration des Medikaments liegt dann bei $g(2) = 20e^{-1} \approx 7{,}358$ [mg/L].

3.* Der Zeitpunkt des schnellsten Abbaus des Medikaments entspricht einer Minimalstelle der ersten Ableitung bzw. einer Wendestelle mit negativer Steigung (Wechsel von Rechts- nach Linkskrümmung) von G_g. Man bildet zunächst die zweite Ableitung $\ddot{g}$ mithilfe der **Produkt-** und **Kettenregel**:

$$\dot{g}(t) = e^{-0,5 \cdot t} \cdot (10 - 5t)$$
$$\Rightarrow \ddot{g}(t) = -0{,}5e^{-0,5 \cdot t} \cdot (10 - 5t) + e^{-0,5 \cdot t} \cdot (-5)$$
$$= e^{-0,5 \cdot t} \cdot (-0{,}5 \cdot (10 - 5t) - 5)$$
$$= e^{-0,5 \cdot t} \cdot (-10 + 2{,}5t)$$

Die Nullstelle und Art der Wendestelle bestimmt man analog zu Aufgabe 2:

$$\ddot{g}(t) = 0 \Leftrightarrow \underbrace{e^{-0,5 \cdot t}}_{\neq 0} \cdot (-10 + 2{,}5t) = 0$$
$$-10 + 2{,}5t = 0$$
$$t = 4$$

t		4	
$\ddot{g}(t)$	–	0	+
G_g	↻		↺

Das Medikament wird zum Zeitpunkt $t = 4$ [Stunden] am schnellsten abgebaut.

4.* Die Tangente an G_g im Punkt P bestimmt man z. B. mithilfe der **Punkt-Steigungs-Form**:

$$s(t) = \dot{g}(6)(t - 6) + g(6)$$
$$= -20e^{-3}(t - 6) + 60e^{-3}$$
$$= -20e^{-3}(t - 6 - 3)$$
$$= -20e^{-3}(t - 9)$$

Der Zeitpunkt des vollständigen Abbaus des Medikaments entspricht dann der Nullstelle von s:

$$s(t) = 0 \Leftrightarrow \underbrace{-20e^{-3}}_{\neq 0} \cdot (t - 9) = 0$$
$$t - 9 = 0$$
$$t = 9$$

Das Medikament ist nach 9 Stunden vollständig abgebaut.

5. Der Graph der Funktion k setzt sich insgesamt aus zwei Teilen zusammen:
   - für $0 \leq t \leq 6$ gilt die Funktion g
   - für $6 < t \leq 9$ gilt die Funktion s

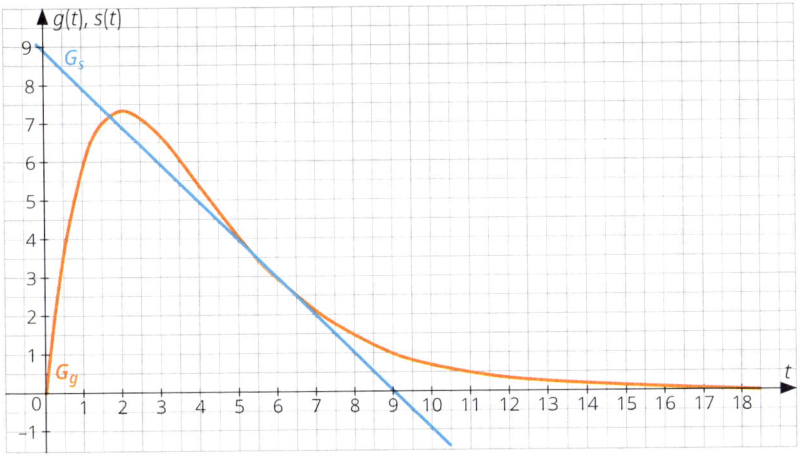

Für den Graph G_k erhält man somit:

Definition

Eine Funktion f mit $f(x) = u(x) \cdot v(x)$ heißt **Produkt** der Funktionen u und v.

Produktregel

Für die Ableitung eines **Produkts** der Form $f(x) = u(x) \cdot v(x)$ von Funktionen u und v gilt die

Produktregel:

$$f'(x) = u'(x) \cdot v(x) + u(x) \cdot v'(x)$$

Zusammenfassung

- Eine Funktion f mit $f(x) = u(x) \cdot v(x)$ heißt **Produkt** der Funktionen u und v.
- Für die Ableitung eines **Produkts** der Form $f(x) = u(x) \cdot v(x)$ von Funktionen u und v gilt die **Produktregel**:

$$f'(x) = u'(x) \cdot v(x) + u(x) \cdot v'(x)$$

Aufgaben

1. Bestimmen Sie jeweils die erste Ableitung.

a) $f(x) = (x^2 + 3x - 2)(0{,}5x^3 - 1)$
b) $f(x) = xe^x$
c) $f(x) = \left(-\frac{1}{4}x^3 - 2x + 1\right)e^x$
d) $f(x) = (7x^2 - 3x - 1)e^{x^2 - 1}$
e) $f(x) = x(3x + 1)e^{2x^2 - 1}$
f)* $f(x) = \sqrt{3x^2 + 1} \cdot e^{x - 2} + 1$

2. Ermitteln Sie die Art und Lage der Extremstellen sowie die maximalen Monotonieintervalle von G_f. Runden Sie ggf. auf zwei Nachkommastellen.

a) $f(x) = (x^2 - 3x + 1)e^{x + 1}$
b) $f(x) = (2x^2 - 7x + 7)e^{x + 4}$
c) $f(x) = \frac{1}{9}(6x - 11)e^{3x - 5}$
d) $f(x) = (x + 1)^2 \cdot e^{2x - 1}$
e) $f(x) = x(3x - 1) \cdot e^{(x^2 + 2)^2}$
f) $f(x) = (2x - 1)^2 \cdot e^{(-x - 1)^2}$

3. Berechnen Sie die Wendestellen der Funktionen aus Aufgabe 2.

4. Gegeben sind die beiden Funktionen f und g mit $f(x) = xe^x$ und $g(x) = 3x$, $D_f = D_g = \mathbb{R}$. Zeigen Sie, dass sich G_f und G_g im Ursprung schneiden, aber nicht berühren.

5. Zeigen Sie, dass der Graph der Funktion f mit $f(x) = (x + 1) \cdot e^{-2x + 1}$, $D_f = \mathbb{R}$, für $x = 0$ sein stärkstes Gefälle besitzt. Geben Sie dessen Steigung an.

Exkurs: Herleitung der Ketten- und Produktregel

Die in Kapitel 3.1 und 3.2 eingeführte Ketten- und Produktregel für die Differenzialrechnung soll an dieser Stelle mathematisch hergeleitet werden.

Mithilfe des Differenzialquotienten erhält man

- für die Verkettung von Funktionen u und v:

$$[u(v(x_0))]' = \lim_{x \to x_0} \frac{u(v(x)) - u(v(x_0))}{x - x_0}$$

$$= \lim_{x \to x_0} \left[\frac{u(v(x)) - u(v(x_0))}{x - x_0} \cdot \underbrace{\frac{v(x) - v(x_0)}{v(x) - v(x_0)}}_{=1} \right]$$

$$= \lim_{x \to x_0} \left[\frac{u(v(x)) - u(v(x_0))}{v(x) - v(x_0)} \cdot \frac{v(x) - v(x_0)}{x - x_0} \right]$$

Aufgrund der Stetigkeit von u und v sowie deren Verkettung gilt weiter:

$$\lim_{x \to x_0} \left[\frac{u(v(x)) - u(v(x_0))}{v(x) - v(x_0)} \cdot \frac{v(x) - v(x_0)}{x - x_0} \right] = \lim_{x \to x_0} \frac{u(v(x)) - u(v(x_0))}{v(x) - v(x_0)} \cdot \lim_{x \to x_0} \frac{v(x) - v(x_0)}{x - x_0}$$

Die Ausdrücke

$$\lim_{x \to x_0} \frac{u(v(x)) - u(v(x_0))}{v(x) - v(x_0)}$$

und

$$\lim_{x \to x_0} \frac{v(x) - v(x_0)}{x - x_0}$$

selbst sind wieder Differenzialquotienten, womit man

$$\lim_{x \to x_0} \frac{u(v(x)) - u(v(x_0))}{v(x) - v(x_0)} = u'(v(x_0))$$

und

$$\lim_{x \to x_0} \frac{v(x) - v(x_0)}{x - x_0} = v'(x_0)$$

erhält.

Somit ist also $[u(v(x_0))]' = u'(v(x_0)) \cdot v'(x_0)$.

- für das Produkt zweier Funktionen u und v:

$$[u(x_0) \cdot v(x_0)]' = \lim_{x \to x_0} \frac{u(x) \cdot v(x) - u(x_0) \cdot v(x_0)}{x - x_0}$$

$$= \lim_{x \to x_0} \left[\frac{u(x) \cdot v(x) - u(x_0) \cdot v(x_0)}{x - x_0} + \underbrace{\frac{u(x_0) \cdot v(x)}{x - x_0} - \frac{u(x_0) \cdot v(x)}{x - x_0}}_{=0} \right]$$

$$= \lim_{x \to x_0} \left[\frac{u(x) \cdot v(x) - u(x_0) \cdot v(x_0) + u(x_0) \cdot v(x) - u(x_0) \cdot v(x)}{x - x_0} \right]$$

$$= \lim_{x \to x_0} \left[\frac{u(x) \cdot v(x) - u(x) \cdot v(x) + u(x_0) \cdot v(x) - u(x_0) \cdot v(x_0)}{x - x_0} \right]$$

$$= \lim_{x \to x_0} \left[\frac{u(x) \cdot v(x) - u(x_0) \cdot v(x)}{x - x_0} + \frac{u(x_0) \cdot v(x) - u(x_0) \cdot v(x_0)}{x - x_0} \right]$$

$$= \lim_{x \to x_0} \left[\frac{u(x) - u(x_0)}{x - x_0} \cdot v(x) + u(x_0) \cdot \frac{v(x) - v(x_0)}{x - x_0} \right]$$

Aufgrund der Stetigkeit von u und v sowie deren Produkt gilt weiter:

$$\lim_{x \to x_0} \left[\frac{u(x) - u(x_0)}{x - x_0} \cdot v(x) + u(x_0) \cdot \frac{v(x) - v(x_0)}{x - x_0} \right]$$

$$= \lim_{x \to x_0} \left[\frac{u(x) - u(x_0)}{x - x_0} \cdot v(x) \right] + \lim_{x \to x_0} \left[u(x_0) \cdot \frac{v(x) - v(x_0)}{x - x_0} \right]$$

$$= \lim_{x \to x_0} \left[\frac{u(x) - u(x_0)}{x - x_0} \right] \cdot v(x_0) + u(x_0) \cdot \lim_{x \to x_0} \left[\frac{v(x) - v(x_0)}{x - x_0} \right]$$

Die Ausdrücke

$$\lim_{x \to x_0} \left[\frac{u(x) - u(x_0)}{x - x_0} \right]$$

und

$$\lim_{x \to x_0} \left[\frac{v(x) - v(x_0)}{x - x_0} \right]$$

selbst sind wieder Differenzialquotienten, womit man

$$\lim_{x \to x_0} \left[\frac{u(x) - u(x_0)}{x - x_0} \right] = u'(x_0)$$

und

$$\lim_{x \to x_0} \left[\frac{v(x) - v(x_0)}{x - x_0} \right] = v'(x_0)$$

erhält.

Somit ist also $[u(x_0) \cdot v(x_0)]' = u'(x_0) \cdot v(x_0) + u(x_0) \cdot v'(x_0)$.

1. Recherchieren Sie nach anschaulichen Herleitungen bzw. Darstellungen der Ketten- und Produktregel. Stellen Sie Ihre Ergebnisse kurz vor.

2. Schreiben Sie den Beweis der Produktregel so um, dass man als Ergebnis

$$[u(x_0) \cdot v(x_0)]' = u(x_0) \cdot v'(x_0) + u'(x_0) \cdot v(x_0)$$

erhält.

3.3 Verhalten verknüpfter Exponentialfunktionen für $x \to \pm\infty$

Situation 1

Der zeitliche Verlauf einer Grippewelle innerhalb eines Ortes kann näherungsweise durch die Funktion N mit

$$N(t) = 15 \cdot e^{-0{,}1 \cdot (t-8)^2}$$

beschrieben werden. Dabei ist t als Zeitangabe in Wochen ($t \geq 0$) und $N(t)$ als Anzahl der Erkrankten in Tausend zu interpretieren. Auf das Mitführen der Einheiten kann bei der Berechnung verzichtet werden.[9)]

1. Zeichnen Sie den Graphen der Funktion N im Bereich $0 \leq t \leq 16$ in ein geeignetes Koordinatensystem.
2. Beschreiben Sie den Verlauf des Funktionsgraphen im Sachzusammenhang.
3. Geben Sie anhand der Zeichnung das Verhalten des Graphen für $x \to \pm\infty$ an.
4.* Leiten Sie mathematisch das Verhalten von $N(t)$ für $t \to \pm\infty$ durch eine geeignete Aufteilung von $N(t)$ her.
5.* Entwickeln Sie allgemein für Funktionen des Typs $x \mapsto f(x) \cdot e^{g(x)}$ mit ganzrationalen Funktionen f und g ein Vorgehen für die Bestimmung des Verhaltens für $x \to \pm\infty$.

Lösung zu Situation 1

1. Als passende Darstellung des Graphen G_N erhält man

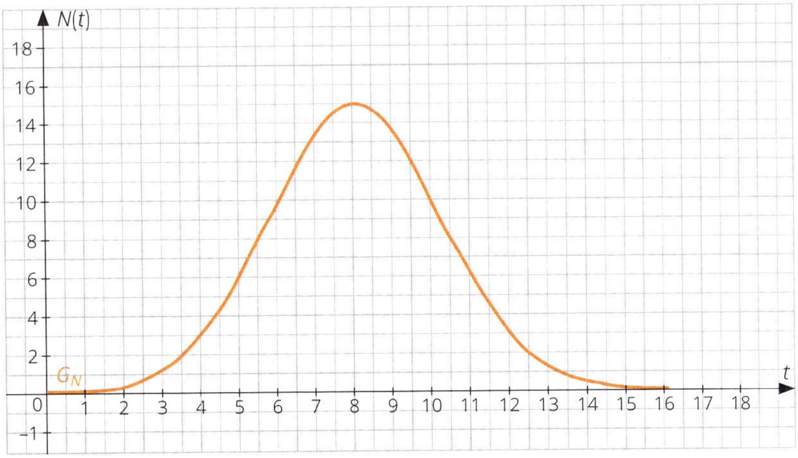

9) Vgl.: Bayerisches Staatsministerium für Unterricht und Kultus, Fachabitur Bayern 2006, Mathematik T, Infinitesimalrechnung A I

2. Zunächst sind nur wenige Personen von der Krankheit betroffen, jedoch breitet sie sich wegen der hohen Ansteckungsgefahr schnell in der Bevölkerung aus. Aufgrund zunehmender Impfungen und der Personen, die die Krankheit überstanden haben, steigt der Bevölkerungsanteil der gegen die Krankheit immunen Menschen. Dadurch sinkt der Anstieg der Neuerkrankungen und die Grippewelle klingt ab.

3. Anhand des Funktionsgraphen erkennt man für $t \to \pm\infty$ folgendes Verhalten:

$$t \to -\infty : N(t) \to 0^+$$
$$t \to +\infty : N(t) \to 0^+$$

4.* Das Verhalten von $N(t)$ für $t \to \pm\infty$ kann man mathematisch herleiten, indem man $N(t)$ in seine einzelnen Komponenten zerlegt und deren einzelne Grenzwerte für $t \to \pm\infty$ betrachtet:

$$t \to -\infty : N(t) = \underbrace{15}_{\to 15} \cdot \underbrace{e^{\overbrace{-0{,}1 \cdot (t-8)^2}^{\to -\infty}}}_{\to 0^+} \to 0^+$$

$$t \to +\infty : N(t) = \underbrace{15}_{\to 15} \cdot \underbrace{e^{\overbrace{-0{,}1 \cdot (t-8)^2}^{\to -\infty}}}_{\to 0^+} \to 0^+$$

Das Verhalten einer ganzrationalen Funktion (die sich hier im Exponenten der e-Funktion befindet) ist bereits aus der 11. Jahrgangsstufe bekannt. Das Verhalten von Exponentialfunktionen des Typs $x \mapsto a \cdot e^{c \cdot (x-d)} + y_0$ mit $a, c \in \mathbb{R} \setminus \{0\}$ und $d, y_0 \in \mathbb{R}$ wurde bereits in Kapitel 2.2 behandelt. Diese Zusammenhänge kann man allgemein auf Funktionen des Typs $x \mapsto a \cdot e^{g(x)} + y_0$ mit $a \in \mathbb{R} \setminus \{0\}$, $y_0 \in \mathbb{R}$ und einer ganzrationalen Funktion g erweitern.

5.* Um das Verhalten für $x \to \pm\infty$ von Funktionen des Typs $x \mapsto f(x) \cdot e^{g(x)}$ mit ganzrationalen Funktionen f und g zu bestimmen, betrachtet man zunächst das Verhalten von f und g (bekannt aus der 11. Jahrgangsstufe). Anhand des Verhaltens von g kann man auf das Verhalten der verketteten Funktion $x \mapsto e^{g(x)}$ schließen. Das Verhalten von $x \mapsto f(x) \cdot e^{g(x)}$ ergibt sich somit aus dem informellen „Produkt" des jeweiligen Grenzwerts von f und der Verkettung $e^{g(x)}$:

$$x \to \pm\infty : \underbrace{f(x)}_{\text{Schritt 1}} \cdot \underbrace{e^{\overbrace{g(x)}^{\text{Schritt 1}}}}_{\text{Schritt 2}} \to \text{Schritt 3}$$

Anhand dieser Vorgehensweise sind damit die folgenden vier Fälle möglich:

- $f(x) \to -\infty$ und $e^{g(x)} \to 0^+ \Rightarrow f(x) \cdot e^{g(x)} \to 0^-$
- $f(x) \to +\infty$ und $e^{g(x)} \to 0^+ \Rightarrow f(x) \cdot e^{g(x)} \to 0^+$
- $f(x) \to -\infty$ und $e^{g(x)} \to +\infty \Rightarrow f(x) \cdot e^{g(x)} \to -\infty$
- $f(x) \to +\infty$ und $e^{g(x)} \to +\infty \Rightarrow f(x) \cdot e^{g(x)} \to +\infty$

Zusammenfassung

Verhalten von Exponentialfunktionen für $x \to \pm\infty$

- Typ $x \mapsto a \cdot e^{g(x)}$ mit einer ganzrationalen Funktion g und $a \in \mathbb{R} \setminus \{0\}$
  - $a > 0$:
    - $g(x) \to -\infty \Rightarrow a \cdot e^{g(x)} \to 0^+$
    - $g(x) \to +\infty \Rightarrow a \cdot e^{g(x)} \to +\infty$
  - $a < 0$:
    - $g(x) \to -\infty \Rightarrow a \cdot e^{g(x)} \to 0^-$
    - $g(x) \to +\infty \Rightarrow a \cdot e^{g(x)} \to -\infty$
- Typ $x \mapsto f(x) \cdot e^{g(x)}$ mit ganzrationalen Funktionen f und g
  - $f(x) \to -\infty$ und $e^{g(x)} \to 0^+ \Rightarrow f(x) \cdot e^{g(x)} \to 0^-$
  - $f(x) \to +\infty$ und $e^{g(x)} \to 0^+ \Rightarrow f(x) \cdot e^{g(x)} \to 0^+$
  - $f(x) \to -\infty$ und $e^{g(x)} \to +\infty \Rightarrow f(x) \cdot e^{g(x)} \to -\infty$
  - $f(x) \to +\infty$ und $e^{g(x)} \to +\infty \Rightarrow f(x) \cdot e^{g(x)} \to +\infty$

Der Grenzwert der e-Funktion hat die höhere Priorität gegenüber dem Grenzwert einer ganzrationalen Funktion.

Gibt es im Funktionsterm eine zusätzliche Konstante y_0, so verschiebt sich der entsprechende Grenzwert von $f(x) \cdot e^{g(x)} + y_0$ um $|y_0|$ nach oben ($y_0 > 0$) bzw. unten ($y_0 < 0$).

Aufgaben

1. Bestimmen Sie jeweils das Verhalten von $f(x)$ für $x \to \pm\infty$.

a) $f(x) = e^{3x+1}$

b) $f(x) = \frac{2}{3}e^{x^2-2x+1}$

c) $f(x) = 2e^{-3x^2+2x}$

d) $f(x) = -0{,}5e^{-x+5}$

e) $f(x) = -e^{(x+2)^2}$

f) $f(x) = -10e^{-10x^2}$

g) $f(x) = 4e^{-3x^2+2x-1}$

h) $f(x) = -e^{-\frac{1}{2}x}$

2. Bestimmen Sie jeweils das Verhalten von $f(x)$ für $x \to \pm\infty$.

a) $f(x) = xe^{3x^2+1}$

b) $f(x) = (-x^2 + x)e^{x^2-2x+1} - 1$

c) $f(x) = \left(2x - \frac{1}{3}\right)e^{-x^2+2} + 0{,}5$

d) $f(x) = -0{,}5xe^{-x(x+5)} - 12$

e) $f(x) = (-x-1)e^{(x+2)^2} - \frac{1}{3}$

f) $f(x) = -10x^2e^{-10x} + \frac{1}{5}$

g) $f(x) = (x+1)^2e^{(-x+1)^2}$

h) $f(x) = -(2x - x^2)e^{-\frac{1}{2}x+1-\frac{3}{4}x^2}$

3.4 Vernetzte Aufgaben

1.[10] Der zeitliche Verlauf einer Grippewelle innerhalb eines Ortes kann näherungsweise durch die Funktion N mit $N(t) = 15 \cdot e^{-0{,}1 \cdot (t-8)^2}$ beschrieben werden. Dabei ist t als Zeitangabe in Wochen ($t \geq 0$) und N(t) als Anzahl der Erkrankten in Tausend zu interpretieren. Auf das Mitführen der Einheiten kann bei der Berechnung verzichtet werden.[4]

a) Berechnen Sie die Zeitspanne, in der sich die Anzahl der Krankheitsfälle bezogen auf das Ende der 1. Woche auf den dreifachen Wert vergrößert.

b)* Bestimmen Sie rechnerisch den Zeitpunkt, in dem die Ausbreitungsgeschwindigkeit der Krankheit am stärksten ist. Geben Sie auch die Anzahl der Neuerkrankungen pro Tag für diesen Zeitpunkt an.

c) Ermitteln Sie durch Rechnung den Hochpunkt der Funktion *N* und interpretieren Sie die Koordinaten des Hochpunkts im Sinne der Aufgabenstellung.

d) Die Grippewelle gilt als überstanden, wenn wieder der Krankenstand wie zur Zeit $t = 0$ erreicht ist. Berechnen Sie diesen Zeitpunkt.

2.[11] Gegeben ist die reelle Funktion $f: x \mapsto (x^2 + 1) \cdot e^{-x+1}$ in der Definitionsmenge $D_f = \mathbb{R}$.

a) Bestimmen Sie das Verhalten der Funktionswerte $f(x)$ für $x \to +\infty$ und für $x \to -\infty$.

b) Zeigen Sie, dass der Graph der Funktion *f* keine relativen Extremalpunkte, jedoch einen Terrassenpunkt und einen weiteren Wendepunkt aufweist. Bestimmen Sie auch die Koordinaten dieser Punkte.
[mögliches Teilergebnis: $f'(x) = (-x^2 + 2x - 1) \cdot e^{-x+1}$]

c) Zeichnen Sie unter Verwendung schon bekannter Ergebnisse und geeigneter Funktionswerte den Graph der Funktion *f* für $-0{,}5 \leq x \leq 6$ in ein kartesisches Koordinatensystem. Maßstab auf beiden Achsen: 1 LE = 1 cm

3.[12] Bei der Synthese eines Medikaments wird die Temperatur $T(t)$ (in °C) während der Reaktionsdauer *t* (in Minuten) mit $t \geq 0$ kontinuierlich gemessen.

Dabei gilt: $T(t) = 10 \cdot (t \cdot e^{1-k \cdot t} + c)$ mit $k, c \in \mathbb{R}$ und $k \neq 0$.

Zum Zeitpunkt $t = 0$ wird eine Temperatur von 18 °C gemessen. Nach einer Reaktionsdauer von 8 Minuten beträgt die Temperatur 47,43 °C. Auf das Mitführen der Einheiten kann bei den Berechnungen verzichtet werden. Alle Ergebnisse sind gegebenenfalls auf zwei Nachkommastellen zu runden.

a) Bestimmen Sie die Werte der Parameter *c* und *k*.

Für die folgenden Teilaufgaben gilt: $c = 1{,}8$ und $k = 0{,}25$.

b) Berechnen Sie das Temperaturmaximum während der Reaktion.
[mögliches Teilergebnis: $\frac{d}{dt} T(t) = 10 \cdot e^{1-0{,}25 \cdot t} - 2{,}5 \cdot t \cdot e^{1-0{,}25 \cdot t}$]

c)* Um die Qualität des Endprodukts nicht zu gefährden, darf in der Abkühlungsphase die Temperaturabnahme in jeder Minute höchstens 4 °C betragen. Zeigen Sie, dass dies selbst im Augenblick der stärksten Abkühlung eingehalten wird.

4.[13] Seit Beginn des 20. Jahrhunderts führt der vom Menschen verursachte zusätzliche Ausstoß von Kohlenstoffdioxid (CO_2) zu einer Verstärkung des Treibhauseffektes, das heißt zu einem globalen Temperaturanstieg mit weitreichenden Folgen.

10) Quelle: Bayerisches Staatsministerium für Unterricht und Kultus, Fachabitur Bayern 2006, Mathematik T, Infinitesimalrechnung A I
11) Quelle: Bayerisches Staatsministerium für Unterricht und Kultus, Fachabitur Bayern 2005, Mathematik T, Infinitesimalrechnung A I
12) Quelle: Bayerisches Staatsministerium für Unterricht und Kultus, Fachabitur Bayern 2015, Mathematik T, Infinitesimalrechnung A I
13) Quelle: Bayerisches Staatsministerium für Unterricht und Kultus, Fachabitur Bayern 2016, Mathematik T, Infinitesimalrechnung A I

Nach einem mathematischen Modell soll die Entwicklung der weltweiten CO_2-Emissionen abgeschätzt werden. Dieses Modell lässt sich näherungsweise durch die mathematische Funktion

$$k: t \mapsto a \cdot t^2 \cdot e^{-b \cdot t} + 7$$

mit $t, a, b \in \mathbb{R}$ und $t \geq 0$, $a > 0$, $b > 0$ darstellen.

Dabei entspricht $k(t)$ der CO_2-Emissionsrate in Mrd. Tonnen pro Jahr zum Zeitpunkt t, wobei t die seit Beginn des Jahres 1950 vergangene Zeit in Jahren beschreibt. Unter der CO_2-Emissionsrate wird dabei im Folgenden die ausgestoßene Masse an CO_2 pro Zeiteinheit verstanden.

Auf das Mitführen der Einheiten kann bei den Berechnungen verzichtet werden.

a) Nach diesem Szenario lag die CO_2-Emissionsrate zu Beginn des Jahres 2000 bei genau 30 Mrd. Tonnen pro Jahr und zu Beginn des Jahres 2200 wird sie bei genau 17,5 Mrd. Tonnen CO_2 pro Jahr liegen. Bestimmen Sie mithilfe dieser Angaben die Parameter a und b der Funktion k auf drei Nachkommastellen gerundet.

b) Im Folgenden gilt $a = 0{,}025$ und $b = 0{,}020$.

Alle folgenden Ergebnisse sind gegebenenfalls auf eine Nachkommastelle zu runden.

- Bestimmen Sie die nach diesem Modell prognostizierte CO_2-Emissionsrate zu Beginn des Jahres 2017.
- Berechnen Sie den Zeitpunkt t_m, zu dem die absolut maximale CO_2-Emissionsrate zu erwarten ist.
  [mögliches Teilergebnis: $\dot{k}(t) = 0{,}05 \cdot e^{-0{,}02 \cdot t} \cdot (-0{,}01 \cdot t^2 + t)$]
- Zeichnen Sie mithilfe der bisherigen Ergebnisse und weiterer geeigneter Funktionswerte den Graphen der Funktion k für $0 \leq t \leq 250$ (die Jahre 1950 bis 2200) in ein kartesisches Koordinatensystem.
  Maßstab: t-Achse: 50 Jahre ≙ 2 cm; k-Achse: 10 Mrd. Tonnen/Jahr ≙ 2 cm.
- * Ermitteln Sie rechnerisch, in welchem Jahr zwischen 1950 und heute der Zeitpunkt liegt, an dem die CO_2-Emissionsrate nach diesem Modell am meisten zugenommen hat.

5.[14] Ein Tierarzt verabreicht einer Kuh ein Medikament, dessen Wirkstoff über das Blut auch in die Milch gelangt. Die Konzentration k des Medikaments in der Kuhmilch wird in $\frac{mg}{L}$ (Milligramm pro Liter) angegeben und kann näherungsweise durch folgende Funktion beschrieben werden:

$$k: t \mapsto 5 \cdot t \cdot e^{\frac{1}{\lambda} \cdot t}$$

mit $t, \lambda \in \mathbb{R}$ und $t \geq 0$, $\lambda < 0$.

Dabei gibt t die Zeit in Stunden ab dem Verabreichen des Medikaments an.

Ergebnisse sind gegebenenfalls auf drei Nachkommastellen zu runden. Auf das Mitführen der Einheiten kann bei den Berechnungen verzichtet werden.

a) Bestimmen Sie λ, wenn die Konzentration des Medikaments in der Milch 105 Minuten nach dem Verabreichen $4{,}88 \frac{mg}{L}$ beträgt.

b) Für die folgenden Teilaufgaben gilt: $\lambda = -3$.

- Bestimmen Sie, nach welcher Zeit t_{max} die Konzentration des Medikaments in der Milch der Kuh am größten ist. Geben Sie auch diese maximale Konzentration k_{max} an.
  [mögliches Teilergebnis: $\dot{k}(t) = (5 - \frac{5}{3} \cdot t) \cdot e^{-\frac{1}{3} \cdot t}$]

14) Quelle: Bayerisches Staatsministerium für Unterricht und Kultus, Fachabitur Bayern 2018, Mathematik T, Infinitesimalrechnung A I

- Überprüfen Sie, ob sich die Konzentration des Medikaments in der Milch im Laufe der Zeit vollständig abbaut.

6.[15] Ein Tierarzt wurde in ein Waldstück gerufen, um zu helfen, die Wilderei an einem Wildtier aufzuklären, das dort geschossen und aufgefunden wurde. Zur Klärung des Delikts soll der Tatzeitpunkt ermittelt werden. Hierfür spielt folgender funktionaler Zusammenhang eine wichtige Rolle:

$$L : t \mapsto T + (L_0 - T) \cdot e^{-\lambda \cdot t}; \qquad t \in \mathbb{R} \text{ und } \lambda \in \mathbb{R}$$

Dabei ist λ der Abkühlungskoeffizient, T die Umgebungstemperatur in °C, L die Körpertemperatur des erlegten Wildtieres in °C zum Zeitpunkt t und L_0 die gemessene Körpertemperatur des erlegten Wildtieres zum Zeitpunkt t_0, an dem der Tierarzt die Temperatur erstmals gemessen hat. Die Variable t beschreibt die vergangene bzw. vorausgegangene Zeit in Stunden bezüglich des Zeitpunktes t_0. Die Umgebungstemperatur von 4,0 °C wird dabei als konstant angenommen.

Auf das Mitführen der Einheiten kann bei den Berechnungen verzichtet werden. Ergebnisse sind gegebenenfalls auf drei Nachkommastellen zu runden.

a) Die Körpertemperatur des erlegten Wildtieres betrug $L_0 = 18{,}6$ °C zum Zeitpunkt t_0. Zum Zeitpunkt $t_1 = 1{,}0$ h war die Körpertemperatur bereits auf $L_1 = 15{,}9$ °C gefallen. Berechnen Sie den Wert für λ und geben Sie die Einheit von λ an.

b) Im Folgenden sei $\lambda = 0{,}204$.

- Es gibt zwei verdächtige Personen, die jedoch vorgeben, nichts mit der Wilderei zu tun zu haben. Der erste Verdächtige hat für die letzten 3 Stunden und der zweite Verdächtige für die letzten 5 Stunden vor t_0 kein Alibi. Zu früheren Zeitpunkten haben beide Verdächtige ein stichhaltiges Alibi.
  Bestimmen Sie den Zeitpunkt des Abschusses in Bezug auf den Zeitpunkt t_0, wenn bei lebenden Wildtieren dieser Art zu dieser Jahreszeit von einer normalen Körpertemperatur von 37,0 °C ausgegangen wird. Entscheiden Sie daraufhin, ob die beiden Verdächtigen unter diesen Annahmen immer noch als Täter infrage kommen würden.
- Ermitteln Sie den Zeitraum, in dem die Abkühlrate des erlegten Wildtieres mehr als ein Grad Celsius pro Stunde beträgt bzw. betragen würde.
  Hinweis: Abkühlrate $< -1{,}0$ °C

7.[16] Die Geschwindigkeit v eines in einer bestimmten Flüssigkeit unter Reibungseinfluss fallenden Körpers kann mathematisch idealisiert und ohne Verwendung von Einheiten in Abhängigkeit von der Zeit t durch den folgenden Funktionsterm dargestellt werden:

$$v(t) = 15 \cdot (1 - e^{-0{,}654 \cdot t})$$

für $t \geq 0$.

Grundlage für die folgenden Teilaufgaben sind die bekannten physikalischen Zusammenhänge, dass die Geschwindigkeitsfunktion die Ableitungsfunktion der Ortsfunktion und die Beschleunigungsfunktion die Ableitungsfunktion der Geschwindigkeitsfunktion ist.

a) Berechnen Sie $v(0)$ und $\lim\limits_{t \to \infty} v(t)$ und interpretieren Sie die Ergebnisse in dem gegebenen Zusammenhang.

b) Berechnen Sie den Zeitpunkt t_1, an dem gilt: $v(t_1) = 9{,}0$.
[Ergebnis: $t_1 \approx 1{,}4$]

c) Berechnen Sie für $t = 0$ und $t = t_1$ ohne Benennungen die Werte der Beschleunigung, die der Körper momentan erfährt.

d) Berechnen Sie die im Zeitintervall $[0; t_1]$ durchfallene Strecke.

---

15) Quelle: Bayerisches Staatsministerium für Unterricht und Kultus, Fachabitur Bayern 2018, Mathematik T, Infinitesimalrechnung A II

16) Quelle: Bayerisches Staatsministerium für Unterricht und Kultus, Fachabitur Bayern 2003, Mathematik T, Infinitesimalrechnung A II

Selbsttest Kapitel 3

Verknüpfung von Exponentialfunktionen mit linearen und quadratischen Funktionen

Aufgabe 1

Können Sie die Eigenschaften von Funktionen der Form $x \mapsto f(x) \cdot e^{g(x)} + y_0$ diskutieren, wobei es sich bei f und g um lineare oder quadratische Funktionen handelt?

Gegeben ist die Funktion f mit $f(x) = (x^2 - 1) \cdot e^{2x+1}$ und $D_f = \mathbb{R}$.

a) Bestimmen Sie das Verhalten von $f(x)$ für $x \to \pm\infty$.

b) Ermitteln Sie Art und Lage möglicher Extremstellen von G_f sowie die maximalen Monotonieintervalle. Runden Sie ggf. auf zwei Nachkommastellen.

Lösung auf Seite 190

Nicht gelöst	Mit Hilfestellung gelöst	Sicher gelöst
Arbeiten Sie jeweils Situation 1 in den Kapiteln 3.1, 3.2 und 3.3 nochmal durch.	Bearbeiten Sie Aufgabe 2 in Kapitel 3.2 und Aufgabe 2 in Kapitel 3.3 zur weiteren Übung.	Bearbeiten Sie Aufgabe 2 in Kapitel 3.4 zur Vertiefung.

Aufgabe 2

Können Sie anwendungsorientierte Problemstellungen (z. B. Analyse der Entwicklung der Schadstoffkonzentration in der Atmosphäre) lösen, bei denen durch Idealisierung und/oder Modellierung Funktionen der Form $x \mapsto f(x) \cdot e^{g(x)} + y_0$ auftreten, wobei f und g lineare oder quadratische Funktionen sind?

Der Längsschnitt der Sitzfläche einer Design-Sonnenliege vom Kopf- zum Fußende kann in guter Näherung durch die Exponentialfunktion q mit $q(x) = 0{,}1(x^2 - 2x + 1) \cdot e^{-x+c} + 0{,}2$ für $x \in [0; 8]$ und $c \in \mathbb{R}$ beschrieben werden. Hierbei steht x für die Länge (in Schritten von 15 cm) und $q(x)$ für die Höhe der Liegefläche über dem Boden in Metern. Einheiten müssen bei der Berechnung nicht mitgeführt werden. Runden Sie ggf. auf zwei Nachkommastellen.

a) Bestimmen Sie den Wert des Parameters c, wenn der höchste Punkt der Sitzfläche bei 45 cm auf einer Höhe von 60 cm liegt.

b) Man geht davon aus, dass ein angenehmes Hinsetzen und Aufstehen für einen Erwachsenen möglich ist, wenn der niedrigste Sitzpunkt zwischen 40 cm und 50 cm liegt. Untersuchen Sie, ob dies für diese Liege zutrifft.

Lösung auf Seite 190

Nicht gelöst	Mit Hilfestellung gelöst	Sicher gelöst
Arbeiten Sie jeweils Situation 1 in den Kapiteln 3.1, 3.2 und 3.3 nochmal durch.	Bearbeiten Sie Aufgabe 1 in Kapitel 3.4 zur weiteren Übung.	Bearbeiten Sie Aufgabe 6 in Kapitel 3.4 zur Vertiefung.

4 Integralrechnung

In diesem Kapitel

- schließen Sie aus dem Term einer Funktion auf die Terme der zugehörigen Stammfunktionen.
- führen Sie den Nachweis, dass eine vorgegebene Funktion F eine Stammfunktion von f ist.
- lernen Sie, neben Termen von Stammfunktionen ganzrationaler Funktionen auch Terme von Stammfunktionen für Funktionen der Form $x \mapsto a \cdot e^{c \cdot (x-d)} + y_0$ zu bestimmen.
- lernen Sie, mithilfe von Stammfunktionen Werte von bestimmten Integralen zu berechnen, um damit Flächenbilanzen und Maßzahlen von Flächeninhalten endlicher Flächenstücke zu bestimmen, die durch vertikale Geraden und/oder Graphen von ganzrationalen Funktionen begrenzt sind, und nutzen Ihr Verständnis, dass das bestimmte Integral eine Flächenbilanz beschreibt, für Argumentationen im Sachzusammenhang.

4.1 Zusammenhang von Stammfunktion und Ableitungsfunktion

Situation 1

Gegeben ist die Funktion $f: x \mapsto 2x - 3$ mit $D_f = \mathbb{R}$. Skizzieren Sie den Graphen zu f und mit dessen Hilfe die Graphen von drei verschiedenen Funktionen F_1, F_2 und F_3, deren Ableitung jeweils f ist. Geben Sie die zugehörigen Funktionsterme an. Skizzieren Sie die Graphen dieser drei Stammfunktionen von f.

Lösung zu Situation 1

Der Graph zu f ist eine steigende Gerade.

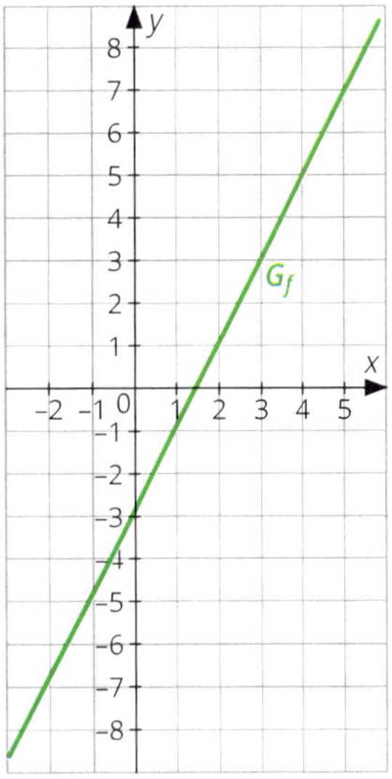

Aus Kapitel 1.5 ist bekannt, dass Geraden die Steigungen von Parabeln beschreiben, also die gesuchten Stammfunktionen F quadratische Funktionen sind. Da es sich um eine steigende Gerade für f handelt, muss die Parabel nach oben geöffnet sein, mit dem Scheitel bei $x_S = \frac{3}{2}$, der Nullstelle der Geraden. Beim Ableiten verschwinden konstante Terme, daher unterscheiden sich die Stammfunktionen nur durch ihre Funktionswerte, jedoch nicht durch ihre Steigungen.

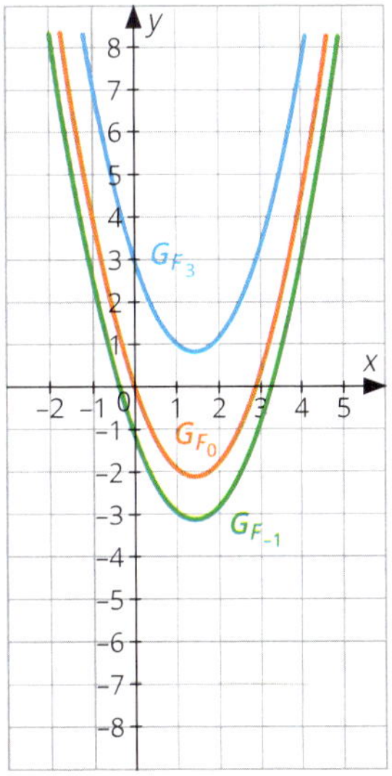

Die Indizes geben dabei den Wert des konstanten Terms an. Da für die Ableitung gilt: $f(x) = 2x - 3$, muss für die Stammfunktion gelten: $F(x) = x^2 - 3x + C$. Für die drei gewählten Graphen gilt somit:

- $F_{-1}(x) = x^2 - 3x - 1$
- $F_0(x) = x^2 - 3x$
- $F_3(x) = x^2 - 3x + 3$

Zusammenfassung

- Ist eine Funktion f **stetig** auf einem Intervall I, dann besitzt sie dort auch eine **Stammfunktion** F.
- Eine Funktion F ist Stammfunktion zu einer Funktion f, wenn gilt: $F'(x) = f(x)$.
- Eine Funktion f hat beliebig viele Stammfunktionen F_i, die sich nur durch den konstanten Term unterscheiden.

Hinweis: Oft erhalten Stammfunktionen zur Abgrenzung den Großbuchstaben der zugehörigen Funktion, z. B. gehört zu f die Stammfunktion F usw.

Aufgaben

1. Überprüfen Sie rechnerisch, ob die Funktionen $F, G, \ldots, N$ Stammfunktionen der zugehörigen Funktionen $f, g, \ldots, n$ sind. Für den Parameter a gilt: $a \in \mathbb{R} \setminus \{0\}$.

a) $F(x) = \frac{1}{4}x^6 + 4x^4 - \frac{1}{2}x^3 + 9x - 2$; $f(x) = \frac{6}{4}x^5 + 16x^3 - \frac{3}{2}x^2 + 9 - 2$

b) $G(x) = \frac{2x^2 - 4x + 8x^4 - 6x^3}{2}$; $g(x) = 16x^3 - 9x^2 + 2x - 2$

c) $I(x) = (x - 2)^2$; $i(x) = 2x$

d) $J(x) = 3(x^2 - x + 3)^2$; $j(x) = 12x^3 - 18x^2 + 42x - 18$

e)* $M(x) = e^{-2x+1}$; $m(x) = -2e^{-2x+1}$

f)* $N(x) = 2e^{x^2}$; $n(x) = 4e^{x^2} \cdot x \cdot ln(e)$

2. Bestimmen Sie die Stammfunktion zur gegebenen Funktion, die durch den angegebenen Punkt verläuft. Skizzieren Sie jeweils die gegebenen Funktionen und Punkte sowie die Stammfunktion.

a) $f(x) = \frac{1}{2}x^2 + 2x - 3$; $P(-8\,|\,0)$

b) $g(x) = -x^3 - 2x^2 + \frac{1}{4}x$; $Q(-3\,|-1)$

3. Zur Funktion ist die Stammfunktion falsch angegeben. Benennen Sie den Fehler und geben Sie eine korrigierte Funktion an.

$f(x) = -3x^3 + 2x^2 - 1$; $F(x) = -4x^4 + \frac{2}{3}x^3 - x + 4$

4.2 Das unbestimmte Integral

Situation 1

Gegeben ist die Funktion f durch $f(x) = 3x^2 + \frac{1}{2}x - 2$ mit $D_f = \mathbb{R}$. Bestimmen Sie das unbestimmte Integral zu $f(x)$.

Lösung zu Situation 1

Das unbestimmte Integral ist die **Menge aller Stammfunktionen** zu der Integrandenfunktion f. Integrandenfunktion bezeichnet die Funktion zwischen dem Integralzeichen $\int$ und dem Differenzial dx. Das Integralzeichen ist dabei ein stilisiertes Sigma (vom Summensymbol, s. Themenseite).

$$\int f(x)\, dx = F(x) + C$$

Das Differenzial dx gibt dabei die Variable an, nach der integriert wird. C wird als **Integrationskonstante** bezeichnet.

$$\int \left(3x^2 + \frac{1}{2}x - 2\right) dx = x^3 + \frac{1}{4}x^2 - 2x + C$$

Das Integral ist zudem additiv. Obiges Integral lässt sich auch als Summe der Integrale über die einzelnen Summanden darstellen:

$$\int \left(3x^2 + \frac{1}{2}x - 2\right) dx = \int 3x^2\, dx + \int \frac{1}{2}x\, dx - \int 2\, dx = x^3 + \frac{1}{4}x^2 - 2x + C_1 + C_2 + C_3$$

$$C = C_1 + C_2 + C_3$$

Außerdem lassen sich konstante Faktoren vor das Integral ziehen:

$$\int \left(3x^2 + \frac{1}{2}x - 2\right) dx = \int 3x^2\, dx + \int \frac{1}{2}x\, dx - \int 2\, dx$$
$$= 3 \cdot \int x^2\, dx + \frac{1}{2} \cdot \int x\, dx - 2\int 1\, dx = x^3 + \frac{1}{4}x^2 - 2x + C_1 + C_2 + C_3$$

Zusammenfassung

- Das unbestimmte Integral ist die Menge aller Stammfunktionen.
- Gesprochen: Das unbestimmte Integral über $f(x)$ nach dx.
- Integrale sind additiv: $\int (f(x) \pm g(x))\, dx = \int f(x)\, dx \pm \int g(x)\, dx$.
- Integrale sind für konstante Faktoren multiplikativ: $\int a \cdot f(x)\, dx = a \cdot \int f(x)\, dx$

Aufgaben

1. Bestimmen Sie eine mögliche Stammfunktion *F, G, H, I, J* der nachfolgenden Funktionen *f, g, h, i, j* unter Verwendung der Integralschreibweise.

a) $f(x) = 2(x-2)^2(x-4)$

b) $g(x) = \frac{1}{4}(x^2-4)(x+2)$

c) $h(x) = \frac{x}{3}(x+2) - \left(\frac{1}{2}x^3 - \frac{1}{3}x^2 + 2\right)$

d)* $i(x) = -\frac{1}{2}e^{2x+2}$

e)* $j(x) = \frac{2}{e^{2x}}$

2. Bestimmen Sie die angegebenen Integrale. Achten Sie dabei auf die Integrationsvariable.

a) $\int (2x^2 - 4x)\,dx$

b) $\int (ax^3 - 2x)\,dx$

c) $\int (ax^3 - 2x)\,da$

d) $\int (ab^2 - a^2b)\,db$

e) $\int \frac{1}{a}e^{-x+b}\,db$

3. Fassen Sie die Terme zu einem einzelnen Integral zusammen.

a) $2\int (x^2 - 4x)\,dx + \frac{1}{2}\int (x - 2x)\,dx$

b) $\frac{1}{4}\int (3x^2 - 6)\,dx - \frac{1}{2}\int (e^x - 2)\,dx$

c) $\int (x^2 - 4x)\,dx - \frac{1}{2}\int x(-2x + 8)\,dx$

d) $a\int e^{4x^2-5x}\,dx + \frac{2}{3}\int (x^4 + 2x^3 - a)\,dx$

Integralrechnung

Die Integralrechnung ist aus dem Wunsch entstanden, auch nicht geradlinig begrenzte Flächen berechnen zu können. Die ersten Überlegungen dazu stammen bereits aus dem alten Griechenland. Für die moderne Mathematik sind die Forschungen von Isaac Newton (1643–1727) und Gottfried Leibnitz (1646–1717) von Bedeutung. Der Grundgedanke, wie er in der Mathematik häufiger vorkommt, ist die Rückführung auf Bekanntes, bei Kurven also die Annäherung an Rechtecke.

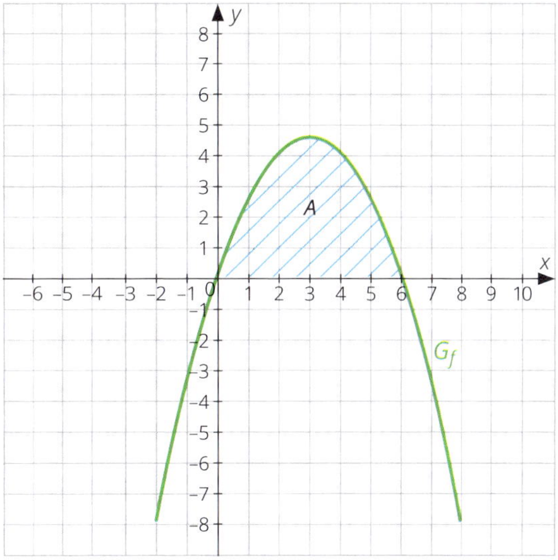

Als einfaches Beispiel wird die Fläche zwischen der x-Achse und dem Graphen einer quadratischen Funktion f betrachtet:

$$f(x) = -\frac{1}{2}x(x-6)$$
$$= -\frac{1}{2}x^2 + 3x$$

Anhand der Beispielfunktion f mit $f(x) = -\frac{1}{2}x^2 + 3x$ werden die Hintergründe des Integrals eingeführt.

Die Rechteckfläche ergibt sich in diesem Beispiel zu

$$A_1 = 6 \cdot 4{,}5 = 27$$

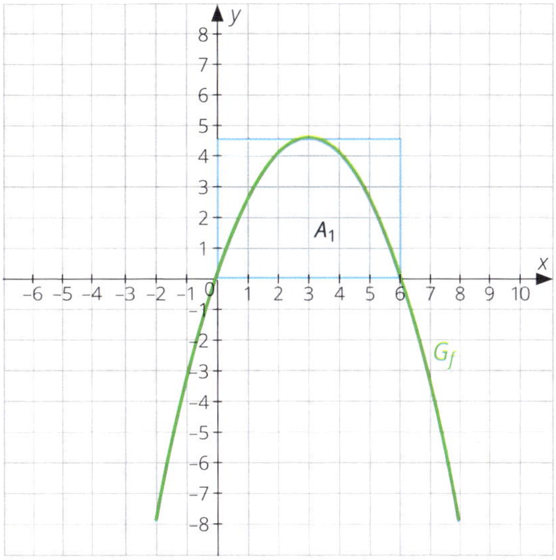

Themenseite

Dabei ist ersichtlich, dass die berechnete Fläche größer ist als die eingeschlossene Fläche:

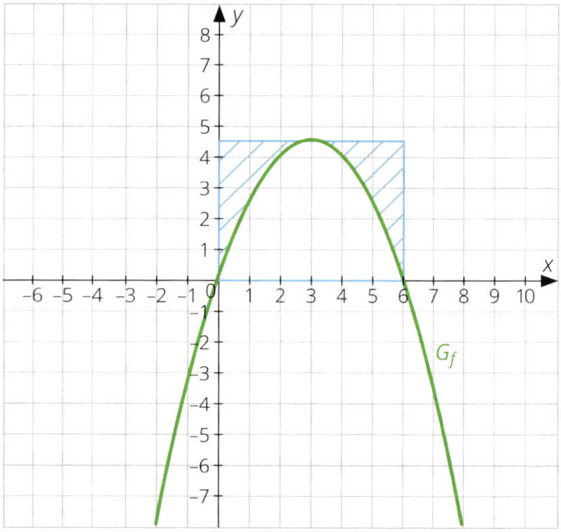

Um diesen Fehler zu verringern, zerlegt man das Intervall zwischen den Nullstellen gleichmäßig in mehrere kleinere der Breite Δx.[17]) Dadurch erhält man auch mehr, dafür kleinere, Rechtecke.

Für die Fläche gilt dann:

$$A_2 = \Delta x \cdot b_1 + \Delta x \cdot b_2 + \ldots$$

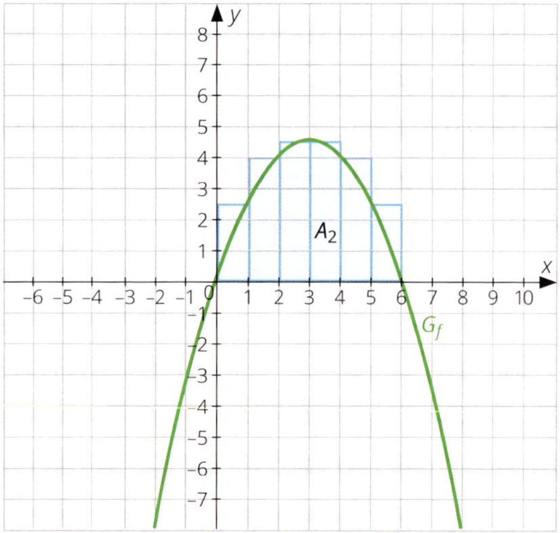

Obersumme

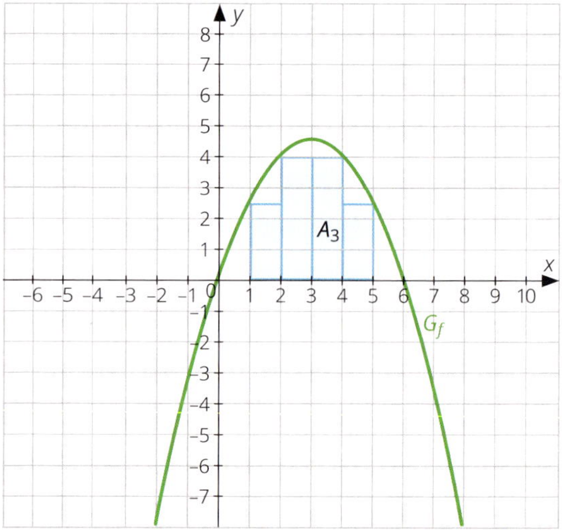

Untersumme

17) Anmerkung: Es ist selbstverständlich auch möglich, verschiedene Intervallbreiten zu verwenden, allerdings ist dann eine systematische Formalisierung durch das Integral nicht mehr möglich.

Berücksichtigt man, dass die Rechteckhöhen stets zu Funktionswerten gehören, also gilt $b_i = f(x_i)$, so lässt sich die Gleichung umschreiben zu:

$$A_2 = \Delta x = \sum_{i=1}^{N} f(x_i)$$

Für das Beispiel würde man mit $\Delta x = 1$ nun die Fläche A_3 erhalten:

$$\begin{aligned} A_3 &= 1 \cdot f(1) + 11 \cdot f(2) + 1 \cdot f(3) + 1 \cdot f(3) + 1 \cdot f(4) + 1 \cdot f(5) \\ &= 2{,}5 + 4 + 4{,}5 + 4{,}5 + 4 + 2{,}5 = 22 \text{ (FE)} \end{aligned}$$

Da für jedes Intervall Δx immer die größten Funktionswerte verwendet wurden, spricht man hier auch von der Obersumme, und analog für die kleinsten Werte im Intervall von der Untersumme.

Die Rechteckflächen haben die Seiten der Länge Δx und $f(x_i)$, also wird den Rechteckflächen bei negativen Funktionswerten auch ein negativer Flächeninhalt zugeordnet. Flächen zwischen der x-Achse und einem Graphen unterhalb der x-Achse haben einen im Sinne der Berechnung negativen Flächeninhalt.

Arbeitsauftrag: Berechnen Sie die Untersumme der Fläche.[18)]

Durch Mittelwertbildung erhält man bereits eine gute Näherung für den Integralwert (hier $\bar{A} = 17{,}5$).

Führt man den Grenzwertübergang $\Delta x \to 0$ durch, wie bereits beim Differenzialquotienten, so erhält man unendlich viele, infinitesimal kleine Intervalle. Dabei wird aus dem bisherigen Summenzeichen Σ (Sigma), stillisiertes Sigma bzw. Integralsymbol $\int$.

Das Integral entspricht also der Summe unendlich vieler Rechtecke der Breite dx.

$$A = \int_0^6 \left(-\frac{1}{2}x^2 + 3x\right) dx = \left[-\frac{1}{6}x^3 + \frac{3}{2}x^2\right]_0^6 = \left(-\frac{1}{6} \cdot 6^3 + \frac{3}{2} \cdot 6^2\right) - (0) = 18$$

Hinweis: Die Fläche unter einem Graphen lässt sich durch „Kästchenzählen" zumindest abschätzen.

1. Skizzieren Sie für nachfolgende Funktionen den Graphen im Bereich $x \in [2; 6]$, berechnen Sie Ober- und Untersumme für eine Intervallbreite $\Delta x = 1$ und vergleichen Sie deren Mittelwert mit dem Wert des Integrals.
   a) $f(x) = -\frac{1}{4}(x - 3{,}5)^2 + 4$
   b) $g(x) = \frac{1}{8}(x^2 - 10x + 41)$
   c) $h(x) = \frac{1}{4}x^3 - \frac{3}{2}x^2 + \frac{1}{2}x + \frac{3}{2}$

2. Im Stadtverkehr ist die Geschwindigkeit oft nicht konstant. Ein Fahrer hat mit einer App nachfolgendes Diagramm aufgenommen. Schätzen Sie den zurückgelegten Weg für das Intervall $t \in [1s; 11s]$ ab.

   Hinweis: Geschwindigkeit ist die Ableitung des Wegs nach der Zeit: $s'(t) = v(t)$

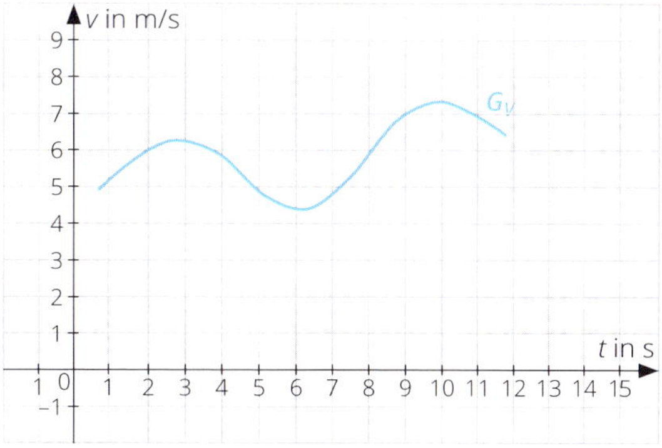

18) Lösung: $A_4 = 0 + 2{,}5 + 4 + 4 + 2{,}5 + 0 = 13$

4.3 Das bestimmte Integral

Situation 1

Gegeben ist das bestimmte Integral $\int_{-2}^{2}\left(\frac{1}{3}x^3 - \frac{4}{3}x\right) dx$. Bestimmen Sie dessen Wert und erklären Sie dessen Bedeutung anhand einer geeigneten Skizze.

Lösung zu Situation 1

$$\int_{-2}^{2}\left(\frac{1}{3}x^3 - \frac{4}{3}x\right) dx$$
$$= \left[\frac{1}{12}x^4 - \frac{2}{3}x^2 + c\right]_{-2}^{2}$$
$$= \left(\frac{1}{12}2^4 - \frac{2}{3}2^2 + c\right) - \left(\frac{1}{12}(-2)x^4 - \frac{2}{3}(-2)^2 + c\right)$$
$$= \frac{16}{12} - \frac{8}{3} + c - \frac{16}{12} + \frac{8}{3} - c$$
$$= 0$$

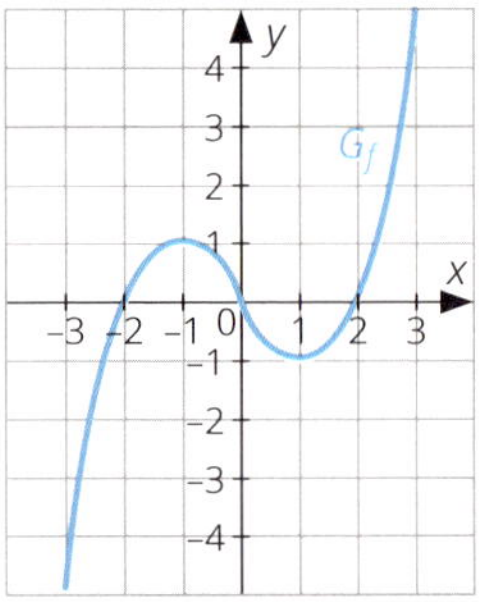

Der Wert null lässt sich so erklären, dass zwischen den Nullstellen $x = -2$ und $x = 2$ die vom Graph und der x-Achse eingeschlossenen Flächen ober- und unterhalb der x-Achse dem Betrag nach gleich groß sind, aber verschiedene Vorzeichen haben, sodass die Flächenbilanz null ist. Der Funktionsgraph ist punktsymmetrisch zum Ursprung und die Integrationsgrenzen wurden ebenfalls symmetrisch zum Ursprung gewählt.

Zusammenfassung

- Die Integrationskonstante (konstantes Glied der Stammfunktion) fällt bei der Berechnung des bestimmten Integrals stets weg, sodass es von vornherein vernachlässigt werden kann.
- Es gilt: $\int_{a}^{b} f(x)\,dx = [F(x)]_a^b = F(b) - F(a)$ (obere Integrationsgrenze – untere Integrationsgrenze)
- Der Wert des bestimmten Integrals entspricht der Flächenbilanz zwischen Graphen, x-Achse und den Integrationsgrenzen.

Merke

Eigenschaften des bestimmten Integrals

- $\int_{a}^{a} f(x)\,dx = 0$ Der Wert eines Integrals über ein Intervall der Breite 0 ist ebenfalls 0.
- $\int_{a}^{b} f(x)\,dx = -\int_{b}^{a} f(x)\,dx$ Das Vertauschen der Integralgrenzen führt zu einem betragsmäßig gleichen Ergebnis mit umgekehrtem Vorzeichen.
- $\int_{a}^{b} f(x)\,dx = \int_{a}^{c} f(x)\,dx + \int_{c}^{b} f(x)\,dx$ Ein Integrationsintervall lässt sich (beliebig oft) aufspalten, dabei gilt: $c \in [a; b]$.

Aufgaben

1. Skizzieren Sie jeweils den Graphen der Integrandenfunktion und das Integrationsintervall. Berechnen Sie jeweils den Wert der angegebenen bestimmten Integrale.

a) $\int_{0}^{4} x\,dx$

b) $\int_{1}^{3} (-2x+2)\,dx$

c) $\int_{-1}^{2} \left(2^4 - \frac{1}{2}x^2 + 2x - 1\right) dx$

d) $\int_{2}^{-1} (4x^3 + 6x - 2)\,dx$

e) $\int_{3}^{3} \left((x^2+4)^3\left(x - \frac{2}{3}\right)^2\right) dx$

f) $2\int_{-8}^{8} dx$

g) $\int_{0}^{x} (-4x^3 + 2x^2 - 4x + 1)\,dx$

h) $\int_{12}^{13} 2e^x\,dx$

i) $\int_{-e}^{-2} \left(\frac{1}{2}e^{2x-3} + 4\right) dx$

j)* $\int_{2}^{a} \left(\frac{1}{3}e^{\frac{1}{3}x+2} - 4x\right) dx$

2. In den angegebenen Lösungsansätzen haben sich einige Fehler eingeschlichen. Skizzieren Sie jeweils den Graphen der Integrandenfunktion und das Integrationsintervall. Finden und korrigieren Sie die Fehler.

a) $\int_{-1}^{3} \left(\frac{1}{2}x^2 + 2x - 1\right) dx = \left[\frac{1}{3}x^3 + x^2 - x\right]_{-1}^{3} = \frac{1}{3}\cdot 3^3 + 3^2 - 3 - \frac{1}{3}(-1)^3 + (-1)^2 - (-1)$

b) $\int_{6}^{-4} \left(\frac{1}{4}x^4 + \frac{2}{3}x + 2\right) dx = -\left[\frac{1}{20}x^4 + 2x^3\right]_{-4}^{6} = -\frac{1}{20}\cdot 6^4 - 2\cdot(-4)^3$

c) $\int_{2}^{3} 12e^{4x+2}\,dx = 12\left[4e^{4x+2}\right]_{3}^{2} = 12(4e^{4\cdot 3+2} - 4e^{4\cdot 2+2})$

d) $\int_{0}^{3} (2e^{5x-3} + 2)\,dx = \left[\frac{2}{5}e^{5x_2-3x} + 2x\right]_{0}^{3} = 1 - \left(\frac{2}{5}e^4 + 6\right)$

3. Begründen oder widerlegen Sie folgende Aussage: „Der Wert des bestimmten Integrals einer Funktion mit zur *y*-Achse symmetrischen Integralgrenzen und einem achsensymmetrischen Funktionsgraphen ist immer null."

4. Begründen oder widerlegen Sie folgende Aussage: „Der Wert des bestimmten Integrals einer Funktion mit zur *y*-Achse symmetrischen Integralgrenzen und einem zum Ursprung punktsymmetrischen Funktionsgraphen ist immer null."

5. Bei einem Unterrichtsgespräch zu bestimmten Integralen kommt es zu einer Diskussion: Weshalb kann der Wert eines bestimmten Integrals negativ werden? Welche Bedeutung hat ein negativer Wert? Wie kann man dies grafisch darstellen? Beantworten Sie die Fragen schriftlich und erstellen Sie passende Skizzen. Stellen Sie anschließend Ihre Ergebnisse im Plenum vor oder hängen Sie diese als Poster auf, um sie von Ihren Mitschülerinnen und Mitschülern bewerten zu lassen.

6. Bestimmen Sie die Werte der angegebenen bestimmten Integrale. Skizzieren Sie außerdem die Graphen der Integrandenfunktionen und kennzeichnen Sie den Wert des Integrals als Flächenbilanz in den Diagrammen.

a) $\int_{1}^{4} (2x^2 + 4x)\,dx$

b) $\int_{-2}^{3} \left(\frac{1}{4}x^3 - \frac{1}{4}x^2 - 2x + 3\right) dx$

c) $\int_{-3}^{3} \left(-\frac{1}{3}x^5 + 6x^3 - 27x\right) dx$

d) $\int_{3}^{6} \left(\frac{1}{16}x^4 - 2x^3 + 8x^2\right) dx$

e) $\int_{2}^{1} 4e^{2x+3}\,dx$

f) $\int_{0}^{14} \left(\frac{1}{32}e^{-2x+3} - \frac{1}{112}x^3 + \frac{1}{8}x^2\right) dx$

7. Bestimmen Sie die Nullstellen der angegebenen Funktionen und anschließend die Flächenbilanz von der kleinsten Nullstelle bis zur größten. Zeichnen Sie anschließend den Funktionsgraphen und kennzeichnen Sie den Wert des berechneten Integrals.

a) $f(x) = \frac{1}{4}x^2 - \frac{1}{4}x - \frac{3}{2}$

b) $g(x) = -4\left(x - \frac{2}{6}\right)\left(x - \frac{7}{8}\right)$

c) $h(x) = \frac{9}{2} - \frac{3}{2}x - 4x^2 + 2x^3$

d) $i(x) = -\frac{1}{80}x^5 + \frac{5}{8}x^3 - \frac{125}{16}x$

4.4 Von der Stammfunktion zum Flächeninhalt

Situation 1

Um die geplante Brücke (s. Kapitel 1) lebendiger und moderner zu gestalten, möchte das Ingenieurbüro DFS eine Seite mit Graffiti besprühen lassen. Vor der Ausschreibung soll noch der Inhalt der Seitenfläche bestimmt werden, um den Bedarf an Farbe für den unteren Bogen ermitteln zu können. Die Funktion für den Brückenbogen war $f: x \mapsto -\frac{1}{36}x^2 + \frac{10}{36}x + 5$. Die darüber führende Straße gilt als obere Begrenzung und lässt sich durch eine Gerade g mit der Gleichung $g(x) = 7$ darstellen. Für beide Funktionen gilt: $D_f = D_g = [0; 10]$. Bestimmen Sie die Maßzahl A der von f und g eingeschlossene Fläche.

Lösung zu Situation 1

Um das Problem besser verstehen zu können, soll zuerst eine kleine Skizze erstellt werden:

Der markierte Ausschnitt ist die zu bestimmende Fläche. Sie wird ober- und unterhalb von den Graphen der Funktionen f und g begrenzt.

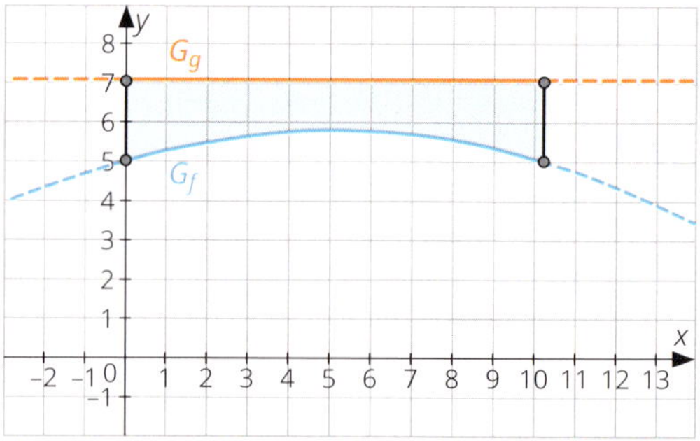

Für eine im Integrationsintervall vorzeichenkonstante Integrandenfunktion lässt sich der Betrag des bestimmten Integrals als Flächenmaßzahl interpretieren. Im Inneren des zu untersuchenden Intervalls dürfen Funktionswerte nicht das Vorzeichen wechseln bzw. sich zwei Funktionsgraphen nicht schneiden (falls die Fläche zwischen beiden gesucht ist).

Das bestimmte Integral lautet damit:

$$\int_0^{10} (g(x) - f(x))\, dx$$

Die Grenzen des Intervalls werden durch den zu untersuchenden Bereich, hier die Definitionsmenge, bestimmt. Die Differenz aus oberer und unterer Funktion ist die Integrandenfunktion.

Berechnung des bestimmten Integrals:

$$\begin{aligned} A &= \int_0^{10} (g(x) - f(x))\, dx \\ &= \int_0^{10} \left(7 - \left(-\frac{1}{36}x^2 + \frac{10}{36}x + 5\right)\right) dx \\ &= \int_0^{10} \left(7 + \frac{1}{36}x^2 - \frac{10}{36}x - 5\right) dx \\ &= \int_0^{10} \left(\frac{1}{36}x^2 - \frac{10}{36}x + 2\right) dx \\ &= \left[\frac{1}{108}x^3 - \frac{5}{36}x^2 + 2x\right]_0^{10} \\ &= 15{,}37 \text{ (FE)} \end{aligned}$$

Es muss demnach genügend Farbe für ca. 15 m^2 bereitgestellt werden. Berücksichtigt man beide Brückenseiten, sogar für 30 m^2.[19)]

Situation 2

Gegeben ist die Funktion f durch $f(x) = \frac{1}{2}(x + 0{,}5)(x - 1)(x - 5)$ und $D_f = \mathbb{R}$. Im IV. Quadranten wird ein endliches Flächenstück vom Graphen G_f und der x-Achse eingeschlossen. Bestimmen Sie dessen Inhalt.

Lösung zu Situation 2

Skizze des Funktionsgraphen

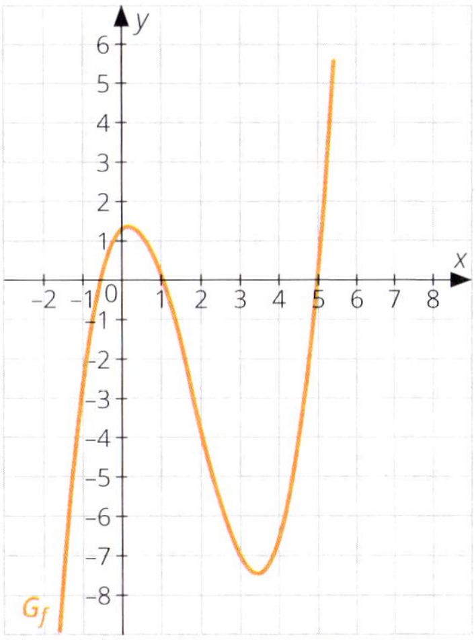

Die Grenzen des bestimmten Integrals sind $x_1 = 1$ und $x_2 = 5$.

Damit ergibt sich der Ansatz:

$$\int_1^5 f(x)\, dx$$

$$= \int_1^5 \frac{1}{2}(x + 0{,}5)(x - 1)(x - 5)\, dx$$

19) Dabei ist zu bedenken, dass hier nur ein Brückenbogen berücksichtigt wurde und nicht die gesamte Brücke.

$$= \int_1^5 \left(\frac{1}{2}x^3 - \frac{11}{4}x^2 + x + \frac{5}{4}\right)dx$$

$$= \left[\frac{1}{8}x^4 - \frac{11}{12}x^3 + \frac{1}{2}x^2 + \frac{5}{4}x\right]_1^5$$

$$= -\frac{56}{3}$$

Da G_f vollständig unterhalb der x-Achse liegt, war ein negatives Ergebnis zu erwarten. Für die Flächenmaßzahl M gilt: $M = \left|-\frac{56}{3}\right| = \frac{56}{3}$

Situation 3

Gegeben sind zwei Funktionsgleichungen $f(x) = -(x-3)^2 + 9$ und $g(x) = x^2$. Beide Graphen schließen ein Flächenstück ein. Fertigen Sie eine Skizze an und bestimmen Sie den Inhalt der von den Graphen umschlossenen Fläche.

Lösung zu Situation 3

Skizze der Funktionsgraphen und der gesuchten Fläche.

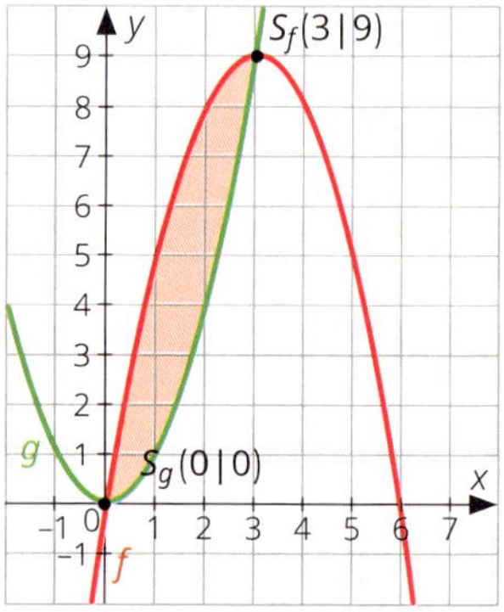

Die Funktion g hat eine Normalparabel als Graphen, ihr Scheitelpunkt ist der Ursprung $S_g(0|0)$. Die Funktion f ist in Scheitelpunktform gegeben. Ihr Scheitelpunkt ist $S_f(3|9)$. Sie ist nach unten geöffnet und weder gedehnt noch gestaucht.

Schnittpunkte der beiden Graphen sind die Scheitelpunkte. Die Schnittpunkte bestimmen die Integrationsgrenzen 0 und 3.

Der gesuchte Flächeninhalt A ergibt sich als Differenz aus den Flächen, die vom jeweiligen Graphen und der x-Achse eingeschlossen werden:

$$A = \int_0^3 f(x)\,dx - \int_0^3 g(x)\,dx$$

$$= \int_0^3 \left(-(x-3)^2 + 9\right)dx - \int_0^3 x^2\,dx$$ Auflösen des Terms $f(x)$ mit 2. binomischer Formel

$$= \int_0^3 \left(-(x^2 - 6x + 9) + 9\right)dx - \int_0^3 x^2\,dx$$ Zusammenfassen der Terme in einem Integral

$$= \int_0^3 (-2x^2 - 6x)\,dx$$

$$= \left[-2x^3 + 3x^2\right]_0^3$$

$$= -18 + 27 - (0 + 0)$$

$$= 9$$

Die Graphen von f und g schließen eine Fläche mit der Flächenmaßzahl 9 ein.

Ebenso wie in Situation 1 kann der Ansatz die Differenz der Funktionen als Integrand enthalten:

$$A = \int_0^3 \left(f(x) - g(x)\right)dx$$

Zusammenfassung

- Das bestimmte Integral einer Funktion entspricht der Fläche zwischen Funktionsgraph und x-Achse und den Integrationsgrenzen, wenn der Graph die x-Achse nicht schneidet.

  Beispiel mit $f(x) = \frac{1}{4}x^2 + 2$ im Intervall [1;4]:

  $$A = \int_1^4 \left(\frac{1}{4}x^2 + 2\right) dx = \left[\frac{1}{12}x^3 + 2x\right]_1^4 = \frac{16}{3} + 8 - \left(\frac{1}{12} + 2\right) = 11{,}25$$

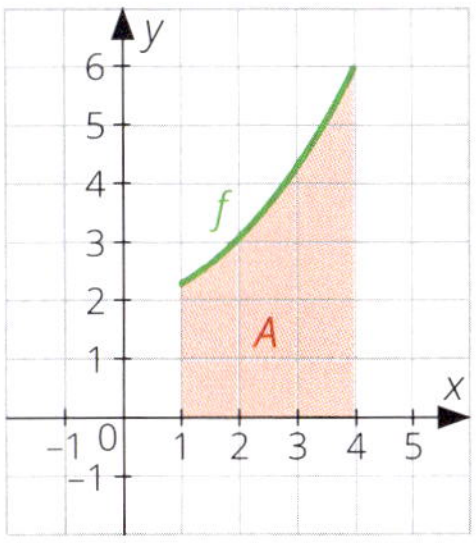

- Schneidet der Funktionsgraph die x-Achse (Nullstelle mit Vorzeichenwechsel) im Integrationsintervall, werden die Teilflächen durch das bestimmte Integral bilanziert. Der Flächenanteil unterhalb der x-Achse (negative Flächenmaßzahl) wird von dem Flächenanteil oberhalb der x-Achse abgezogen (positive Flächenmaßzahl).

  Beispiel mit $f(x) = x^3 - x$ im Intervall [0;2]:

  $$A_{[0;2]} = \int_0^2 (x^3 - x)\, dx = \left[\frac{1}{4}x^4 - \frac{1}{2}x^2\right]_0^2 = 4 - 2 - (0 - 0) = 2$$

  $$A_{[0;1]} = \int_0^1 (x^3 - x)\, dx = \left[\frac{1}{4}x^4 - \frac{1}{2}x^2\right]_0^1 = \frac{1}{4} - \frac{1}{2} - (0 - 0) = -0{,}25$$

  $$A_{[1;2]} = \int_1^2 (x^3 - x)\, dx = \left[\frac{1}{4}x^4 - \frac{1}{2}x^2\right]_1^2 = 4 - 2 - \left(\frac{1}{4} - \frac{1}{2}\right) = 2{,}25$$

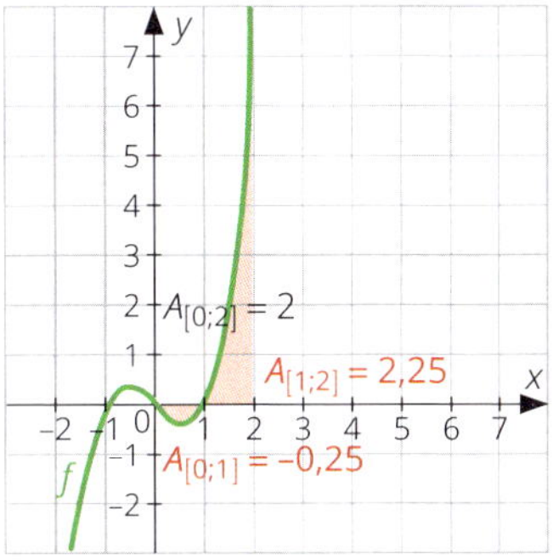

- Soll nicht die Flächenbilanz berechnet werden, muss abschnittsweise vom linken Rand zur Nullstelle, von der Nullstelle zum rechten Rand integriert werden und es müssen die Beträge der bestimmten Integrale addiert werden.

  Beispiel mit $f(x) = x^3 - x$ im Intervall [0;2]:

  $$A = \left|\int_0^1 (x^3 - x)\, dx\right| + \left|\int_1^2 (x^3 - x)\, dx\right| = 0{,}25 + 2{,}25 = 2{,}5$$

- Schneidet ein Funktionsgraph die x-Achse im Integrationsintervall mehrfach (mehrere Nullstellen mit Vorzeichenwechsel), wird jede Nullstelle eine Integrationsgrenze und es sind die Beträge mehrerer bestimmter Integrale zu addieren.

- Wenn eine Fläche A oben und unten von je einem Funktionsgraphen begrenzt wird, kann
  - die Differenz der Flächen zwischen beiden Funktionsgraphen und der x-Achse berechnet werden:

    $$A = A_f - A_g = \int_0^3 f(x)\, dx - \int_0^3 g(x)\, dx$$

  - die Differenz der oberen Funktion f und der unteren Funktion g als Integrandenfunktion verwendet werden:

    $$A = \int_0^3 (f(x) - g(x))\, dx = A_f - A_g$$

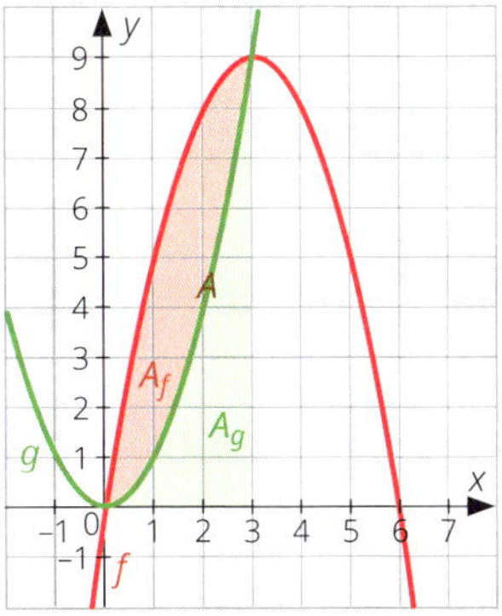

Aufgaben

1. Für eine Dreiecksfläche gilt z. B. die Gleichung $A = \frac{1}{2}gh$. Drücken Sie diese Gleichung durch ein bestimmtes Integral aus. Zeichnen Sie zunächst den Graphen einer Ursprungsgeraden und kennzeichnen Sie damit ein beliebiges rechtwinkliges Dreieck mit der x-Achse als Grundseite.

2. Erklären Sie kurz den Unterschied zwischen dem Wert eines bestimmten Integrals und dem Ergebnis der Flächenberechnung mittels Integral.

3. Im Klassenchat wird über die Mathematikhausaufgabe gesprochen. Dabei wird gepostet: „Berechnen Sie die Maßzahl der Fläche, die vollständig von den Graphen der beiden angegebenen Funktionen eingeschlossen wird. Ich habe keine Ahnung womit ich überhaupt anfangen soll?! :-|" Schreiben Sie eine Antwort auf diese Frage.

4.* Berechnen Sie die Maßzahl der Fläche, die vollständig von den Graphen der angegebenen Funktionenpaare eingeschlossen wird.

a) $f(x) = 2x^2 + 3x - 1$; $g(x) = x + 3$

b) $h(x) = \frac{1}{3}x^2 - 2x^2$; $i(x) = \frac{4}{3}x - 8$

c) $j(x) = \frac{1}{4}(x^4 - 10x^2 + 9)$; $k(x) = -2x^2 + 8x - 6$

d) $l(x) = \frac{1}{3}x^3 - 2x^2 + x$; $m(x) = -2(x^2 - 11x + 27)$

5. Nehmen Sie Stellung zu folgender Aussage: „Ist bei zum Ursprung punktsymmetrischen Graphen von Funktionen dritten Grades nach der von Graphen und x-Achse eingeschlossenen Fläche gefragt, so reicht es aus, den Wert des bestimmten Integrals von einer Nullstelle zum Ursprung auszurechnen und das Ergebnis mit zwei zu multiplizieren."

6. Flächen zwischen Funktionsgraphen lassen sich auch bei einigen Funktionenplottern darstellen und berechnen. Recherchieren Sie, wie diese Funktion in Ihrem bevorzugtem Programm umgesetzt ist und bestimmen Sie damit die Flächen, die vollständig von den angegebenen Funktionspaaren eingeschlossen sind.

a) $f(x) = f(x) = x^3 - 5x^2 + 2$; $g(x) = \frac{1}{8}x^6 + 2x^2 - 4x$

b) $h(x) = f(x) = x^4 - 2x^2 + 1$; $i(x) = -x^4 + 2x^2$

c) $j(x) = (x^2 - 2x)e^{-4x+2}$; $k(x) = \frac{1}{4}x^3 - 4x^2 + 16x - 7$

d) $l(x) = e^{x^2+2x+4}$; $m(x) = 3x^2e^{-x}$

4.5 Integration von Exponentialfunktionen

Situation 1

Das Ingenieurbüro DFS schreibt einen Nachwuchswettbewerb für Schülerinnen und Schüler der Oberstufe in Bayern aus. Dabei sollen die Teilnehmer für einen Inklusionsspielplatz auf einer nahen Freifläche Ideen einbringen. Eine Gruppe bewirbt sich mit dem Vorschlag einer Rutsche, deren Seitenansicht sie skizziert hat.

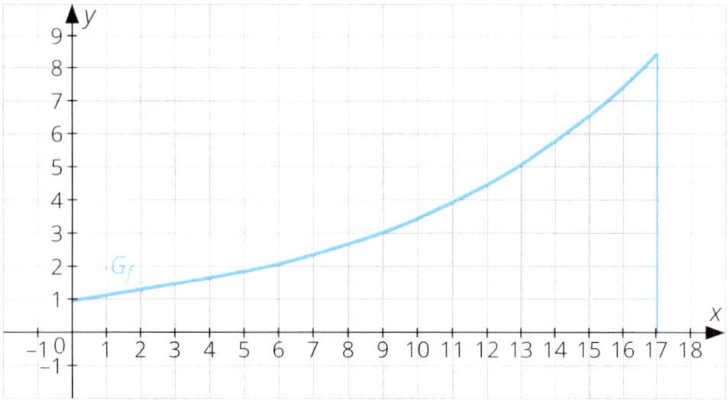

Um anfangs stark und zum Auslauf nur noch schwach zu beschleunigen, hat die Gruppe als Rutschenform den Graphen einer e-Funktion gewählt, die die Höhe der Seitenwand beschreibt: $f(x) = e^{\frac{1}{8}x}$. Nach Einigung über die Farbe der Seitenwand streiten sich die Gruppenmitglieder über die Menge der benötigten Farbe: „Wir müssen doch nur die Funktion vom Fuß zum Kopf der Rutsche integrieren, dann kennen wir den Flächeninhalt. Die Ergiebigkeit steht auf dem Farbeimer.“ „Aber wie integriert man eine Exponentialfunktion?“

Lösung zu Situation 1

Die Ableitung der e-Funktion ist sie selbst: $g(x) = e^x = g'(x) = g''(x) = \dots$. Leitet man jedoch die Funktion $f(x) = e^{\frac{1}{8}x}$ nach der Kettenregel ab, sind die Ableitungen nicht identisch: $f'(x) = \frac{1}{8}\,e^{\frac{1}{8}x}$; $f''(x) = \frac{1}{64}\,e^{\frac{1}{8}x}$.

Mit jeder Ableitung wird der Faktor $\frac{1}{8}$ hinzugefügt. Also ist zu vermuten, dass der Kehrwert dieses Faktors $\frac{1}{8}$ mit dem Funktionsterm von f multipliziert werden muss, um eine Stammfunktion F zu erhalten: $F(x) = 8 \cdot e^{\frac{1}{8}x}$ Die Ableitung dieser Stammfunktion lautet: $F'(x) = \frac{1}{8} \cdot 8 \cdot e^{\frac{1}{8}x} = e^{\frac{1}{8}x} = f(x)$

Damit ist die Seitenfläche der Rutsche durch Integration der Funktion f vom Fuß an der Stelle 0 bis zum Kopf an der Stelle 17 zu bestimmen:

$$I = \int_0^{17} f(x)\,dx = \int_0^{17} e^{\frac{1}{8}x}\,dx = \left[8 \cdot e^{\frac{1}{8}x}\right]_0^{17} = 8 \cdot \left(e^{\frac{1}{8}x \cdot 17} - e^0\right) \approx 58{,}98$$

Eine Seitenwand der Rutsche hat einen Flächeninhalt von 59 m^2.

Mehrfaches Ableiten einer e-Funktion der Form $f(x) = e^{a \cdot x}$ mit $a \in \mathbb{R}^*$ nach der Kettenregel führt zu den Ableitungen $f'(x) = \frac{1}{a}\,e^{a \cdot x}$; $f''(x) = \frac{1}{a^2}\,e^{a \cdot x}$; $f'''(x) = \frac{1}{a^3}\,e^{a \cdot x}$.

Merke

- Die Stammfunktion einer e-Funktion der Form $f(x) = e^{a \cdot x}$ mit $a \in \mathbb{R}^*$ ist $F(x) = \frac{1}{a}\,e^{a \cdot x} + C$, denn $F'(x) = \frac{a}{a} \cdot e^{a \cdot x} = f(x)$. Der Funktionsterm der gegebenen Funktion mit der Ableitung des Exponenten ergibt die Stammfunktion.

Situation 2

Durch eine etwas andere Aufteilung des Spielplatzes soll die Rutsche um 2 m nach links verrückt werden, kann aber auch um 4 m länger werden, wenn ein quadratischer Durchgang von 4 m^2 ausgespart wird. Wieder diskutiert die Gruppe heiß: „Durch die Verschiebung und die Verlängerung bekommen wir eine Funktion mit einem neuen Exponenten – da kennen wir die Stammfunktion nicht!" „… und bekommen neue Intervallgrenzen und der Durchgang ist nicht drin!" „Wir brauchen mehr Farbe für die längere Rutsche. Aber die Verschiebung spielt keine Rolle, wir können die alte Funktion mit einer neuen rechten Grenze nehmen. Und den Durchgang können wir einfach abziehen." „Das wäre cool, aber stimmt das?"

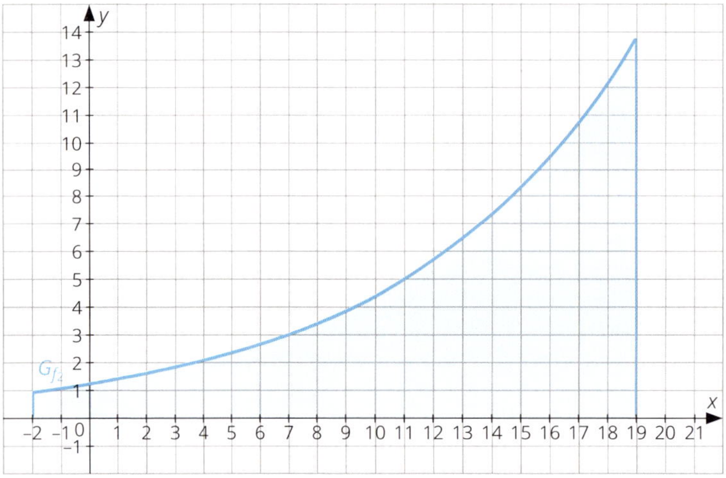

Lösung zu Situation 2

Durch den Parameter *d* wird eine Exponentialfunktion $f(x) = a \cdot e^{c(x-d)}$ in Richtung der *x*-Achse verschoben (vgl. S. 58). Eine Verschiebung um 2 m nach links führt zu $x + 2$ und die Funktion der längeren Rutschbahn lautet $f_2(x) = e^{\frac{1}{8}(x+2)}$.

Eine kleine Umformung führt zu einer aus der Situation 1 bekannten Form:

$$f_2(x) = e^{\frac{1}{8}(x+2)} = e^{\frac{1}{8}x} \cdot e^{\frac{2}{8}} = e^{\frac{1}{4}} \cdot e^{\frac{1}{8}x}.$$

Die Funktion der längeren Rutsche unterscheidet sich nur um den konstanten Faktor $e^{\frac{1}{4}}$, also ist die Stammfunktion einfach abzulesen. Der Kehrwert des Koeffizienten aus dem Exponenten muss vor den Funktionsterm, um die Stammfunktion zu erhalten:

$$F_2(x) = 8 \cdot e^{\frac{1}{4}} \cdot e^{\frac{1}{8}x}.$$

Auch diese Funktion lässt sich etwas anders notieren:

$$F_2(x) = 8 \cdot e^{\frac{1}{4}} \cdot e^{\frac{1}{8}x} = 8 \cdot e^{\frac{1}{8}(x+2)}.$$

Merke

Die Stammfunktion einer e-Funktion der Form $f(x) = e^{a \cdot x + d}$ mit $a \in \mathbb{R}^*$, $d \in \mathbb{R}$ ist $F(x) = a \cdot e^{a \cdot x + d} + C$, denn $F'(x) = \frac{a}{a} \cdot e^{a \cdot x + d} = e^{a \cdot x + d} = f(x)$.

Also lässt sich der Flächeninhalt der Seitenwand der längeren Rutsche durch Integration der Bahnfunktion f_2 berechnen:

$$I_2 = \int_{-2}^{19} f_2(x)\,dx = \int_{-2}^{19} e^{\frac{1}{4}} \cdot e^{\frac{1}{8}x}\,dx = e^{\frac{1}{4}} \cdot \int_{-2}^{19} e^{\frac{1}{8}x}\,dx = e^{\frac{1}{4}} \cdot \left[8 \cdot e^{\frac{1}{8}x}\right]_{-2}^{19} = 8 \cdot e^{\frac{1}{4}} \cdot \left(e^{\frac{1}{8} \cdot 19} - e^{-2}\right) \approx 102{,}44$$

Die Seitenfläche beträgt ohne Durchgang 102,44 m^2 und mit Durchgang 98,44 m^2.

Wenn man eine Rutsche bewegt, ändert sich ihre Form und ihre Seitenfläche nicht. Also müsste die Funktion f aus Situation 1 mit der rechten Integrationsgrenze 21 wegen der Verlängerung um 4 m denselben Flächeninhalt ergeben:

$$I = \int_{0}^{21} f(x)\,dx = \int_{0}^{21} e^{\frac{1}{8}x}\,dx = \left[8 \cdot e^{\frac{1}{8}x}\right]_{0}^{21} = 8 \cdot \left(e^{\frac{1}{8} \cdot 21} - e^{0}\right) \approx 102{,}44$$

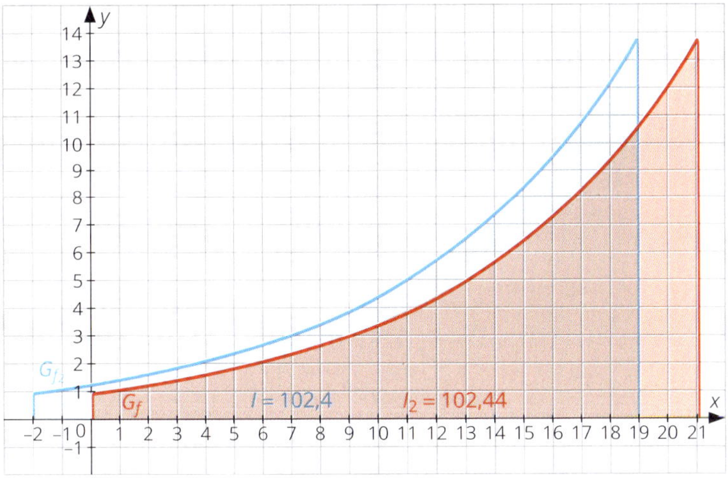

Exponentialfunktionen mit einer reellen Basis a und einem linearen Term $bx + c$ mit $b \neq 0$ im Exponenten können als e-Funktion geschrieben und dann integriert werden:

$$f(x) = a^{bx+c} = a^{bx} \cdot a^{c} = e^{b \cdot \ln a \cdot x} \cdot e^{c \cdot \ln a} = e^{\ln a(bx+c)}.$$

Die Stammfunktion dieser e-Funktion ist das Produkt aus dem Funktionsterm $e^{\ln a(bx+c)}$ und dem Kehrwert des abgeleiteten Exponenten $\frac{1}{b \cdot \ln a}$:

$$\int a^{bx+c}\,dx = \int e^{\ln a(bx+c)}\,dx = \frac{1}{b \cdot \ln a} \cdot e^{\ln a(bx+c)} + C$$

Für $b = 0$ existiert kein linearer Term im Exponenten, daher wird auch der Nenner $b \cdot \ln a$ nicht null.

Zusammenfassung

- Die Stammfunktion einer e-Funktion mit einem linearen Term im Exponenten in der Form $f(x) = e^{a \cdot x + d}$ mit $a \in \mathbb{R}^*$, $d \in \mathbb{R}$ ist $F(x) = \frac{1}{a} \cdot e^{a \cdot x + d} + C$.
  Der Term der Stammfunktion ist das Produkt aus dem Funktionsterm mit der Ableitung des Exponenten, zuzüglich der Integrationskonstanten C.
- Exponentialfunktionen einer anderen Basis a mit einem linearen Term $bx + c$ im Exponenten können als e-Funktion geschrieben und dann integriert werden:
  $\int a^{bx+c}\,dx = \int e^{\ln a (bx+c)}\,dx = \frac{1}{b \cdot \ln a} \cdot e^{\ln a (bx+c)} + C$

Aufgaben

1. Stellen Sie die Stammfunktionen der gegebenen e-Funktionen auf. Gehen Sie ggf. Summand für Summand vor.

a) $f_a(x) = e^{2x}$

b) $f_b(x) = 2e^{3x}$

c) $f_c(x) = 2e^{3x+4}$

d) $f_d(x) = 2e^{3x+4} + 5$

2. Stellen Sie die Stammfunktionen der gegebenen Exponentialfunktionen auf. Gehen Sie ggf. Summand für Summand vor.

a) $f(x) = a^x$

b) $f(x) = b^{2x}$

c) $f(x) = 3a^{9x}$

d) $f(x) = 3a^{9x+6} + 1$

3. Zur Funktion g ist die Stammfunktion G falsch angegeben. Benennen Sie den Fehler und geben Sie eine korrigierte Funktion an.

$g(x) = 2e^{4x-1}$; $G(x) = 2e^{4x-1} + 2$

4. Bestimmen Sie die Stammfunktion zur gegebenen Funktion, deren Graph durch den angegebenen Punkt verläuft.

a) $f(x) = 2e^{2x+3} - 1$; $P(-1{,}5\,|\,5)$

b) $g(x) = 4e^{2x-2} + 2$; $R\left(0{,}5\,\middle|\,\frac{2}{e}\right)$

4.6 Vernetzte Aufgaben

1.[20] Gegeben ist die Funktion f mit $f(x) = \frac{x^3}{3} - 4x$ mit $D_f = \mathbb{R}$. Der Graph der Funktion wird mit G_f bezeichnet.

a) Ermitteln Sie die maximalen Intervalle, in denen die Funktion f echt monoton zunimmt bzw. abnimmt. Bestimmen Sie Art und Koordinaten aller relativen Extrempunkte des Graphen.

b) Berechnen Sie die x-Koordinate desjenigen Punktes, in dem der Graph G_f die kleinstmögliche Steigung besitzt. Begründen Sie auch, warum es keinen Punkt gibt, in dem der Graph größtmögliche Steigung besitzt.

c) Geben Sie die Nullstellen von f an und zeichnen Sie unter Verwendung der bisherigen Ergebnisse und geeigneter Funktionswerte den Graphen der Funktion für $-4 \leq x \leq 4$ in ein Koordinatensystem. Maßstab: 1 LE = 1 cm.

d) Der Graph G_f und die x-Achse schließen im IV. Quadranten ein Flächenstück ein. Berechnen Sie die Maßzahl seines Flächeninhalts.

2.[21] Der Graph G_f einer ganzrationalen Funktion f dritten Grades besitzt den Extrempunkt $E(4\,|\,0)$, schneidet die y-Achse im Punkt $(0\,|\,3)$ und hat an der Stelle $x_W = \frac{7}{3}$ einen Wendepunkt.

- Bestimmen Sie den Funktionsterm $f(x)$.
  $\left[\text{Mögliches Ergebnis: } f(x) = \frac{3}{16}(x^3 - 7x^2 + 8x + 16)\right]$
- Berechnen Sie die Nullstellen der Funktion f mit Vielfachheiten.
- Bestimmen Sie Art und Koordinaten der relativen Extrempunkte des Graphen G_f auf zwei Nachkommastellen genau.
- Zeichnen Sie den Graphen G_f im Bereich $-1{,}5 \leq x \leq 5$ mithilfe vorliegender und weiterer geeigneter Funktionswerte in ein Koordinatensystem.
  Maßstab auf beiden Achsen: 1 LE = 1 cm

20) Quelle: Bayerisches Staatsministerium für Unterricht und Kultus, Fachabitur Bayern 2009, Mathematik NT, Infinitesimalrechnung A II

21) Quelle: Bayerisches Staatsministerium für Unterricht und Kultus, Fachabitur Bayern 2010, Mathematik NT, Infinitesimalrechnung A II; gekürzt

Selbsttest Kapitel 4

Integralrechnung

Aufgabe 1

Können Sie den Nachweis führen, dass von zwei gegebenen Funktionen eine die Stammfunktion der anderen ist?

Gegeben sind die Funktionen f bis i. Geben Sie für jede Funktion f bis i an, ob die anderen drei Funktionen eine Stammfunktion oder Ableitung der ausgewählten Funktion sind.

$f(x) = x^2 - 2x + 5$

$g(x) = \frac{1}{12}x^4 - \frac{1}{3}x^3 + \frac{5}{2}x^2 - 3x$

$h(x) = \frac{1}{3}x^3 - x^2 + 5x + 2$

$i(x) = \frac{1}{3}x^3 - x^2 + 5x - 3$

Lösung auf Seite 190

Nicht gelöst	Mit Hilfestellung gelöst	Sicher gelöst
Arbeiten Sie Situation 1 in Kapitel 4.1 nochmal durch.	Bearbeiten Sie Aufgabe 1 in Kapitel 4.1 zur weiteren Übung.	Bearbeiten Sie Aufgabe 3 in Kapitel 4.1 zur Vertiefung.

Aufgabe 2

Können Sie den Unterschied zwischen einer Stammfunktion und dem unbestimmten Integral erklären?

Gegeben ist die Funktion f_a mit $f_a(x) = \frac{1}{2}x^2 + a$ und $a \in \mathbb{R}$. Beschreiben Sie kurz, ob es sich hierbei um Stammfunktionen oder um das unbestimmte Integral der Funktion g mit $g(x) = x$ handelt.

Lösung auf Seite 190

Nicht gelöst	Mit Hilfestellung gelöst	Sicher gelöst
Arbeiten Sie Situation 1 in Kapitel 4.2 nochmal durch.	Bearbeiten Sie Aufgabe 1 in Kapitel 4.2 zur weiteren Übung.	Bearbeiten Sie Aufgabe 3 in Kapitel 4.2 zur Vertiefung.

Aufgabe 3

Können Sie die Theorie hinter dem bestimmten Integral erklären, Fehler in Ansätzen finden und bestimmte Integrale lösen?

Es ist das bestimmte Integral $I = \int_a^b f(x)dx = \left[\frac{1}{6}x^3 - 2x^2 + \frac{1}{2}x + 2\right]_1^{-3}$ gegeben.

Bestimmen Sie $f(x)$, die Integrationskonstante, die Integralgrenzen sowie den Wert des Integrals. Erklären Sie, weshalb der Wert negativ ist.

Lösung auf Seite 190

Nicht gelöst	Mit Hilfestellung gelöst	Sicher gelöst
Arbeiten Sie Situation 1 in Kapitel 4.3 nochmal durch.	Bearbeiten Sie Aufgabe 1 in Kapitel 4.3 zur weiteren Übung.	Bearbeiten Sie Aufgabe 7 in Kapitel 4.3 zur Vertiefung.

Aufgabe 4

Können Sie erkennen, wann es sich bei dem Wert eines bestimmten Integrals um eine Fläche handelt und wo sich diese Fläche im Koordinatensystem befindet?

Gegeben ist das bestimmte Integral $\int_{-2}^{0} x(x+2)(x-2)dx = 4$. Skizzieren Sie den Graphen der Funktion und kennzeichnen Sie die Fläche, die vollständig vom Graphen und der x-Achse eingeschlossen wird. Ändern Sie das bestimmte Integral so ab, dass der Wert des Integrals der gekennzeichneten Flächenmaßzahl entspricht.

Lösung auf Seite 190

Nicht gelöst	Mit Hilfestellung gelöst	Sicher gelöst
Arbeiten Sie Situation 2 in Kapitel 4.4 nochmal durch.	Bearbeiten Sie Aufgabe 4 in Kapitel 4.4 zur weiteren Übung.	Bearbeiten Sie Aufgabe 6 in Kapitel 4.4 zur Vertiefung.

5 Bernoulli-Ketten

In diesem Kapitel

- entscheiden Sie, ob es sich bei speziellen Zufallsexperimenten um Bernoulli-Experimente bzw. um Bernoulli-Ketten handelt, und geben gegebenenfalls die zugehörige Kettenlänge n und Trefferwahrscheinlichkeit p an.
- bestimmen Sie die Wahrscheinlichkeiten von Ereignissen, die bei Bernoulli-Ketten auftreten.

5.1 Bernoulli-Experimente und Bernoulli-Ketten

Situation 1

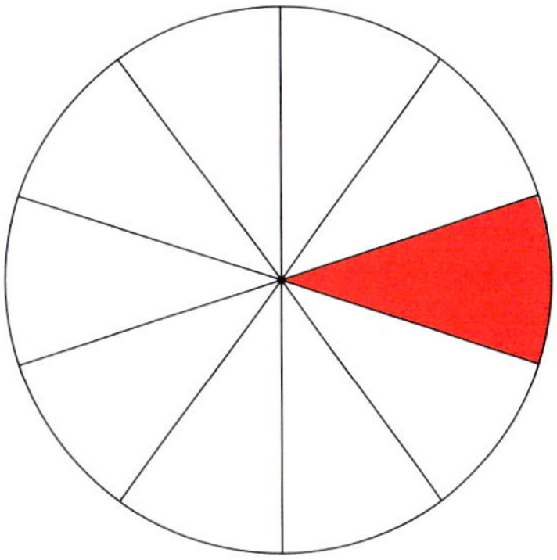

Auf einer Ausbildungs- und Studienmesse an Ihrer Schule stellen sich verschiedene Firmen und Bildungseinrichtungen vor. An einem Stand findet ein kleines Gewinnspiel statt. Jeder Interessent darf einmal an einem Glücksrad drehen, welches in zehn gleich große Sektoren eingeteilt ist, wobei neun der Sektoren weiß (w) und ein Sektor rot (r) eingefärbt sind. Trifft man einen weißen Sektor, so bekommt man ein kleines Werbegeschenk. Trifft man jedoch den roten Sektor, so erhält man eine Freikarte des von dieser Firma gesponsorten Sportvereins.

1. Entscheiden Sie, ob es sich bei dem beschriebenen Zufallsexperiment um ein Laplace-Experiment handelt, wenn alle Sektoren zusätzlich noch unterschiedlich beschriftet sind. Stellen Sie dazu einen passenden Ergebnisraum auf und geben Sie die Wahrscheinlichkeit aller Elementarereignisse an.
2. Entscheiden Sie, ob es sich bei dem beschriebenen Zufallsexperiment um ein Laplace-Experiment handelt, wenn die weißen Sektoren nicht unterscheidbar und auch nicht sichtbar voneinander getrennt sind. Stellen Sie dazu einen passenden Ergebnisraum auf und geben Sie die Wahrscheinlichkeit aller Elementarereignisse an.

Lösung zu Situation 1

1. Wie aus der 11. Jahrgangsstufe bekannt, handelt es sich genau dann um ein Laplace-Experiment, wenn alle Elementarereignisse eines Zufallsexperiments dieselbe Eintrittswahrscheinlichkeit aufweisen. Da durch die Beschriftung alle Sektoren auseinandergehalten werden können, existieren zehn Ergebnisse des Zufallsexperiments. Daher hat auch der Ergebnisraum zehn Elemente:
$$\Omega = \{w_1; w_2; w_3; \ldots; w_9; r\}$$
Da die Sektoren alle die gleiche Größe aufweisen, ist die Wahrscheinichkeit, dass das Glücksrad auf einem bestimmten Sektor anhält, für alle Sektoren gleich groß. Dementsprechend sind auch die Wahrscheinlichkeiten aller Elementarereignisse gleich groß:
$$P(\{w_1\}) = P(\{w_2\}) = P(\{w_3\}) = \ldots = P(\{r\}) = \frac{1}{10}$$
Es handelt sich somit um ein Laplace-Experiment.
2. Für den Fall, dass die weißen Sektoren nicht unterscheidbar und auch nicht sichtbar voneinander getrennt sind, ergeben sich nur zwei Ergebnisse, da nur eine Unterscheidung durch die Farben vorliegt. Für den Ergebnisraum ergibt sich somit:
$$\Omega = \{w; r\}$$
Da die weiße Fläche 9-mal so groß wie die rote Fläche ist, ist auch die Wahrscheinlichkeit des Elementarereignisses $\{w\}$ 9-mal so groß wie die des Elementarereignisses $\{r\}$:
$$P(\{w\}) = \frac{9}{10}; P(\{r\}) = \frac{1}{10}$$

Da somit die Elementarereignisse nicht dieselbe Wahrscheinlichkeit aufweisen, handelt es sich nicht um ein Laplace-Experiment.

Dennoch handelt es sich hierbei um ein Musterbeispiel für eine weitere besondere Art des Zufallsexperiements, einem sog. **Bernoulli-Experiment**. Bernoulli-Experimente beschreiben klassische Treffer-Nieten-Situationen, bei denen nur zwei verschiedene Ergebnisse auftreten können. Die möglichen Elementarereignisse werden häufig als „Treffer" (T) und „Niete" (N) bezeichnet. Die Wahrscheinlichkeit des Elementarereignisses „Treffer" wird **Trefferwahrscheinlichkeit** genannt und mit p abgekürzt. Die Wahrscheinlichkeit des Elementarereignisses „Niete" wird **Nietenwahrscheinlichkeit** genannt und mit q abgekürzt. Da die Elementarereignisse „Treffer" und „Niete" Gegenereignisse darstellen, gilt nach der Gegenereignisregel: $p + q = 1 \Rightarrow q = 1 - p$.

Auf die vorliegende Situation angewandt, bedeutet dies:

$$T: \text{roter Sektor wird getroffen} \Rightarrow T = \{r\}$$

$$N: \text{weißer Sektor wird getroffen} \Rightarrow N = \{w\}$$

$$p = \frac{1}{10} = P(\{r\})$$

$$q = 1 - p = 1 - \frac{1}{10} = \frac{9}{10} = P(\{w\})$$

Die Auswahl, welches Ergebnis als Treffer bzw. Niete angesehen wird, kann beliebig getroffen werden.

Merke

- Bei einem Laplace-Experiment weisen alle Elementarereignisse dieselbe Eintrittswahrscheinlichkeit auf.
- Bei einem Bernoulli-Experiment betrachtet man nur zwei Elementarereignisse, deren Eintrittswahrscheinlichkeiten sich bei Wiederholung nicht verändern.

Situation 2

An den Messestand aus Situation 1 kommt eine Gruppe von drei Jugendlichen. Alle drei sind große Fans des gesponsorten Sport-Vereins und planen schon seit Längerem einen Besuch des Heimspiels, für das es Freikarten gibt. Daher beschließen sie ihr Glück zu versuchen und soviele Freikarten wie möglich zu erspielen, indem jeder einmal am Glücksrad dreht.

1. Erstellen Sie ein vollständig beschriftetes Baumdiagramm für das Drehen des Glücksrads durch den ersten Jugendlichen.
2. Erstellen Sie ein vollständig beschriftetes Baumdiagramm für das dreimalige Drehen des Glücksrads der gesamten Gruppe und geben Sie den maximalen Ergebnisraum an.
3. Stellen Sie das Ereignis A „Genau einer der drei Jugendlichen erhält eine Freikarte." und B „Mindestens zwei der drei Jugendlichen erhalten eine Freikarte." in der Mengenschreibweise dar.

Lösung zu Situation 2

1. Das Zufallsexperiment des einmaligen Drehens des Glücksrads ist ein einstufiges Zufallsexpermiment mit genau zwei Ergebnissen und ist, wie schon beschrieben, ein Bernoulli-Experiment. Als „Treffer" wird der rote Sektor angesehen und als „Niete" der weiße Sektor.

Dementsprechend gilt für die Treffer- bzw. Nietenwahrscheinlichkeit: $p = \frac{1}{10}$; $q = \frac{9}{10}$. Es ergibt sich folgendes Baumdiagramm:

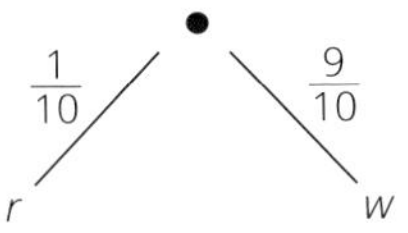

2. Betrachtet man die gesamte Gruppe der Jugendlichen, so handelt es sich um ein mehrstufiges Zufallsexperiment, wobei jede einzelne Stufe durch dasselbe Bernoulli-Experiment (siehe 1.) beschrieben wird. Führt man dasselbe Bernoulli-Experiment unter gleichen Bedingungen mehrmals (n-mal) durch, so spricht man von einer sog. **Bernoulli-Kette der Kettenlänge *n***. Wichtig ist, dass sich die Treffer- und somit auch die Nietenwahrscheinlichkeit bei der Wiederholung des Bernoulli-Experiments nicht verändern darf. In der Situation handelt es sich also um eine Bernoulli-Kette der Kettenlänge 3. Somit ergibt sich folgendes Baumdiagramm:

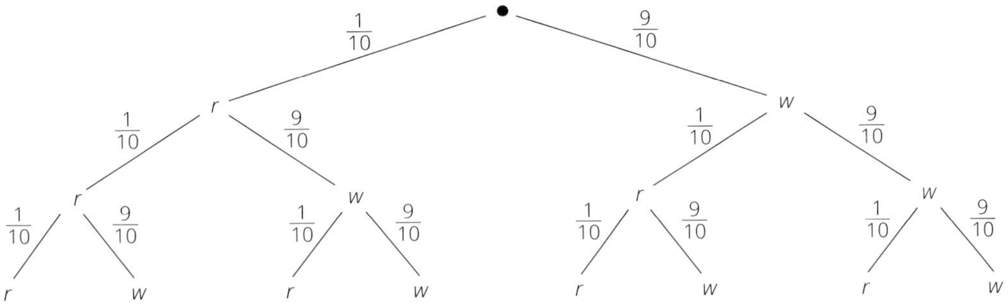

Der maximale Ergebnisraum Ω enthält also 8 Ergebnisse:

$$\Omega = \{(r, r, r); ((r, r, w); (r, w, r); (r, w, w); (w, r, r); (w, r, w); (w, w, r); (w, w, w)\}$$

3. Ereignis *A*:

Da die Freikarte bei dem roten (r) Sektor erhalten wird, sind genau die Ergebnisse im Ereignis A enthalten, bei denen r genau einmal vorkommt. Dies ist genau bei drei Ergebnissen der Fall:

$$A = \{(r, w, w); (w, r, w); (w, w, r)\}$$

Ereignis *B*:

„Mindestens zwei von drei erhalten Freikarten" bedeutet, dass genau zwei oder alle drei Jugendlichen den roten (r) Sektor treffen. Dies wird durch folgende vier Ergebnisse beschrieben:

$$B = \{(r, r, w); (r, w, r); (w, r, r); (r, r, r)\}$$

Zusammenfassung

- Ein Zufallsexperiment mit genau zwei Ergebnissen („Treffer" und „Niete") heißt **Bernoulli-Experiment** mit der **Trefferwahrscheinlichkeit *p*** und der **Nietenwahrscheinlichkeit *q***. Dabei gilt: $q = 1 - p$.
- Führt man dasselbe Bernoulli-Experiment n-mal hintereinander durch, spricht man von einer **Bernoulli-Kette der Kettenlänge *n***.

Aufgaben

1. Beurteilen Sie, ob bei den folgenden Zufallsexperimenten eine Bernoulli-Kette vorliegt.
   a) Aus einer Urne mit sieben gelben und drei blauen Kugeln werden ohne Zurücklegen vier Kugeln gezogen.
   a) Ein Würfel wird viermal geworfen. Es wird untersucht, wie viele ungerade Zahlen erscheinen.
   c) 50-maliger Münzwurf einer fairen Münze.
   d) An einem Fließband produziert eine Maschine täglich mehrere Werkstücke. Die Maschine arbeitet überdurchschnittlich gut und produziert somit nur 0,001 % Ausschuss. 60 Werkstücke werden überprüft.
   e) Bei fünf zufällig ausgewählten Schülerinnen und Schülern an einer Fachoberschule wird untersucht, welche der vier Ausbildungsrichtungen Sozialwesen, Technik, Wirtschaft und Verwaltung oder Gesundheit sie ausgewählt haben.
   f) Bei einer Tombola auf einem Charity-Event werden 15 Lose aus einem Loseimer gezogen.
2. Geben Sie zu den Beispielen aus Aufgabe 1 bei den beschriebenen Zufallsexperimenten, die als Bernoulli-Kette gedeutet werden, die Trefferwahrscheinlichkeit p, die Nietenwahrscheinlichkeit q und die Kettenlänge n an.
3. Ändern Sie bei den Beispielen aus Aufgabe 1, die nicht als Bernoulli-Kette gedeutet werden, die Aufgabenstellung so ab, dass es sich auch um Bernoulli-Ketten handelt.

5.2 Wahrscheinlichkeiten bei Bernoulli-Ketten

Situation 1

Auch in kleinen Manufakturen für Lebensmittel müssen aus Gründen des Verbraucherschutzes die angegebenen Füllmengen eingehalten werden. In einer kleinen Marmeladen-Manufaktur werden Marmeladengläser mit einem Inhalt von 400 g verkauft. Der Inhaber der Manufaktur garantiert, dass in 95 % der verkauften Gläser mindestens 395 g enthalten sind.[22] Ein Händler eines kleinen Bio-Markts überlegt, ob er die Marmeladen der Manufaktur in sein Sortiment aufnimmt und kauft daher vier Gläser, die er unter anderem auch auf die passende Füllmenge überprüft.

1. Begründen Sie, warum es sich bei der Überprüfung der Füllmenge der vier Gläser um eine Bernoulli-Kette handelt.

22) Laut Fertigpackungsverordnung § 22 Abs. 3 sind bei Fertigpackungen mit einer Füllmenge von 300–500 g oder ml eine Minusabweichung von 3 % erlaubt. Jedoch muss im Mittel die angegebene Füllmenge eingehalten werden.

2. Stellen Sie ein vollständig beschriftetes Baumdiagramm auf und geben Sie die Wahrscheinlichkeiten aller Elementarereignisse an.
3. Bestimmen Sie die Wahrscheinlichkeit, dass genau drei der vier Gläser mindestens 395 g enthalten, wenn man davon ausgeht, dass das bei 95 % aller Gläser der Fall ist.

Lösung zu Situation 1

1. Bei der Überprüfung eines Glases handelt es sich um ein Bernoulli-Experiment, da es nur zwei Ergebnisse gibt: Entweder das Glas enthält mindestens 395 g (m) oder es enthält zu wenig (z). Da dieses Bernoulli-Experiment viermal hintereinander durchgeführt wird, kann man von einer Bernoulli-Kette der Kettenlänge 4 sprechen.
2. Als „Treffer" wird „ein Glas enthält mindestens 395 g", also m, gewählt. Als „Niete" wird z gewählt. Für die Trefferwahrscheinlichkeit $p = 0{,}95$ und die Nietenwahrscheinlichkeit $q = 0{,}05$ ergibt sich folgendes Baumdiagramm:

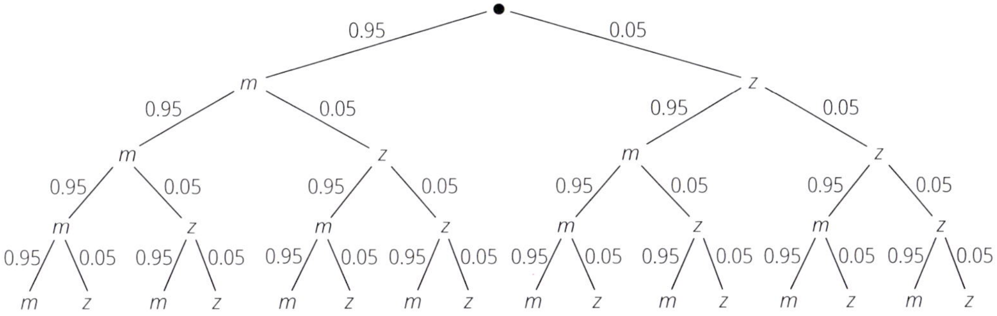

Die Wahrscheinlichkeiten lassen sich anhand der Pfadregel durch Multiplikation der Astwahrscheinlichkeiten ermitteln. Zum Beispiel[23]:

$$P(\{mmzm\}) = 0{,}95 \cdot 0{,}95 \cdot 0{,}05 \cdot 0{,}95 = 0{,}95^3 \cdot 0{,}05 \approx 0{,}04287$$

Die Wahrscheinlichkeiten aller Elementarereignisse lassen sich am besten tabellarisch darstellen:

ω_i	**mmmm**	**mmmz**	**mmzm**	**mmzz**
$P(\{\omega_i\})$	$0{,}95^4 \approx 0{,}81451$	$0{,}95^3 \cdot 0{,}05$ $\approx 0{,}04287$	$0{,}95^3 \cdot 0{,}05$ $\approx 0{,}04287$	$0{,}95^2 \cdot 0{,}05^2$ $\approx 0{,}00226$

ω_i	**mzmm**	**mzmz**	**mzzm**	**mzzz**
$P(\{\omega_i\})$	$0{,}95^3 \cdot 0{,}05$ $\approx 0{,}04287$	$0{,}95^2 \cdot 0{,}05^2$ $\approx 0{,}00226$	$0{,}95^2 \cdot 0{,}05^2$ $\approx 0{,}00226$	$0{,}95 \cdot 0{,}05^3$ $\approx 0{,}00012$

ω_i	**zmmm**	**zmmz**	**zmzm**	**zmzz**
$P(\{\omega_i\})$	$0{,}95^3 \cdot 0{,}05$ $= 0{,}04287$	$0{,}95^2 \cdot 0{,}05^2$ $\approx 0{,}00226$	$0{,}95^2 \cdot 0{,}05^2$ $\approx 0{,}00226$	$0{,}95 \cdot 0{,}05^3$ $\approx 0{,}00012$

ω_i	**zzmm**	**zzmz**	**zzzm**	**zzzz**
$P(\{\omega_i\})$	$0{,}95^2 \cdot 0{,}05^2$ $\approx 0{,}00226$	$0{,}95 \cdot 0{,}05^3$ $\approx 0{,}00012$	$0{,}95 \cdot 0{,}05^3$ $\approx 0{,}00012$	$0{,}05^4 = \frac{1}{160\,000}$

23) Zur Vereinfachung wird auf eine ausführliche Tupel-Schreibweise verzichtet. $mmzm \mathrel{\hat{=}} (m, m, z, m)$

3. Das Ereignis A „Genau drei von vier Gläsern enthalten mindestens 395 g" entspricht dem Ereignis „Genau drei Treffer aus vier Versuchen". Für das Ereignis A gilt:

$$A = \{mmmz; mmzm; mzmm; zmmm\}$$

Zur Bestimmung der Wahrscheinlichkeit des Ereignisses A addiert man die entsprechenden Wahrscheinlichkeiten der enthaltenen Elementarereignisse:

$$P(A) = 0{,}95^3 \cdot 0{,}05 + 0{,}95^3 \cdot 0{,}05 + 0{,}95^3 \cdot 0{,}05 + 0{,}95^3 \cdot 0{,}05 = 4 \cdot 0{,}95^3 \cdot 0{,}05 \approx 0{,}17146$$

Es fällt auf, dass die Wahrscheinlichkeiten der Elementarereignisse, welche genau drei „Treffer", also dreimal m enthalten, alle dieselbe Wahrscheinlichkeit aufweisen. Dies gilt auch für keinen Treffer, genau einen Treffer, genau zwei Treffer und genau vier Treffer (siehe Tabelle). Dies lässt sich nutzen, um die Berechnung solcher Ereignisse zu vereinfachen, da man nun jeweils nur noch die Anzahl der entsprechenden Elementarereignisse benötigt. Diese Anzahl lässt sich über den Binomialkoeffizienten bestimmen. Bei dem Ereignis A sollten drei Treffer aus vier Versuchen auftreten, daher gibt es „drei aus vier", also $\binom{4}{3} = 4$, Möglichkeiten.[24] Daher lässt sich die Wahrscheinlichkeit des Ereignisses A auch folgendermaßen berechnen:

$$P(A) = \binom{4}{3} \cdot 0{,}95^3 \cdot 0{,}05 \approx 0{,}17146$$

Betrachtet man die Berechnung der Wahrscheinlichkeit des Ereignisses A, so sind folgende Faktoren enthalten:

- Anzahl der möglichen Elementarereignisse $\binom{4}{3} = 4$
- Trefferwahrscheinlichkeit hoch Anzahl der Treffer: $0{,}95 \cdot 0{,}95 \cdot 0{,}95 = 0{,}95^3$
- Nietenwahrscheinlichkeit hoch Anzahl der Nieten: $0{,}05 = 0{,}05^1$

Merke

Allgemein gilt für die Wahrscheinlichkeit eines Ereignisses der Form „Genau k Treffer unter n Versuchen" einer Bernoulli-Kette der Kettenlänge n mit der Trefferwahrscheinlichkeit p:

$$P(\text{„genau } k \text{ Treffer"}) = B(n; p; k) = \binom{n}{k} \cdot p^k \cdot q^{n-k} = \binom{n}{k} \cdot p^k \cdot (1-p)^{n-k}$$

Die Reihenfolge der Treffer wird dabei nicht beachtet!

Die Bezeichnung $B(n, p, k)$ beschreibt die Wahrscheinlichkeit des Ereignisses „genau k Treffer" bei einer Bernoulli-Kette der Kettenlänge n und der Trefferwahrscheinlichkeit p.

24) Die Eingabe des Binomialkoeffizienten erfolgt bei den meisten Taschenrechner über die „nCr"-Funktion.

Situation 2

Yahtzee ist ein bekanntes Würfelspiel, bei dem ein Spieler verschiedene Würfelkombinationen sammeln bzw. möglichst hohe Würfelsummen erreichen muss. Eine Aufgabe besteht zum Beispiel darin, möglichst viele Sechsen zu würfeln. Das Würfelspiel wird mit fünf Würfeln gespielt, welche beim ersten Versuch gleichzeitig geworfen werden. In zwei weiteren Versuchen kann der Spieler auswählen, wie viele Würfel er erneut würfeln möchte.

1. Bestimmen Sie rechnerisch die Wahrscheinlichkeit, dass bei einem ersten Versuch genau drei der fünf Würfel eine Sechs zeigen.
2. Bestimmen Sie rechnerisch die Wahrscheinlichkeit, dass bei einem ersten Versuch mindestens ein Würfel eine Sechs zeigt.

Lösung zu Situation 2

1. Beim betrachteten Zufallsexperiment handelt es sich um eine Bernoulli-Kette der Kettenlänge 5, da man nur beachtet, ob der Würfel eine Sechs zeigt („Treffer") oder nicht („Niete"), und dies bei fünf unabhängigen Würfeln. Das Ereignis „Genau drei der fünf Würfel zeigen eine Sechs." ist gleichbedeutend mit „genau drei Treffer aus fünf Versuchen". Für die Trefferwahrscheinlichkeit gilt $p = \frac{1}{6}$ und dementsprechend für die Nietenwahrscheinlichkeit $q = 1 - p = \frac{5}{6}$.

$$P(\text{„genau 3 Treffer"}) = B\left(5; \frac{1}{6}; 3\right) = \binom{5}{3} \cdot \left(\frac{1}{6}\right)^3 \cdot \left(\frac{5}{6}\right)^{5-3} = \frac{125}{3\,888} \approx 0{,}03215$$

2. Auch bei der Berechnung von Wahrscheinlichkeiten gelten dieselben Rechenregeln wie bei anderen Wahrscheinlichkeiten, so zum Beispiel auch die Gegenereignisregel. Das Ereignis „Mindestens ein Würfel zeigt eine Sechs." ist gleichbedeutend mit dem Ereignis „mindestens ein Treffer aus fünf Versuchen". Dies beinhaltet also „genau ein Treffer", „genau zwei Treffer", „genau drei Treffer", „genau vier Treffer" und „genau fünf Treffer". Die Berechnung dieser Ereignisse ist mit viel Arbeitsaufwand verbunden. Einfacher ist hier die Betrachtung des Gegenereignisses „genau kein Treffer":

$$P(\text{„mindestens ein Treffer"}) = 1 - P(\text{„genau kein Treffer"})$$
$$= 1 - B\left(5; \frac{1}{6}; 0\right) = 1 - \binom{5}{0} \cdot \left(\frac{1}{6}\right)^0 \cdot \left(\frac{5}{6}\right)^5 = \frac{4\,651}{7\,776} \approx 0{,}59812$$

Zusammenfassung

- Zur Berechnung der Wahrscheinlichkeit eines Ereignisses der Form „genau k Treffer" dient die Formel:

$$P(\text{„genau } k \text{ Treffer"}) = B(n; p; k) = \binom{n}{k} \cdot p^k \cdot q^{n-k} = \binom{n}{k} \cdot p^k \cdot (1-p)^{n-k}$$

- Zur Berechnung der Wahrscheinlichkeit eines Ereignisses der Form „mindestens k Treffer" sollte man die Gegenereignisregel nutzen:

$$P(\text{„mindestens } k \text{ Treffer"}) = 1 - P(\text{„höchstens } k-1 \text{ Treffer"})$$

Aufgaben

1. Im Folgenden sei eine Bernoulli-Kette der Länge $n = 20$ mit der Trefferwahrscheinlichkeit $p = 0{,}23$ gegeben. Berechnen Sie die Wahrscheinlichkeit dafür, dass …

a) … genau fünf Treffer auftreten.
b) … kein Treffer auftritt.
c) … mindestens ein Treffer auftritt.
d) … höchstens zwei Treffer auftreten.
e) … mehr als 18 Treffer auftreten.
f) … genau 4 Nieten nacheinander, allerdings sonst keine weiteren Nieten auftreten.
g) … die Treffer und Nieten immer abwechselnd auftreten.

2. Laut einer Umfrage unter den Mitarbeiterinnen und Mitarbeitern eines namhaften Autoherstellers kaufen sich 45 % ihr Mittagessen in der Kantine. An einem bestimmten Tag wird gezählt, wie viele der 250 Mitarbeiter in der Kantine zu Mittag essen.

a) Erläutern Sie, warum es sich bei diesem Experiment um eine Bernoulli-Kette handelt.

b) Berechnen Sie, mit welcher Wahrscheinlichkeit …

- … genau 75 Mitarbeiter sich ihr Mittagessen in der Kantine kaufen.
- … genau 145 Mitarbeiter sich ihr Mittagessen nicht in der Kantine kaufen.

c) Interpretieren Sie die folgenden Terme im Sachzusammenhang, indem Sie passende Ereignisse in Worten beschreiben:

- $\binom{250}{105} \cdot 0{,}55^{105} \cdot 0{,}45^{145}$
- $\binom{250}{113} \cdot 0{,}55^{137} \cdot 0{,}45^{113} + \binom{250}{114} \cdot 0{,}55^{136} \cdot 0{,}45^{114} + \binom{250}{115} \cdot 0{,}55^{135} \cdot 0{,}45^{115}$
- $\binom{250}{250} \cdot 0{,}55^{0} \cdot 0{,}45^{250}$
- $\binom{250}{0} \cdot 0{,}55^{0} \cdot 0{,}45^{250}$
- $1 - \binom{250}{0} \cdot 0{,}55^{250} \cdot 0{,}45^{0}$

3. Auf einem Bauernmarkt werden Hühnereier in Schachteln verkauft. Die Wahrscheinlichkeit, dass in einer Schachtel mindestens ein Ei defekt und somit die Schachtel unverkäuflich ist, sei nun p mit $p > 0$.

a) Die Wahrscheinlichkeit, dass von zwei zufällig ausgewählten Eierschachteln genau eine Schachtel unverkäuflich ist, beträgt 0,35. Berechnen Sie mögliche Werte von p.

b) Die Wahrscheinlichkeit, dass von vier zufällig ausgewählten Eierschachteln alle unverkäuflich sind, beträgt 0,01. Berechnen Sie mögliche Werte von p.

4. Bei einem Gewinnspiel an einem Messestand, soll ein Glücksrad aufgestellt werden, das in die zwei Sektoren „Gewinn“ und „Niete“ eingeteilt ist. Das Glücksrad soll von einem Kandidaten dreimal hintereinander gedreht werden. Sollte der Kandidat dreimal hintereinander auf „Gewinn“ kommen, so erhält er einen Hauptpreis. Für genau zweimal „Gewinn“ erhält er immerhin noch einen Trostpreis.

a) Bestimmen Sie den Mittelpunktswinkel des Sektors „Gewinn“ so, dass die Wahrscheinlichkeit, einen Hauptpreis zu gewinnen, bei $\frac{1}{27}$ liegt.

b) Bestimmen Sie für den berechneten Wert aus a) die Wahrscheinlichkeit, dass ein Kandidat einen Trostpreis erhält.

5.3 Vernetzte Aufgaben

1. Auf einem Glücksrad (siehe Abbildung) ist ein Sektor schraffiert. Zeigt der fixierte Anzeiger auf den schraffierten Sektor, so wird dies als Treffer angesehen. Die Wahrscheinlichkeit für einen Treffer sei p mit $0 \leq p \leq 1$.

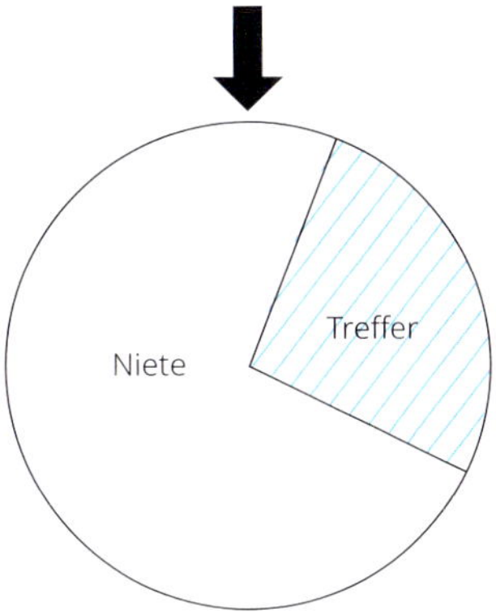

a) Im Zuge eines Glücksspiels beim Schulfest wird das Glücksrad dreimal hintereinander gedreht. Es werden die beiden Ereignisse A ‚Es werden mindestens 2 Treffer erdreht.‘ und B ‚Es wird genau ein Treffer erdreht.‘ betrachtet.

- Zeichnen Sie ein vollständig beschriftetes Baumdiagramm und bestimmen Sie die Wahrscheinlichkeiten $P(A)$ und $P(B)$ in Abhängigkeit von p.
- Überprüfen Sie die Ereignisse A und B auf Vereinbarkeit.
- Beschreiben Sie das Ereignis $\overline{A \cup B}$ in Worten im Sinne des vorliegenden Sachzusammenhangs.
- Das Glücksrad soll bei einem Glücksspiel zum Einsatz kommen, wobei das Ereignis B zu einem Gewinn führen soll. Bestimmen Sie p so, dass die Wahrscheinlichkeit, einen Gewinn zu erspielen, maximal wird. Geben Sie die Gewinnwahrscheinlichkeit $P(B)$ auch konkret an.

b) Das Glücksspiel wird von einer Gruppe von fünf Jugendlichen jeweils einmal gespielt. Aus der letzten Teilaufgabe von a) sei bekannt, dass die Wahrscheinlichkeit für einen Gewinn $P(B) = P(\text{„Gewinn“}) = \frac{4}{9}$ ist. Bestimmen Sie die Wahrscheinlichkeit dafür, dass …

- … genau zwei Gewinne in der Gruppe erreicht werden.
- … mindestens ein Gewinn in der Gruppe erreicht wird.
- … der erste und der letzte Jugendliche einen Gewinn erzielen.
- … nur zwei Jugendliche hintereinander einen Gewinn erzielen.

c) Die Teilnahme am Glücksspiel wurde statistisch erfasst. Es ergab sich, dass 65 % aller Teilnehmer weiblich (W) waren und 15 % aller Teilnehmer von einer anderen Schule ($\bar{S}$) kamen. 28 % aller Teilnehmer waren männlich und von der eigenen Schule (S).
   - Stellen Sie eine vollständige Vierfeldertafel auf.
   - Entscheiden Sie, ob die Ereignisse W und S stochastisch unabhängig sind.
   - Bestimmen Sie die Wahrscheinlichkeit, dass ein männlicher Teilnehmer von der eigenen Schule kam.

2. Ein Künstler schafft Nagelbilder aus jeweils 15 Nägeln, die er unregelmäßig in kleine Brettchen schlägt.

   a) Er schlägt dabei 5 % aller Nägel krumm.
   - Bestimmen Sie die Wahrscheinlichkeit der Ereignisse.

     E_1: Alle Nägel sind gerade.
     E_2: Genau zwei Nägel sind krumm geschlagen.
     E_3: Der zuletzt eingeschlagene Nagel ist der zweite krumme Nagel.
   - Bestimmen Sie, wie viele Nägel der Künstler höchstens krummschlagen darf, damit 85 % aller Bretter nur gerade Nägel enthalten.

   b) Je zehn Nagelbretter mit 5 % krummen Nägeln werden in zehn Zeilen aufgereiht. Ermitteln Sie, mit welcher Wahrscheinlichkeit sich genau acht Nagelbretter ohne krumme Nägel in einer Reihe befinden.

   c) Von den Nagelbrettern sind 80 % frei von Astlöchern. Die Anzahl der krummen Nägel und Astlöcher sind voneinander unabhängig, weil der Künstler keine Nägel in Astlöcher schlägt.
   - Stellen Sie eine vollständige Vierfeldertafel auf.
   - Bestimmen Sie die Wahrscheinlichkeit dafür, dass ein Brett weder Astlöcher noch krumme Nägel hat.

3.[25] a) Für eine statistische Untersuchung wurden in der Kfz-Zulassungsstelle einer großen Stadt in einem bestimmten Zeitraum Aufzeichnungen über die Anzahl der Neuzulassungen von Pkw mit Diesel- (D) bzw. Benzin-Motor (B) geführt. Weiterhin wurden drei Fahrzeugklassen erfasst: Kleinwagen (K), Mittelklassewagen (M) und Oberklassewagen (O). Von den Kleinwagen hatten 20 % und von der Mittelklasse 50 % einen Dieselmotor. Von den insgesamt 80 000 erfassten Pkw in dieser Untersuchung waren 45 % mit einem Dieselmotor ausgerüstet, 16 000 waren Kleinwagen und 8 000 Pkw der Oberklasse. Die Bestimmung der Fahrzeugklasse sowie der Motorart eines zufällig herausgegriffenen Pkw dieser Untersuchung wird als Zufallsexperiment aufgefasst. Die relativen Häufigkeiten werden als Wahrscheinlichkeiten interpretiert.
   - Bestimmen Sie z. B. mithilfe eines Baumdiagramms die Wahrscheinlichkeiten aller sechs Elementarereignisse dieses Zufallsexperiments.
     [Teilergebnis: $P(\{OD\}) = 0{,}06$]
   - Betrachtet werden nun folgende Ereignisse:
     E_1: „Ein zufällig ausgewähltes Fahrzeug ist kein Mittelklassewagen."
     E_2: „Ein zufällig ausgewähltes Fahrzeug besitzt einen Dieselmotor."
     Geben Sie beide Ereignisse in aufzählender Mengenschreibweise an und untersuchen Sie E_1 und E_2 auf stochastische Unabhängigkeit.

25) Quelle: Bayerisches Staatsministerium für Unterricht und Kultus, Fachabitur Bayern 2009, Mathematik NT, Stochastik S I

b) An einer Tankstelle werden ankommende Fahrzeuge in der Reihenfolge ihres Eintreffens bezüglich der Motorart registriert. Untersuchungen zeigen, dass die Wahrscheinlichkeit für das Eintreffen eines Dieselfahrzeugs 0,45 und für das Eintreffen eines Benzinfahrzeugs 0,55 beträgt.

- Berechnen Sie die Wahrscheinlichkeit folgender Ereignisse auf vier Nachkommastellen:

  E_3: „Von 12 Fahrzeugen sind genau die ersten 6 Dieselfahrzeuge."

  E_4: „Unter 12 Fahrzeugen sind genau 5 Benzinfahrzeuge."
- Berechnen Sie die Wahrscheinlichkeit, dass unter 5 Fahrzeugen mindestens ein Dieselfahrzeug ankommt.

4.[26] Ein Campingplatzbesitzer stellt für die neue Saison seine Reservierungs- und Abrechnungsmodalitäten aus Vereinfachungsgründen um. Er vermietet nur noch große (g), mittlere (m) und kleine (k) Stellplätze, die jeweils mit Stromanschluss (S) oder ohne ($\overline{S}$) gebucht werden können. Aus den vergangenen Jahren hat er folgende Informationen: Von allen Mietern entscheiden sich 50 % für einen großen und 30 % für einen mittleren Stellplatz. Mieter auf dem großen Stellplatz entscheiden sich zu 70 % für einen Stromanschluss, bei dem kleinen Stellplatz sind es nur 30 %. Von allen Mietern entscheiden sich 1 % für einen mittleren Stellplatz mit Stromanschluss. Die Auswahl eines beliebigen Stellplatzes und die Entscheidung für oder gegen einen Stromanschluss wird als Zufallsexperiment aufgefasst. Die relativen Häufigkeiten werden als Wahrscheinlichkeiten interpretiert.

a) Bestimmen Sie mithilfe eines Baumdiagramms die Wahrscheinlichkeiten aller sechs Elementarereignisse.

b) Betrachtet werden nun folgende Ereignisse:

   E_1: „Ein Stellplatz mit Stromanschluss wird gewählt."

   E_2: „Es wird ein mittlerer oder kleiner Stellplatz gewählt."

   Geben Sie beide Ereignisse in aufzählender Mengenschreibweise an und untersuchen Sie E_1 und E_2 auf stochastische Unabhängigkeit sowie auf Unvereinbarkeit.

c) Gegen Ende einer Saison sind erfahrungsgemäß noch 30 Stellplätze belegt. Es gelten weiterhin die Wahrscheinlichkeiten aus dem Aufgabentext.

   Berechnen Sie die Wahrscheinlichkeit folgender Ereignisse:

   E_3: „Es sind genau 10 Stellplätze mittlerer Größe belegt."

   E_4: „Es ist höchstens ein kleiner Stellplatz ohne Stromanschluss belegt."

d) Erfahrungsgemäß haben 85 % der Camper im Voraus gebucht. Berechnen Sie die Wahrscheinlichkeit, dass von den nächsten 20 Ankommenden genau drei nicht vorgebucht haben und diese hintereinander folgen.

26) Quelle: Bayerisches Staatsministerium für Unterricht und Kultus, Fachabitur Bayern 2010, Mathematik NT, Stochastik S I

Selbsttest Kapitel 5

Bernoulli-Ketten

Aufgabe 1

Können Sie entscheiden, ob es sich es sich bei speziellen Zufallsexperimenten um Bernoulli-Experimente oder um Bernoulli-Ketten handelt, und gegebenenfalls die zugehörige Kettenlänge n und Trefferwahrscheinlichkeit p angeben?

In einer Urne befinden sich drei schwarze und zwei weiße Kugeln. Aus dieser Urne wird viermal hintereinander eine Kugel mit Zurücklegen entnommen und jeweils die Farbe notiert. Für jede weiße Kugel gewinnt der Spieler/die Spielerin einen 2 %-Rabattcoupon.

Entscheiden Sie, ob es sich es sich hierbei um ein Bernoulli-Experiment handelt, und begründen Sie ihre Antwort. Geben Sie, wenn möglich, die Kettenlänge n und die Trefferwahrscheinlichkeit p an.

Lösung auf Seite 190

Nicht gelöst	Mit Hilfestellung gelöst	Sicher gelöst
Arbeiten Sie Situation 1 in Kapitel 5.1 nochmal durch.	Bearbeiten Sie Aufgabe 1 und Aufgabe 2 in Kapitel 5.1 zur weiteren Übung.	Bearbeiten Sie Aufgabe 1a in Kapitel 5.3 zur Vertiefung.

Aufgabe 2

Können Sie die Wahrscheinlichkeit von Ereignissen, die bei Bernoulli-Ketten auftreten, bestimmen?

Die Diskussion über die Klimaerwärmung führt in einer Kantine zu einer Zunahme der Bestellung von vegetarischen Gerichten. Erfahrungsgemäß beträgt der Anteil der Bestellungen von vegetarischen Gerichten 40 %.

Geben Sie anhand der Informationen Terme zur Berechnung der Wahrscheinlichkeit der Ereignisse an:

- E_1: „Unter 75 Bestellungen befinden sich genau 45 nicht-vegetarische Gerichte."
- E_2: „Bei einer 10er-Gruppe bestellen genau 4 Personen hintereinander ein vegetarisches Gericht und alle anderen ein nicht-vegetarisches Gericht."

Lösung auf Seite 190

Nicht gelöst	Mit Hilfestellung gelöst	Sicher gelöst
Arbeiten Sie Situation 2 in Kapitel 5.2 nochmal durch.	Bearbeiten Sie Aufgabe 1 und Aufgabe 2 in Kapitel 5.2 zur weiteren Übung.	Bearbeiten Sie Aufgabe 4 in Kapitel 5.3 zur Vertiefung.

6 Zufallsgrößen und Wahrscheinlichkeitsverteilungen

In diesem Kapitel

- erläutern Sie anhand geeigneter Realsituationen die Begriffe Zufallsgröße und Zufallswert.
- stellen Sie den Zusammenhang zwischen den Ergebnissen eines Zufallsexperiments und den Zufallswerten einer diskreten Zufallsgröße tabellarisch dar.
- berechnen Sie die Wahrscheinlichkeiten dafür, dass eine diskrete Zufallsgröße bestimmte Werte annimmt, und stellen damit die Wahrscheinlichkeitsverteilung einer solchen Zufallsgröße in Tabellenform sowie grafisch als Stabdiagramm oder Histogramm dar.
- berechnen Sie die charakteristischen Maßzahlen (Erwartungswert, Varianz und Standardabweichung) von Zufallsgrößen, auch mithilfe der Verschiebungsregel, und interpretieren diese in Sachkontexten.
- entscheiden Sie, ob eine Zufallsgröße binomialverteilt ist, und bestimmen gegebenenfalls deren Erwartungswert, Varianz und Standardabweichung.
- berechnen und veranschaulichen Sie bei Zufallsgrößen, insbesondere bei binomialverteilten Zufallsgrößen, Wahrscheinlichkeiten der Form $P(X = k)$, $P(X \leq k)$, $P(X \geq k)$ oder $P(a \leq X \leq b)$, auch für den Fall $a = \mu - n \cdot \sigma$ und $b = \mu + n \cdot \sigma$.

6.1 Zufallsgrößen und deren Wahrscheinlichkeitsverteilung

Situation 1

Mario schuldet seinem Freund Sandro einen Euro, den er sich vor ein paar Tagen in der Pause geliehen hatte, da er seinen Geldbeutel vergessen hatte. Mario hat nun seinen Geldbeutel dabei und könnte Sandro das Geld zurückzahlen. Allerdings mag er das Risiko und bietet Sandro daher folgendes Glückspiel an: Er wirft eine Ein-Euro-Münze dreimal hintereinander. Für jede Zahl (z), die beim Werfen erscheint, bekommt Sandro einen Euro zurückgezahlt. Sollte es allerdings der Fall sein, dass dreimal Wappen (w) erscheint, bekommt er selbst nochmal drei Euro von Sandro.

1. Geben Sie für den dreimaligen Münzwurf einen Ergebnisraum an und ordnen Sie tabellarisch jedem Gewinn bzw. Verlust bei dem Glückspiel die entsprechenden Ergebnisse aus der Sicht von Sandro zu, die zu diesem Gewinn bzw. Verlust führen.
2. Bestimmen Sie die Wahrscheinlichkeit aller Elementarereignisse und bestimmen Sie damit die Wahrscheinlichkeiten, mit denen die Gewinne bzw. Verluste auftreten.
3. Erstellen Sie ein Stabdigramm, das den Zusammenhang zwischen Gewinn bzw. Verlust und deren Wahrscheinlichkeiten widerspiegelt.

Lösung zu Situation 1

1. Für den Ergebenisraum gilt:

$$\Omega = \{www; wwz; wzw; zww; wzz; zwz; zzw; zzz\}$$

Als Gewinn können die Geldwerte 1, 2, und 3 (in €) erspielt werden. Als Verlust kann sich nur der Wert −3 (in €) ergeben. Als Zuordnung zwischen Gewinn bzw. Verlust und den entsprechenden Ergebnissen ergibt sich folgende Tabelle:

Sandros Gewinn/Verlust	−3	1	2	3
Ergebnisse	www	wwz wzw zww	wzz zwz zzw	zzz

Eine solche Zuordnung wird **Zufallsgröße X** genannt. Dabei wird jedem möglichen Ergebnis ω_i des Ergebnisraums Ω eines Zufallsexperiments eindeutig eine Größe zugeordnet. Die einzelnen Werte dieser Größe werden als **Zufallswerte x_i** bezeichnet:

$$X: \Omega \to \mathbb{R};\ \omega_i \to x_i$$

Genauer gilt somit:

x_i	−3	1	2	3
ω_i	*www*	*wwz* *wzw* *zww*	*wzz* *zwz* *zzw*	*zzz*

2. Beim dreifachen Werfen einer Münze handelt es sich um ein Laplace-Experiment, daher weisen alle acht Elementarereignisse dieselbe Wahrscheinlichkeit auf:

$$P(\{www\}) = P(\{wwz\}) = P(\{wzw\}) = \ldots = P(\{zzz\}) = \frac{1}{8}$$

Die Wahrscheinlichkeit $P(X = x_i)$ entspricht der Wahrscheinlichkeit, dass die Zufallsgröße X den Zufallswert x_i annimmt. Zur Bestimmung dieser Wahrscheinlichkeiten müssen die Wahrscheinlichkeiten der Elementarereignisse, die zum entsprechenden Zufallswert x_i gehören, addiert werden. Zum Beispiel:

$$P(X = 1) = P(\{wwz; wzw; zww\}) = P(\{wwz\}) + P(\{wzw\}) + P(\{zww\}) = \frac{1}{8} + \frac{1}{8} + \frac{1}{8} = \frac{3}{8}$$

Insgesamt ergeben sich folgende Wahrscheinlichkeiten:

x_i	−3	1	2	3
$P(X = x_i)$	$\frac{1}{8}$	$\frac{3}{8}$	$\frac{3}{8}$	$\frac{1}{8}$

Man beachte, dass die Summe aller Wahrscheinlichkeiten 1 ergeben muss: $\frac{1}{8} + \frac{3}{8} + \frac{3}{8} + \frac{1}{8} = \frac{8}{8} = 1$

Merke

Die Summe der Wahrscheinlichkeiten aller Zufallswerte einer Wahrscheinlichkeitsverteilung muss stets 1 bzw. 100 % ergeben.

Eine solche Zuordnungen von Zufallswerten x_i zu Wahrscheinlichkeiten nennt man **Wahrscheinlichkeitsverteilung einer Zufallsgröße *X***. Sie wird häufig tabellarisch angegeben. Allgemein gilt für die Wahrscheinlichkeitsverteilung einer beliebigen Zufallsgröße X:

x_i	x_1	x_2	x_3	…	x_n
$P(X = x_i)$	p_1	p_2	p_3	…	p_n

mit $p_1 + p_2 + p_3 + \ldots + p_n = 1$

3. Wahrscheinlichkeitsverteilungen lassen sich nicht nur tabellarisch sondern auch grafisch darstellen. Dazu können beispielsweise **Stabdigramme** genutzt werden. Auf der Abszissenachse werden dabei die Zufallswerte x_i und auf der Ordinatenachse die Wahrscheinlichkeiten $P(X = x_i)$ angetragen:

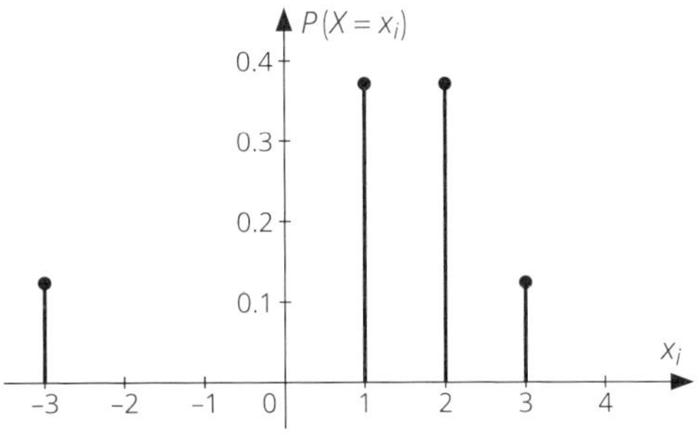

Situation 2

Unter einem **Histogramm** einer Wahrscheinlichkeitsverteilung einer Zufallsgröße X versteht man ein Säulendiagramm mit der Besonderheit, dass nicht die Höhen der Säulen der Wahrscheinlichkeit $P(X = x_i)$ entsprechen, sondern die Flächeninhalte der Säulen, die sich über die Höhen und Breiten der Säulen berechnen lassen. Daher findet man auf der Ordinatenachse die Werte $\frac{P(X = x_i)}{\Delta x_i}$, wobei Δx_i der Breite der entsprechende Säule entspricht. Die Säulen sind so platziert, dass der Mittelpunkt der Breite über dem Zufallswert x_i liegt, welcher durch die Säule beschrieben wird.

Beispiel:

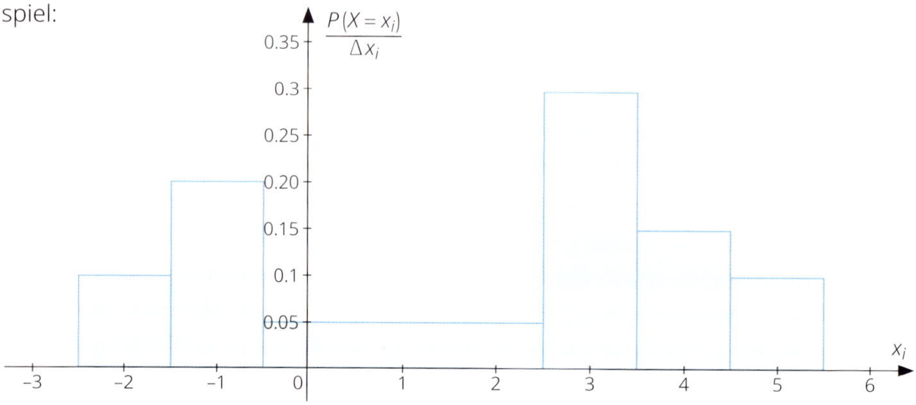

1. Vervollständigen Sie folgende Wahrscheinlichkeitsverteilung:

x_i	-2	-1	1	3	4	5
$P(X = x_i)$	0,1				0,15	

2. Zeichnen Sie ein neues Histogramm, sodass alle Säulen die Breite $\Delta x = 1$ aufweisen.

Lösung zu Situation 2

1. Wie in der Situation beschrieben, entsprechen die Flächeninhalte der Säulen in einem Histogramm den Wahrscheinlichkeiten $P(X = x_i)$. Diese lassen sich durch die Multiplikation der Höhen und Breiten der einzelnen Säulen erhalten. Für den Zufallswert −2 gilt:

$$P(X = -2) = \frac{P(X = -2)}{\Delta x_i} \cdot \Delta x_i = 0{,}1 \cdot 1 = 0{,}1$$

Analog lassen sich die Wahrscheinlichkeiten der anderen Zufallswerte berechnen:

$$P(X = -1) = \frac{P(X = -1)}{\Delta x_i} \cdot \Delta x_i = 0{,}2 \cdot 1 = 0{,}2$$

$$P(X = 1) = \frac{P(X = 1)}{\Delta x_i} \cdot \Delta x_i = 0{,}05 \cdot 3 = 0{,}15$$

$$P(X = 3) = \frac{P(X = 3)}{\Delta x_i} \cdot \Delta x_i = 0{,}3 \cdot 1 = 0{,}3$$

$$P(X = 4) = \frac{P(X = 4)}{\Delta x_i} \cdot \Delta x_i = 0{,}15 \cdot 1 = 0{,}15$$

$$P(X = 5) = \frac{P(X = 5)}{\Delta x_i} \cdot \Delta x_i = 0{,}1 \cdot 1 = 0{,}1$$

Die Werte müssen nun noch in die Tabelle übertragen werden:

x_i	–2	–1	1	3	4	5
$P(X=x_i)$	0,1	0,2	0,15	0,3	0,15	0,1

Zur Vollständigkeit sollte noch geprüft werden, ob die Wahrscheinlichkeiten insgesamt 1 ergeben:

$$0{,}1+0{,}2+0{,}15+0{,}3+0{,}15+0{,}1=1.$$

2. Die Breite der Säulen in einem Histogramm sind grundsätzlich frei wählbar. Daher müssen sich die Säulen auch nicht zwangsweise berühren, jedoch dürfen sie sich nicht überlappen. Wählt man für die Breite der Säule $\Delta x_i = 1$, so ergibt sich, dass auf der Ordinatenachse die Wahrscheinlichkeiten $P(X=x_i)$ direkt abgelesen werden können, da man nur durch die Breite $\Delta x_i = 1$ teilt:

$$\frac{P(X=x_i)}{1}=P(X=x_i)$$

Daher ist dies eine sehr häufige und sinnvolle Wahl. Für die obige Wahrscheinlichkeitsverteilung ergibt sich somit folgendes Histogramm:

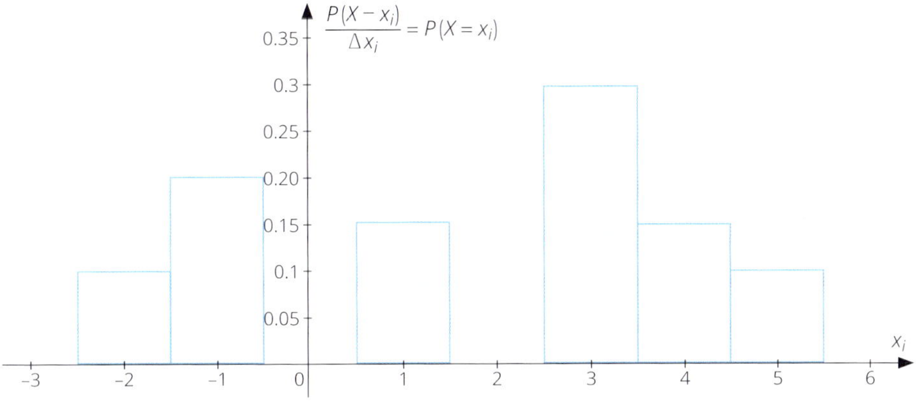

Zusammenfassung

- Unter einer **Zufallsgröße X** versteht man eine Zuordnung, die jedem möglichen Ergebnis ω_i eines Zufallsexperiments eine Größe zuordnet. Die einzelnen Werte dieser Größe werden **Zufallswerte x_i** genannt.

$$X:\Omega\to\mathbb{R};\ \omega_i\to x_i$$

- Eine **Wahrscheinlichkeitsverteilung einer Zufallsgröße X** ordnet jedem Zufallswert x_i eine Wahrscheinlichkeit $P(X=x_i)$ zu. Dies wird häufig tabellarisch angegeben:

x_i	x_1	x_2	x_3	…	x_n
$P(X=x_i)$	p_1	p_2	p_3	…	p_n

Es gilt dabei stets: $p_1+p_2+p_3+\ldots+p_n=1$.

- Grafisch lässt sich eine Wahrscheinlichkeitsverteilung durch ein **Stabdigramm** oder ein **Histogramm** darstellen.

Aufgaben

1. Es wird das zweimalige Werfen eines Laplace-Würfels betrachtet. Bestimmen Sie die Wahrscheinlichkeitsverteilungen der angegebenen Zufallsgrößen.

a) Die Zufallsgröße *X* entspricht der Augensumme der beiden Würfe.

b) Die Zufallsgröße *Y* entspricht dem Produkt der Augenzahlen beider Würfe.

c) Die Zufallsgröße *Z* entspricht der größeren Augenzahl der beiden Würfe.

d) Die Zufallsgröße *W* entspricht dem auf natürliche Zahlen gerundeten Wert, der sich ergibt, wenn man die erste Augenzahl durch die zweite Augenzahl dividiert.

2. In einer Urne befinden sich zwei rote und eine grüne Kugel. Ein Spieler zieht zunächst eine Kugel aus der Urne. Er legt die gezogene Kugel anschließend zurück und es wird zusätzlich eine Kugel derselben Farbe hinzugefügt. Er zieht nun erneut eine Kugel. Pro roter Kugel, die er insgesamt gezogen hat, muss er 1,00 € bezahlen, jedoch bekommt er pro grüner Kugel 2,00 € ausgezahlt. Die Zufallsgröße *X* beschreibt den Gewinn bzw. den Verlust des Spielers.

a) Stellen Sie das beschriebene Zufallsexperiment in einem vollständig beschrifteten Baumdiagramm dar.

b) Ordnen Sie alle möglichen Ergebnisse den jeweiligen Zufallswerten zu.

c) Stellen Sie die Wahrscheinlichkeitsverteilung der Zufallsgröße *X* tabellarisch und in einem Stabdiagramm dar.

d) Berechnen Sie die Wahrscheinlichkeit, dass der Spieler einen Gewinn erzielt.

3. In einer Quizsendung muss ein Kandidat in der Finalrunde zwei Fragen beantworten. Diese werden auf folgende Weise ausgewählt: Der Kandidat zieht einen von drei verschlossenen Umschlägen. Die verschiedenen Umschläge enthalten jeweils fünf Fragen unterschiedlicher Kategorien (I: einfach; II: mittel; III: schwer). Umschlag A beinhaltet zwei Fragen der Kategorie I, eine der Kategorie II und zwei der Kategorie III. Umschlag B beinhaltet eine Frage der Kategorie I, drei der Kategorie II und eine der Kategorie III. Umschlag C beinhaltet nur Fragen der Kategorie II. Nachdem der Kandidat einen Umschlag ausgewählt hat, zieht er hintereinander zwei Fragen, die er beantworten muss. Für die richtige Beantwortung einer Frage der Kategorie I bekommt der Kandidat 100,00 €, für Kategorie II 150,00 € und für Kategorie III 300,00 €. Die Zufallsgröße *X* beschreibt den maximalen Gewinn, den der Kandidat erspielen kann.

a) Erstellen Sie für die Auswahl der Fragen ein Baumdiagramm.

b) Bestimmen Sie die Wahrscheinlichkeitsverteilung der Zufallsgröße *X*.

c) Berechnen Sie die Wahrscheinlichkeit, dass der Kandidat mehr als 300,00 € gewinnen könnte.

4. In einer Urne befinden sich insgesamt sechs Kugeln. Drei davon sind mit einer „1" beschriftet, zwei mit einer „2" und eine mit einer „3". Ein Spieler zieht zweimal ohne Zurücklegen. Die Zahl, die beim ersten Zug erscheint, bestimmt die Einzahlung. Die Zahl beim zweiten Zug bestimmt die Auszahlung. Die Zufallsgröße *X* entspricht dem Gewinn bzw. Verlust.

a) Bestimmen Sie die Wahrscheinlichkeitsverteilung der Zufallsgröße *X*.

b) Berechnen Sie die Wahrscheinlichkeit, dass der Spieler einen Verlust verkraften muss.

5. Gegeben ist eine Wahrscheinlichkeitsverteilung der Zufallsgröße X mit einer unbekannten Wahrscheinlichkeit a:

x_i	−2	1	3
$P(X = x_i)$	$\frac{1}{9}$	a	$3a$

a) Bestimmen Sie den Wert von a so, dass sich eine korrekte Wahrscheinlichkeitsverteilung ergibt.

b) Beschreiben Sie ein passendes Urnen-Modell mit zweimaligem Ziehen, das der Zufallsgröße X zugrunde liegen könnte.

c) Beschreiben Sie ein Glücksrad-Modell, das der Zufallsgröße X zugrunde liegen könnte. Geben Sie die Mittelpunktswinkel der einzelnen Sektoren an.

6.* Gegeben ist die Wahrscheinlichkeitsverteilung der Zufallsgröße Y mit der unbekannten Wahrscheinlichkeit b:

y_i	−3	−1	2	4	5
$P(Y = y_i)$	0,1	b^2	$3b$	0,06	b

a) Bestimmen Sie den Wert von b so, dass sich eine korrekte Wahrscheinlichkeitsverteilung ergibt.

b) Stellen Sie für den berechneten Wert von b diese Wahrscheinlichkeitsverteilung als Histogramm dar.

6.2 Maßzahlen von Zufallsgrößen

Situation 1

In Kasinos gibt es häufig sogenannte „Einarmige Banditen“. Bei diesen Automaten zieht man an einem Hebel, dem „Arm“, wodurch Drehscheiben oder -rollen in Bewegung gesetzt werden, die mit unterschiedlichen Symbolen oder Geldbeträgen bedruckt sind. Diese halten nach kurzer Zeit zufällig und unabhängig voneinander an. Die erscheinenden Symbole oder Geldbeträge entscheiden über den möglichen Gewinn.

In der Elektronik-Werkstatt einer Fachoberschule baut eine Schülerin der 13. Klasse eine einfache Variante für ihre Seminararbeit in Mathematik nach. Diese funktioniert nach folgendem Prinzip:

Auf Knopfdruck drehen sich drei Scheiben, die jeweils in drei gleichgroße Sektoren eingeteilt sind. Die Sektoren sind auf jeder Scheibe mit den Zahlen 1, 2 und 3 beschriftet. Beim erneuten Drücken des Knopfes halten die Scheiben unabhängig voneinander an. Die Zahlen, die beim Anhalten nach unten zeigen, gelten als gespielt.

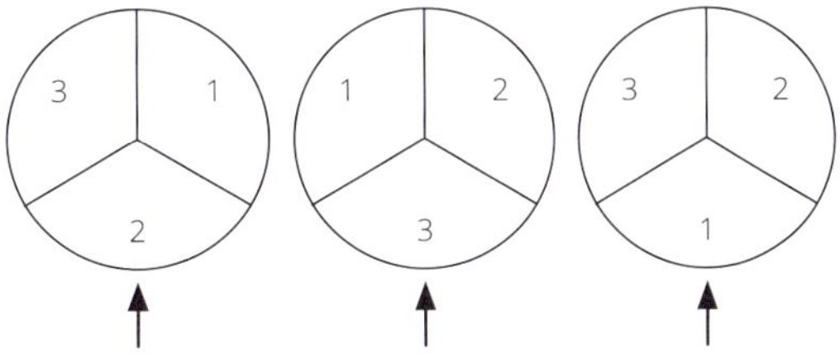

Vor dem Spiel muss man 2,00 € in den Automaten einwerfen. Das Auszahlprinzip ist wie folgt festgelegt:

- Zeigen die drei Scheiben unterschiedliche Zahlen, so zahlt der Automat nichts aus.
- Zeigen genau zwei der drei Scheiben dieselbe Zahl, so zahlt der Automat den Wert der doppelt vorkommenden Zahl in Euro aus.
- Zeigen die drei Scheiben alle dieselbe Zahl, so zahlt der Automat 5,00 € aus.

Die Zufallsgröße X beschreibt den Verlust bzw. Gewinn eines Spielers.

1. Stellen Sie den Zusammenhang zwischen den Ergebnissen des Zufallsexperiments und den Zufallswerten x_i der Zufallsgröße X tabellarisch dar und ermitteln Sie die Wahrscheinlichkeitsverteilung der Zufallsgröße X.
2. Bestimmen Sie, mit welchem Gewinn oder Verlust der Spieler durchschnittlich rechnen kann.
3. Entscheiden Sie anhand des durschnittlichen Gewinns bzw. Verlusts aus 2., ob das Spiel fair bzw. günstig oder ungünstig für den Spieler ist.

Lösung zu Situation 1

1. Um die Zufallsgröße X tabellarisch darzustellen, benötigt man zunächst alle möglichen Ergebnisse, also den Ergebnisraum Ω:

$\Omega = \{(a, b, c) | a, b, c \in \{1; 2; 3\}\} = \{(1, 1, 1); (1, 1, 2); (1, 1, 3); (1, 2, 1); \ldots; (3, 3, 3)\}; |\Omega| = 27$

Die Zufallswerte x_i entsprechen dem Gewinn bzw. Verlust, daher muss die getätigte Einzahlung von 2,00 € berücksichtigt werden. Es sind daher die Zufallswerte −2, −1, 0, 1 und 3 möglich. Für die Zufallsgröße X ergibt sich folgende Zuordnung von Ergebnissen ω_i und Zufallswerten x_i:

x_i	−2	−1	0	1	3
ω_i	(1, 2, 3) (1, 3, 2) (2, 1, 3) (2, 3, 1) (3, 1, 2) (3, 2, 1)	(1, 1, 2) (1, 1, 3) (1, 2, 1) (1, 3, 1) (2, 1, 1) (3, 1, 1)	(2, 2, 1) (2, 2, 3) (2, 1, 2) (2, 3, 2) (1, 2, 2) (3, 2, 2)	(3, 3, 1) (3, 3, 2) (3, 1, 3) (3, 2, 3) (1, 3, 3) (2, 3, 3)	(1, 1, 1) (2, 2, 2) (3, 3, 3)

Da es sich bei dem Experiment um ein Laplace-Experiment handelt, haben alle Elementarereignisse dieselbe Wahrscheinlichkeit. Daher muss nur die Anzahl der zugeordneten Ergebnisse und die Mächtigkeit des Ergebnisraums $|\Omega| = 27$ betrachtet werden. Zum Beispiel:

$$P(X = -2) = 6 \cdot \frac{1}{27} = \frac{6}{27} = \frac{2}{9}$$

Es ergibt sich somit die Wahrscheinlichkeitsverteilung der Zufallsgröße X:

x_i	−2	−1	0	1	3
$P(X = x_i)$	$\frac{6}{27} = \frac{2}{9}$	$\frac{6}{27} = \frac{2}{9}$	$\frac{6}{27} = \frac{2}{9}$	$\frac{6}{27} = \frac{2}{9}$	$\frac{3}{27} = \frac{1}{9}$

2. Der durchschnittliche Wert für den Gewinn bzw. Verlust lässt sich berechnen, indem man die Zufallswerte x_i mit den entsprechenden Wahrscheinlichkeiten p_i multipliziert und diese Werte anschließend adddiert. Der auf diese Weise berechnete Wert heißt **Erwartungswert** der Zufallsgröße X und wird mit $E(X)$ oder oft auch μ_X (kleiner lat. Buchstabe: mü) abgekürzt:

$$E(X) = (-2) \cdot \frac{2}{9} + (-1) \cdot \frac{2}{9} + 0 \cdot \frac{2}{9} + 1 \cdot \frac{2}{9} + 3 \cdot \frac{1}{9} = -\frac{1}{9} \approx -0{,}11$$

Dies bedeutet, dass der zu erwartende Verlust pro Spiel bei durchschnittlich 0,11 €, also 11 Cent liegt.

Das Vorgehen lässt sich auf eine beliebige Zufallsgröße X und deren Wahrscheinlichkeitsverteilung übertragen. Diese sei allgemein gegeben durch die Tabelle:

x_i	x_1	x_2	x_3	…	x_n
$P(X = x_i)$	p_1	p_2	p_3	…	p_n

Merke

Der Erwartungswert $E(X)$ bzw. μ_X lässt sich stets durch folgende Formel berechnen:

$$E(X) \text{ bzw. } \mu_X = x_1 \cdot p_1 + x_2 \cdot p_2 + x_3 \cdot p_3 + \ldots + x_n \cdot p_n$$

3. Als **fair** gilt ein Glücksspiel genau dann, wenn weder der Spieler noch der Veranstalter einen Gewinn oder einen Verlust daraus ziehen. Daher ist dies genau dann der Fall, wenn der Erwartungswert der Zufallsgröße X, die den Gewinn bzw. Verlust dieses Glücksspiels beschreibt, den Wert 0 annimmt:

$E(X) = 0 \Leftrightarrow$ Ein Glücksspiel gilt als fair.

Dies ist in unserer Situation nicht der Fall, da $E(X) = -\frac{1}{9} \approx -0{,}11 \neq 0$ gilt.

Da der Spieler durchschnittlich pro Spiel einen Verlust von 11 Cent erleidet, gilt das Spiel als **ungünstig** für den Spieler. Würde der Spieler durchschnittlich pro Spiel einen Gewinn erhalten, würde man das Glücksspiel als **günstig** bezeichnen.

$E(X) > 0 \Leftrightarrow$ Ein Glücksspiel ist günstig für den Spieler.
$E(X) < 0 \Leftrightarrow$ Ein Glücksspiel ist ungünstig für den Spieler.

Merke

Aus Sicht des Spielers eines Glücksspiels gilt:

$E(X) > 0 \Leftrightarrow$ Ein Glücksspiel ist günstig für den Spieler.
$E(X) < 0 \Leftrightarrow$ Ein Glücksspiel ist ungünstig für den Spieler.
$E(X) = 0 \Leftrightarrow$ Ein Glücksspiel gilt als fair.

Situation 2

Zwei Firmen stellen Deo-Sprays her. Auf den Dosen wird jeweils versprochen, dass man mit den beiden Deo-Sprays 12 Stunden lang schweißfrei bleibt. Eine Zeitschrift testet die beiden Deo-Sprays, um festzustellen, ob die Angaben der Hersteller auch der Wahrheit entsprechen. Die Zufallsgrößen X und Y beschreiben jeweils die schweißfreie Zeit in Stunden für Deo 1 und Deo 2. Beim Test haben sich folgende Wahrscheinlichkeitsverteilungen ergeben:

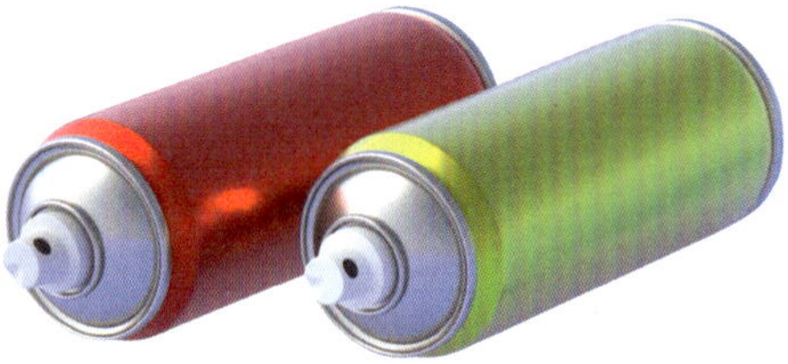

x_i	10,5	11	11,5	12	12,5	13	13,5
$P(X = x_i)$	0,04	0,13	0,21	0,26	0,17	0,15	0,04

y_i	10,5	11	11,5	12	12,5	13	13,5
$P(X = y_i)$	0	0,09	0,20	0,41	0,22	0,08	0

1. Berechnen Sie für beide Zufallsgrößen den Erwartungswert und interpretieren Sie diese im Sachkontext.
2. Bestimmen Sie für die Zufallsgröße X die Werte der quadratischen Abweichung vom Erwartungswert $(x_i - \mu_X)^2$, indem Sie folgende Tabellen ergänzen, und bestimmen Sie den Mittelwert $E\left((X - \mu_X)^2\right)$ der quadratischen Abweichung vom Erwartungswert. Gehen Sie analog für die Zufallsgröße Y vor.

x_i	10,5	11	11,5	12	12,5	13	13,5
Abweichung vom Erwartungswert $x_i - \mu_X$							
Quadratische Abweichung vom Erwartungswert $(x_i - \mu_X)^2$							
$P(X = x_i)$	0,04	0,13	0,21	0,26	0,17	0,15	0,04

3. Stellen Sie beide Zufallsverteilungen als Stabdiagramme dar und beschreiben Sie deren Unterschiede.

Lösung zu Situation 2

1. Für die beiden Erwartungswerte ergeben sich folgende Werte:

   $E(X)$ bzw. $\mu_X = 10{,}5 \cdot 0{,}04 + 11 \cdot 0{,}13 + 11{,}5 \cdot 0{,}21 + 12 \cdot 0{,}26 + 12{,}5 \cdot 0{,}17 + 13 \cdot 0{,}15 + 13{,}5 \cdot 0{,}04 = 12$

   $E(Y)$ bzw. $\mu_Y = 10{,}5 \cdot 0 + 11 \cdot 0{,}09 + 11{,}5 \cdot 0{,}20 + 12 \cdot 0{,}41 + 12{,}5 \cdot 0{,}22 + 13 \cdot 0{,}08 + 13{,}5 \cdot 0 = 12$

   Bei beiden Deo-Sprays liegt der Erwartungswert bei 12 schweißfreien Stunden. Dies bedeutet, dass die Angabe der beiden Hersteller gerechtfertigt ist, dass man eine schweißfreie Zeit von 12 Stunden erwarten kann. Garantiert ist dies jedoch nicht, da auch weniger Stunden erreicht wurden.

2. Neben dem Erwartungswert ist es auch interessant zu betrachten, in welchem Umfang die Zufallswerte um den Erwartungswert gestreut sind. Die Abweichung vom Erwartungswert $x_i - \mu_X$ gibt an, wie weit ein Zufallswert x_i vom Erwartungswert μ_X entfernt ist. Problem bei dieser Abweichung ist allerdings, dass sich dabei auch negative Werte ergeben können. Bei der Mittelwertbildung könnten sich somit positive und negative Werte gegenseitig aufheben. Daher wird die quadratische Abweichung vom Erwartungswert $(x_i - \mu_X)^2$ betrachtet, da durch das Quadrieren keine negativen Werte auftreten können. Zudem werden Werte, die eine hohe Abweichung vom Erwartungswert aufweisen, stärker gewichtet, da die Abweichung quadriert wird. Es ergeben sich folgende Werte:

x_i	10,5	11	11,5	12	12,5	13	13,5
Abweichung vom Erwartungswert $x_i - \mu_X$	$10{,}5 - 12 = -1{,}5$	$11 - 12 = -1$	$11{,}5 - 12 = -0{,}5$	$12 - 12 = 0$	$12{,}5 - 12 = 0{,}5$	$13 - 12 = 1$	$13{,}5 - 12 = 1{,}5$
Quadratische Abweichung vom Erwartungswert $(x_i - \mu_X)^2$	$(10{,}5 - 12)^2 = 2{,}25$	$(11 - 12)^2 = 1$	$(11{,}5 - 12)^2 = 0{,}25$	$(12 - 12)^2 = 0$	$(12{,}5 - 12)^2 = 0{,}25$	$(13 - 12)^2 = 1$	$(12{,}5 - 12)^2 = 2{,}25$
$P(X = x_i)$	0,04	0,13	0,21	0,26	0,17	0,15	0,04

Um eine Zufallsgröße X mit anderen Zufallsgrößen vergleichen zu können, betrachtet man den Mittelwert dieser quadratischen Abweichung $E((X - \mu_X)^2)$, da dieser angibt, wie weit die Zufallswerte durchschnittlich um den Erwartungswert gestreut sind. Dieser Wert wird **Varianz** genannt und mit $Var(X)$ abgekürzt.

$$Var(X) = E((X - \mu_X)^2) = (10{,}5 - 12)^2 \cdot 0{,}04 + (11 - 12)^2 \cdot 0{,}13 + (11{,}5 - 12)^2 \cdot 0{,}21 + (12 - 12)^2 \cdot 0{,}26$$
$$+ (12{,}5 - 12)^2 \cdot 0{,}17 + (13 - 12)^2 \cdot 0{,}15 + (13{,}5 - 12)^2 \cdot 0{,}04 = \frac{111}{200} = 0{,}555$$

Merke

Allgemein gilt für die Berechnung der Varianz $Var(X)$ über die mittlere quadratische Abweichung:

$$Var(X) = E((X - \mu_X)^2) = (x_1 - \mu_X)^2 \cdot p_1 + (x_2 - \mu_X)^2 \cdot p_2 + (x_3 - \mu_X)^2 \cdot p_3 + \ldots + (x_n - \mu_X)^2 \cdot p_n$$

Das Quadrieren der Abweichung hat allerdings das Problem, dass dadurch die Einheit der Zufallswerte verändert wird (hier: Stunden zum Quadrat). Um die Einheiten der Varianz $Var(X)$ wieder zu berichtigen, muss die Wurzel aus diesem Wert gezogen werden. Die erhaltene Maßzahl, welche die durchschnittliche Streuung der Zufallswerte x_i um den Erwartungswert μ_X beschreibt, wird **Standardabweichung der Zufallsgröße *X*** genannt und mit σ_X (kleiner lat. Buchstabe: sigma) abgekürzt.

$$\sigma_X = \sqrt{Var(X)} = \sqrt{\frac{111}{200}} \approx 0{,}74$$

Analog gilt für die Zufallsgröße Y:

y_i	10,5	11	11,5	12	12,5	13	13,5
Abweichung vom Erwartungswert $y_i - \mu_y$	$10{,}5 - 12 = -1{,}5$	$11 - 12 = -1$	$11{,}5 - 12 = -0{,}5$	$12-12 = 0$	$12{,}5 - 12 = 0{,}5$	$13 - 12 = 1$	$13{,}5 - 12 = 1{,}5$
Quadratische Abweichung vom Erwartungswert $(y_i - \mu_y)^2$	$(10{,}5 - 12)^2 = 2{,}25$	$(11 - 12)^2 = 1$	$(11{,}5 - 12)^2 = 0{,}25$	$(12 - 12)^2 = 0$	$(12{,}5 - 12)^2 = 0{,}25$	$(13 - 12)^2 = 1$	$(12{,}5 - 12)^2 = 2{,}25$
$P(Y = y_i)$	0	0,09	0,20	0,41	0,22	0,08	0

$$Var(Y) = E((Y - \mu_Y)^2) = (10{,}5 - 12)^2 \cdot 0 + (11 - 12)^2 \cdot 0{,}09 + (11{,}5 - 12)^2 \cdot 0{,}2$$
$$+ (12 - 12)^2 \cdot 0{,}41 + (12{,}5 - 12)^2 \cdot 0{,}22 + (13 - 12)^2 \cdot 0{,}08 + (13{,}5 - 12)^2 \cdot 0 = \frac{11}{40} = 0{,}275$$

$$\sigma_Y = \sqrt{Var(Y)} = \sqrt{\frac{11}{40}} \approx 0{,}52$$

Die Berechnung der Varianz ist in vielen Fällen aufwendig. Die Rechenarbeit lässt sich durch die Verwendung der sog. **Verschiebungsformel** verringern:

$$Var(X) = E(X^2) - (E(X))^2$$
$$= (x_1^2 \cdot p_1 + x_2^2 \cdot p_2 + \ldots + x_n^2 \cdot p_n) - (E(X))^2$$

Dabei wird der Erwartungswert der quadrierten Zufallsgröße X^2 gebildet und anschließend das Quadrat des Erwartungswerts $E(X)$ abgezogen. Sie ergibt sich durch geschicktes Ausmultiplizieren und Zusammenfassen aus der oben gezeigten Berechnung der Varianz $Var(X)$.

Beispiel für die Anwendung der Verschiebungsformel für die Varianz der Zufallsgröße X:

$$Var(X) = (10{,}5^2 \cdot 0{,}04 + 11^2 \cdot 0{,}13 + 11{,}5^2 \cdot 0{,}21 + 12^2 \cdot 0{,}26 + 12{,}5^2 \cdot 0{,}17$$
$$+ 13^2 \cdot 0{,}15 + 13{,}5^2 \cdot 0{,}04) - 12^2 = 144{,}555 - 144 = 0{,}555$$

Merke

Alternativ lässt sich die Varianz $Var(X)$ einer Zufallsgröße X auch über die Verschiebungsformel berechnen:

$$Var(X) = E(X^2) - (E(X))^2$$
$$= (x_1^2 \cdot p_1 + x_2^2 \cdot p_2 + \ldots + x_n^2 \cdot p_n) - (E(X))^2$$

3. Die Stabdigramme für die beiden Zufallsgrößen X und Y können folgendermaßen dargestellt werden:

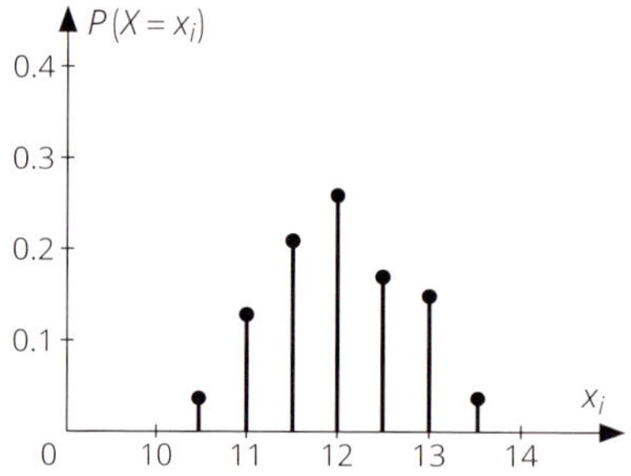

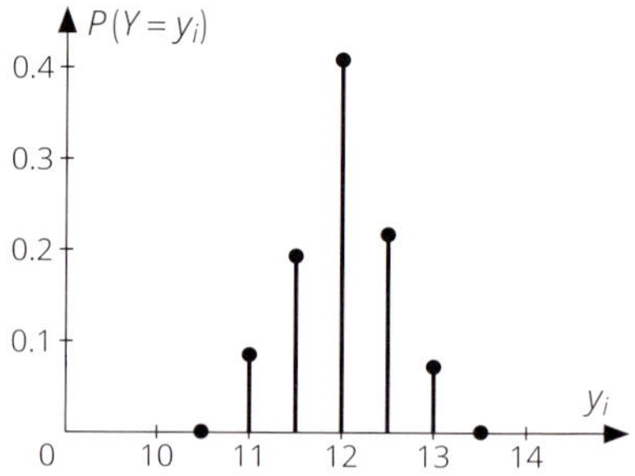

Man erkennt, dass die Zufallswerte x_i der Zufallsgröße X eine größere Streuung um den Erwartungswert $\mu_X = 12$ aufweisen als die Zufallswerte y_i um dem Erwartungswert $\mu_Y = 12$. Dies wird durch die Standardabweichungen $\sigma_X = 0{,}74$ und $\sigma_Y = 0{,}52$ untermauert, da die Maßzahlen die durchschnittliche Streuung beschreiben.

Zusammenfassung

Für eine Zufallsgröße X mit folgender Wahrscheinlichkeitsverteilung lassen sich drei wichtige Maßzahlen berechnen:

x_i	x_1	x_2	x_3	…	x_n
$P(X = x_i)$	p_1	p_2	p_3	…	p_n

- **Erwartungswert $E(X)$** bzw. μ_X:

$$E(X) \text{ bzw. } \mu_X = x_1 \cdot p_1 + x_2 \cdot p_2 + x_3 \cdot p_3 + \ldots + x_n \cdot p_n$$

- **Varianz $Var(X)$**:

$$Var(X) = E((X - \mu_X)^2) = (x_1 - \mu_X)^2 \cdot p_1 + (x_2 - \mu_X)^2 \cdot p_2 + (x_3 - \mu_X)^2 \cdot p_3 + \ldots + (x_n - \mu_X)^2 \cdot p_n$$

oder mithilfe der **Verschiebungsformel**:

$$Var(X) = E(X^2) - (E(X))^2 = (x_1^2 \cdot p_1 + x_2^2 \cdot p_2 + \ldots + x_n^2 \cdot p_n) - (E(X))^2$$

- **Standardabweichung σ_X**:

$$\sigma_X = \sqrt{Var(X)}$$

Aufgaben

1. Berechnen Sie den Erwartungswert, die Varianz und die Standardabweichung der angegebenen Zufallsgrößen. Stellen Sie anschließend die Zufallsgrößen als Stabdiagramm dar und markieren Sie den Erwartungswert und die Standardabweichung um den Erwartungswert auf der Abszisse.

a)

x_i	–4	–1	0	2	3
$P(X = x_i)$	0,1	0,4	0,1	0,15	0,25

b)

y_i	–8	–4	2	4
$P(Y = y_i)$	$\frac{1}{20}$	$\frac{17}{60}$	$\frac{17}{30}$	$\frac{1}{10}$

c)

z_i	-2	-1	0	1	2
$P(Z = z_i)$	$\frac{3}{10}$	$\frac{1}{4}$	$\frac{1}{5}$	$\frac{3}{20}$	$\frac{1}{10}$

2. Aus einer Urne mit vier roten und vier schwarzen Kugeln werden hintereinander drei Kugeln ohne Zurücklegen gezogen. Pro Farbwechsel erhält man einen Euro. Vor dem Ziehen muss man als Spieler 1,00 € Einsatz zahlen. Die Zufallsgröße X entspricht dem erzielten Gewinn bzw. Verlust.

a) Stellen Sie die Situation in einem vollständig beschrifteten Baudiagramm dar.

b) Bestimmen Sie die Wahrscheinlichkeitsverteilung der Zufallsgröße X.

c) Geben Sie an, mit welchem Gewinn man durchschnittlich rechnen kann, und entscheiden Sie, ob das Spiel günstig, ungünstig oder fair ist.

3. Bei einem Brettspiel werden ein Laplace-Tetraeder-Würfel und ein Laplace-Hexaeder-Würfel (normaler Spielwürfel) gleichzeitig geworfen. Die Zufallsgröße X gibt die Augensumme der beiden Würfel an.

a) Geben Sie die Wahrscheinlichkeitsverteilung der Zufallsgröße X in Form einer Tabelle an.

b) Ermitteln Sie den Erwartungswert und die Standardabweichung.

c) Bestimmen Sie die Wahrscheinlichkeit, dass die Augenzahl kleiner ist als der Erwartungswert.

4. Gegeben ist folgende Wahrscheinlichkeitsverteilung einer Zufallsgröße X in Abhängigkeit der Parameter a und b.

x_i	-3	0	1	2	5
$P(X = x_i)$	0,1	0,35	$6a-b$	a	$2b$

a) Bestimmen Sie die Werte von a und b so, dass der Erwartungswert den Wert 1,9 annimmt.

b) Bestimmen Sie die Standardabweichung der Zufallsgröße X.

5. Gegeben ist die Wahrscheinlichkeitsverteilung einer Zufallsgröße X, die den Gewinn bzw. den Verlust eines Glücksspiels in Euro angibt. Der Parameter c steht dabei für den maximalen Gewinn, der erzielt werden kann.

x_i	-5	-2	0	4	c
$P(X = x_i)$	0,4	0,2	0,2	0,1	0,1

a) Bestimmen Sie c so, dass ein Spieler pro Spiel durchschnittlich 50 Cent Verlust erzielt.

b)* Bestimmen Sie c so, dass die Standardabweichung den Wert 6,5 annimmt. Hinweis: Nutzen Sie die Verschiebungsformel.

6. In einem PC-Fachgeschäft gibt es einen neuen Geschäftsführer. Er analysiert die Anzahl der verkauften Computer seiner beiden schlechtesten Verkäufer. Aufgrund der bisherigen Verkaufszahlen ergibt sich, dass Verkäufer *X* zu 4 % keinen Computer im Monat verkauft, zu 24 % einen Computer und zu 48 % zwei Computer. Mit einer Wahrscheinlichkeit von 16 % verkauft er drei Computer. Seine maximale Verkaufsleistung liegt bei vier Computern im Monat. Für den Verkäufer *Y* ergeben sich folgenden Daten: Zu 24 % verkauft er keinen Computer im Monat. Einen bzw. vier Computer verkauft er mit einer Wahrscheinlichkeit von je 16 % und zwei bzw. drei Computer mit einer Wahrscheinlichkeit von je 20 %. Mit einer Wahrscheinlichkeit von 4 % schafft er es, 5 Computer zu verkaufen. Die Zufallsgrößen *X* bzw. *Y* beschreiben jeweils die Anzahlen der verkauften Computer der Verkäufer *X* bzw. *Y*.

a) Stellen Sie die Wahrscheinlichkeitsverteilung der Zufallsgrößen *X* und *Y* in Form von Tabellen auf.

b) Stellen Sie die Wahrscheinlichkeitsverteilungen als Histogramme dar.

c) Bestimmen und interpretieren Sie Erwartungswert und Standardabweichung der beiden Zufallsgröße *X* und *Y*. Begründen Sie, welchen der beiden Verkäufer Sie entlassen würden.

7. Für ein Glücksspiel auf einem Jahrmarkt soll ein Glücksrad entwickelt werden. Der Einsatz, um das Glücksrad einmal zu drehen, beträgt 2,00 €. Dreiviertel des Glücksrads sind mit dem Wort „Niete" bedruckt und es erfolgt keine Auszahlung. Das restliche Viertel unterteilt sich in zwei Sektoren. Ein Sektor ist mit einer „2" bedruckt und man erhält seinen Einsatz zurück. Der letzte Sektor ist mit „50" beschriftet und man erhält 50,00 € als Auszahlung. Der Veranstalter möchte einen durchschnittlichen Gewinn von 1,00 € pro Spiel erzielen. Die Zufallsgröße *X* gibt den Gewinn bzw. Verlust eines Spielers an.

a) Bestimmen Sie die Mittelpunktswinkel der Sektoren.

b) Bestimmen Sie die Varianz mithilfe der Verschiebungsformel und die Standardabweichung.

c) Interpretieren Sie die Standardabweichung im Sachkontext.

8. Bei einer Tombola ist angegeben, dass bei jedem hundertsten Los der Hauptgewinn im Wert von 200,00 € gewonnen wird. Bei jedem vierten Los erhält man immerhin einen Trostpreis im Wert von 10,00 €. Die restlichen Lose sind Nieten. Die Zufallsgröße gibt den Wert des Gewinns an.

a) Stellen Sie die Wahrscheinlichkeitsverteilung der Zufallsgröße *X* tabellarisch dar.

b)* Bestimmen Sie die Kosten eines Loses so, dass das Spiel fair ist.

Exkurs: Entscheidungstheorie und das St.-Petersburg-Paradoxon

Viele Entscheidungen im realen Leben beruhen auf zufälligen Ereignissen. Daraus hat sich ein eigener Teilbereich der Stochastik entwickelt, die sog. **Entscheidungstheorie**. Bei einer Entscheidung hat man grundsätzlich verschiedene Alternativen a_i zur Auswahl. Diese Alternativen können abhängig von den Umweltzuständen s_i verschiedene Ergebnisse e_{ij} zur Folge haben. Die Eintrittswahrscheinlichkeiten w_i dieser Umweltzustände s_i können bekannt oder unbekannt sein. Dieser Sachverhalt wird in einer sogenannten Entscheidungsmatrix dargestellt.

	s_1	s_2	s_3	...	s_n
	$P(s_1) = w_1$	$P(s_2) = w_2$	$P(s_3) = w_3$	...	$P(s_n) = w_n$
a_1	e_{11}	e_{12}	e_{13}	...	e_{1n}
a_2	e_{21}	e_{22}	e_{23}	...	e_{2n}
a_3	e_{31}	e_{32}	e_{33}	...	e_{3n}
...	...	...	...	...	...
a_n	e_{n1}	e_{n2}	e_{n3}	...	e_{nn}

Bei der Findung von Entscheidungen können grundsätzlich drei Fälle unterschieden werden:

1. **Entscheidung unter Sicherheit**
   Hierbei sind der eintretende Umweltzustand s_i und das daraus resultierende Ergebnis e_{ij} bekannt. Es gilt $P(s_i) = 1$. Alle Konsequenzen sind für den Entscheider aufgrund seiner Handlung voraussehbar. Man spricht auch von einem deterministischen Entscheidungsprozess. Bei der Entscheidung zählen somit nur die Ziele, die der Entscheider erreichen möchte.

2. **Entscheidung unter Ungewissheit**
   Die möglichen Umweltzustände s_i, welche eintreten können, sind dem Entscheider grundsätzlich bekannt. Allerdings sind die entsprechenden Eintrittswahrscheinlichkeiten w_i dieser Umweltzustände nicht vorgegeben und können auch nicht ohne Weiteres ermittelt werden. Der Entscheider hat somit nur die Möglichkeit sich nach den Ergebnissen zu richten.

3. **Entscheidung unter Risiko**
   Die möglichen Umweltzustände s_i und deren Eintrittswahrscheinlichkeiten w_i sind dem Entscheider bekannt. Sie bilden somit eine Wahrscheinlichkeitsverteilung. Durch die Nutzung stochastischer Hilfsmittel (Erwartungswert, Varianz bzw. Standardabweichung etc.) kann der Entscheider somit die Konsequenz seines Handelns abwägen. Man spricht hierbei von einem stochastischen Entscheidungsprozess.

Der Fall „Entscheidung unter Risiko" spielt besonders bei Glücksspielen eine große Rolle, da durch die zugrunde liegenden Zufallsexperimente die Eintrittswahrscheinlichkeiten w_i der Umweltzustände s_i grundsätzlich bekannt sind und somit die Konsequenzen daraus abwägbar sind. Eine klassische Entscheidungsregel, die sogenannte **Bayes-Regel**, richtet sich dabei nur nach dem Erwartungswert. Der Entscheider entscheidet sich für die Alternative a_i, bei der sich der größtmögliche Erwartungswert ergibt.

Beispiel 1:

Ein Spieler hat die Alternative a_1 „Teilnahme am Glücksspiel" und Alternative a_2 „keine Teilnahme am Glücksspiel". Das Glücksspiel besteht aus dem Werfen einer Laplace-Münze, wobei man bei Zahl (z) einen Euro gewinnt und bei Kopf (k) einen Euro verliert. Es ergibt sich folgende Entscheidungsmatrix:

	$s_1 = z$	$s_2 = k$
	$P(z) = 0{,}5$	$P(k) = 0{,}5$
a_1	1	−1
a_2	0	0

Für die Alternativen a_1 und a_2 ergeben sich somit folgende Erwartungswerte:

$$E(a_1) = 1 \cdot 0{,}5 + (-1) \cdot 0{,}5 = 0$$
$$E(a_2) = 0 \cdot 0{,}5 + 0 \cdot 0{,}5 = 0$$

Der Entscheider wäre in seiner Entscheidung frei, da sich zwei gleiche Erwartungswerte ergeben.

Beispiel 2:

Aus der **Bayes-Regel** ergibt sich allerdings auch das sogenannte **St.-Petersburg-Paradoxon**. Dabei betrachtet man eine Lotterie, bei der eine Münze mehrfach geworfen wird, bis eine festgelegte Seite, zum Beispiel Zahl, das erste Mal erscheint. Es gilt folgendes Auszahlprinzip:

- Beim ersten Wurf Zahl (z): 1,00 €
- Erst beim zweiten Wurf Zahl: 2,00 €
- Erst beim dritten Wurf Zahl: 4,00 €
- Erst beim vierten Wurf Zahl: 8,00 €
- ...
- Erst beim 18-ten Wurf Zahl: 131 072,00 €
- ...
- Erst beim m-ten Wurf Zahl: 2^{m-1} €

Für die Entscheidung, ob man mitspielen sollte (a_1 „Teilnehmen") oder nicht (a_2 „Nicht Teilnehmen"), ergibt sich bei Betrachtung der Auszahlung folgende Entscheidungsmatrix:

	z	kz	kkz	...	$\underbrace{kkk\ldots kz}_{(m-1)\text{-mal}}$
	$P(z) = \frac{1}{2}$	$P(kz) = \frac{1}{4}$	$P(kkz) = \frac{1}{8}$	...	$P(kkk\ldots kz) = \frac{1}{2^m}$
a_1	1	2	4	...	2^{m-1}
a_2	0	0	0	...	0

Für die Erwartungswerte ergibt sich:

$$E(a_2) = \lim_{m \to +\infty} 0 \cdot \frac{1}{2} + 0 \cdot \frac{1}{4} + 0 \cdot \frac{1}{8} + \ldots + 0 \cdot \frac{1}{2^m} = 0$$

$$E(a_1) = \lim_{m \to +\infty} 1 \cdot \frac{1}{2} + 2 \cdot \frac{1}{4} + 4 \cdot \frac{1}{8} + \ldots + 2^{m-1} \cdot \frac{1}{2^m} = \lim_{m \to +\infty} \underbrace{\frac{1}{2} + \frac{1}{2} + \frac{1}{2} + \ldots + \frac{1}{2}}_{m-mal} = \lim_{m \to +\infty} m \cdot \frac{1}{2} \to +\infty$$

Bei dieser Lotterie hat man somit theoretisch für die Auszahlung einen unendlich großen Erwartungswert.

Selbst bei Betrachtung eines beliebigen Einsatzes t ergibt sich ein ähnliches Ergebnis:

	z	kz	kkz	...	$\underbrace{kkk\ldots k}_{(m-1)-mal}\ z$
	$P(z)=\frac{1}{2}$	$P(kz)=\frac{1}{4}$	$P(kkz)=\frac{1}{8}$	...	$P(kkk\ldots kz)=\frac{1}{2^m}$
a_1	$1-t$	$2-t$	$4-t$	...	$2^{m-1}-t$
a_2	0	0	0	...	0

Es ergibt sich für den Erwartungswert:

$$E(a_1) = \lim_{m\to+\infty} (1-t)\cdot\frac{1}{2} + (2-t)\cdot\frac{1}{4} + (4-t)\cdot\frac{1}{8} + \ldots + (2^{m-1}-t)\cdot\frac{1}{2^m}$$

$$= \lim_{m\to+\infty} 1\cdot\frac{1}{2} + 2\cdot\frac{1}{4} + 4\cdot\frac{1}{8} + \ldots + 2^{m-1}\cdot\frac{1}{2^m} - t\cdot\frac{1}{2} - t\cdot\frac{1}{4} - t\cdot\frac{1}{8} - \ldots - t\cdot\frac{1}{2^m}$$

$$= \lim_{m\to+\infty} \underbrace{\frac{1}{2} + \frac{1}{2} + \frac{1}{2} + \ldots + \frac{1}{2}}_{m-mal} - t\cdot\underbrace{\left(\frac{1}{2} + \frac{1}{4} + \frac{1}{8} + \ldots + \frac{1}{2^m}\right)}_{\to 1} = \lim_{m\to+\infty} m\cdot\frac{1}{2} - t \to +\infty$$

Also auch unter Beachtung eines beliebig hohen Einsatzes von t € erhält man als Erwartungswert einen unendlich hohen Gewinn. Die Höhe des Einsatzes spielt somit für den Erwartungswert keine Rolle. Selbst wenn die Teilnahme an der beschriebenen Lotterie beliebig teuer ist, lohnt sie sich immer noch. Das Paradoxon besteht darin, dass man sich nach der Bayes-Regel definitiv für eine Teilnahme entscheiden sollte, jedoch zeigte sich bei einer realen Umfrage, dass kaum eine befragte Person gewillt ist, an diesem Glücksspiel teilzunehmen.

6.3 Binomialverteilte Zufallsgrößen

Situation 1

In einer gefährlichen Kurve gilt ein Tempolimit von 80 $\frac{km}{h}$. Die Polizeibeamten wissen aus Erfahrung, dass 20 % der Autofahrer zu schnell in dieser Kurve unterwegs sind. Sie wollen an einem Freitagmorgen bei fünf zufällig ausgewählten Autofahrern die Geschwindigkeit beim Durchfahren der Kurve messen. Die Zufallsgröße X beschreibt dabei die Anzahl der Autofahrer, die die Kurve zu schnell durchfahren.

1. Stellen Sie die Wahrscheinlichkeitsverteilung der Zufallsgröße X tabellarisch dar.
2. Stellen Sie die Wahrscheinlichkeitsverteilung als Histogramm dar.
3. Bestimmen Sie Erwartungswert, Varianz und Standardabweichung der Zufallsgröße X.

Lösung zu Situation 1

1. Da die Zufallsgröße X die Anzahl der Autofahrer angibt, die die Höchstgeschwindigkeit überschreiten, können die Zufallswerte x_i nur die Werte 0, 1, 2, 3, 4 und 5 annehmen. Bei dem zugrunde liegenden Zufallsexperiment handelt es sich um eine Bernoulli-Kette mit der Kettenlänge $n = 5$ und der Trefferwahrscheinlichkeit $p = 0{,}2$, da es nur jeweils zwei Ergebnisse gibt („Treffer“: schneller als 80 $\frac{km}{h}$, „Niete“: 80 $\frac{km}{h}$ oder weniger) und sich die Trefferwahrscheinlichkeit auch nicht verändert. Die Wahrscheinlichkeiten $P(X = x_i)$ lassen sich daher über die Bernoulli-Wahrscheinlichkeiten $B(5; 0{,}2; k = x_i)$ bestimmen, wobei die Trefferanzahl k jeweils mit den Zufallswerten x_i übereinstimmen:

x_i	0	1	2	3	4	5
$P(X = x_i)$	$B(5; 0{,}2; k = 0)$ $= \binom{5}{0} \cdot 0{,}2^0 \cdot 0{,}8^5$ $= 0{,}32768$	$B(5; 0{,}2; k = 1)$ $= 0{,}4096$	$B(5; 0{,}2; k = 2)$ $= 0{,}2048$	$B(5; 0{,}2; k = 3)$ $= 0{,}0512$	$B(5; 0{,}2; k = 4)$ $= 0{,}0064$	$B(5; 0{,}2; k = 5)$ $= 0{,}00032$

Eine Zufallsgröße X, deren Wahrscheinlichkeitsverteilung auf Bernoulli-Wahrscheinlichkeiten beruht, nennt man **binomialverteilt**. Bei **binomialverteilten Zufallsgrößen X** mit der Kettenlänge n und der Trefferwahrscheinlichkeit p gilt daher:

$$P(X = x_i) = B(n; p; k = x_i)$$

2. Auch die Wahrscheinlichkeitsverteilung binomialverteilter Zufallsgrößen lässt sich grafisch als Stabdiagramm oder Histogramm darstellen. Bei Histogrammen der Wahrscheinlichkeitsverteilung binomialverteilter Zufallsgrößen hat man den Vorteil, dass man stets die Säulenbreite $\Delta x = 1$ wählen kann, da die Zufallswerte x_i stets ganzzahlig sind und immer denselben Abstand voneinander aufweisen. Dadurch lässt sich an der Ordinatenachse wieder direkt die Wahrscheinlichkeit $P(X = x_i)$ antragen. Für die beschriebene Situation ergibt sich folgendes Histogramm:

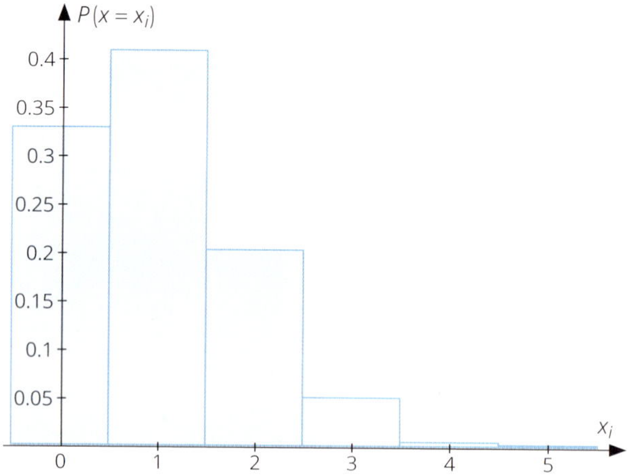

3. Für den Erwartungswert $E(X)$der binomialverteilten Zufallsgröße X ergibt sich:

$$E(X) = 0 \cdot 0{,}32768 + 1 \cdot 0{,}4096 + 2 \cdot 0{,}2048 + 3 \cdot 0{,}0512 + 4 \cdot 0{,}0064 + 5 \cdot 0{,}00032 = 1$$

Dies ist keine große Überraschung, wenn man bedenkt, dass man fünf Autofahrer mit einer Trefferwahrscheinlichkeit von 20 % betrachtet. Durch diese beiden Angaben lässt sich einfach vermuten, dass man durchschnittlich einen Autofahrer findet, der zu schnell fährt. Es gilt somit:

$$E(X) = n \cdot p = 5 \cdot 0{,}2 = 1$$

Diese einfache Formel zur Berechnung des Erwartungswertes $E(X)$ gilt für jede binomialverteilte Zufallsgröße X mit den Parametern n und p.

$$E(X) = n \cdot p$$

Für die Varianz $Var(X)$ der binomialverteilten Zufallsgröße erhält man durch Anwendung der Verschiebungsregel:

$$Var(X) = 0^2 \cdot 0{,}32768 + 1^2 \cdot 0{,}4096 + 2^2 \cdot 0{,}2048 + 3^2 \cdot 0{,}0512 + 4^2 \cdot 0{,}0064 + 5^2 \cdot 0{,}00032 - 1^2 = 0{,}8$$

Auch dieser Wert ist in der beschriebenen Situation nicht unbekannt. Er entspricht genau der Nietenwahrscheinlichkeit $q = 0{,}8$. Das liegt daran, dass man die Varianz $Var(X)$ einer binomialverteilten Zufallsgröße X durch die Multiplikation der Kettenlänge n, der Trefferwahrscheinlichkeit p und der Nietenwahrscheinlichkeit q erhalten kann:

$$Var(X) = n \cdot p \cdot q = 5 \cdot 0{,}2 \cdot 0{,}8 = 0{,}8$$

Die Standardabweichung σ_X entspricht auch bei binomialverteilten Zufallsgrößen X der Wurzel aus der Varianz $Var(X)$:

$$\sigma_X = \sqrt{Var(X)} = \sqrt{n \cdot p \cdot q} = \sqrt{0{,}8} \approx 0{,}89$$

Merke

Für die Berechnung des Erwartungswerts $E(X)$, der Varianz $Var(X)$) und der Standardabweichung σ_X einer binomialverteilten Zufallsgröße X gelten folgende Formeln:

$$E(X) = n \cdot p$$

$$Var(X) = n \cdot p \cdot q$$

$$\sigma_X = \sqrt{Var(X)} = \sqrt{n \cdot p \cdot q}$$

Situation 2

Die Inhaberin einer Eisdiele beobachtet ihre Verkaufszahlen und das Kaufverhalten ihrer Kunden sehr genau. Daher weiß sie aus Erfahrung, dass jeder vierte Kunde Eis mit Sahne bestellt. Ihr neuer Kellner glaubt das nicht. Sie sagt daher zu ihm: „Dann frage doch einfach in den nächsten Tagen 50 zufällig ausgewählte Kunden in der Warteschlange, ob sie ihr Eis mit Sahne bestellen werden." Die Zufallsgröße X beschreibt die Anzahl unter den 50 befragten Kunden, die ihr Eis mit Sahne bestellen. Für die Bearbeitung der Aufgaben soll angenommen werden, dass die Inhaberin mit ihrem Erfahrungswert recht hat.

1. Bestimmen Sie die Wahrscheinlichkeit für folgende Ereignisse:
   a) A: „Genau 13 Kunden bestellen Eis mit Sahne."
   b) B: „Höchstens 12 Kunden bestellen Eis mit Sahne."
   c) C: „Mindestens 15 Kunden bestellen Eis mit Sahne."
   d) D: „Mindestens 11, jedoch höchstens 15 Kunden bestellen Eis mit Sahne."

2. Bestimmen Sie den Erwartungswert und die Standardabweichung der Zufallsgröße X und bestimmen Sie alle Zufallswerte, die vom Erwartungswert höchstens um die einfache Standardabweichung entfernt liegen. Ermitteln Sie, mit welcher Wahrscheinlichkeit diese Zufallswerte zusammen eintreten.

Lösung zu Situation 2

1. a) Die Zufallsgröße X entspricht einer binomialverteilten Zufallsgröße mit den Parametern $n = 50$ und $p = \frac{1}{4}$. Die Wahrscheinlichkeit des Ereignisses A entspricht daher der Wahrscheinlichkeit $P(X = 13)$:

$$P(X = 13) = B\left(50; \frac{1}{4}; k = 13\right) = \binom{50}{13} \cdot \left(\frac{1}{4}\right)^{13} \cdot \left(\frac{3}{4}\right)^{37} \approx 0{,}12605$$

Der entsprechende Wert kann auch einem Tafelwerk zur Stochastik entnommen werden, in der die Wahrscheinlichkeitsverteilungen von verschiedenen binomialverteilten Zufallsgrößen tabelliert sind. Diese sind dort nach Trefferwahrscheinlichkeit p und Kettenlänge n sortiert. Die linke Spalte, die mit „$B(n;\ p;\ k)$" beschriftet ist, gibt die Wahrscheinlichkeitsverteilung wieder. Ist in dieser Spalte keine Wahrscheinlichkeit für einen Zufallswert angegeben oder fehlt dieser komplett, so ist seine Wahrscheinlichkeit auf fünf Nachkommastellen gerundet 0 und wird daher nicht mehr angegeben. Für das Ereignis A kann der oben berechnete Wert auch aus der Tabelle entnommen werden:

$$P(X = 13) = B\left(50; \frac{1}{4}; k = 13\right) = \mathbf{0{,}12605}$$

		$p = 0{,}25$	
n	k	$B(n;\, p;\, k)$	$\sum_{i=0}^{k} B(n;\, p;\, i)$
50	0		
	1	0,00001	0,00001
	2	0,00008	0,00009
	3	0,00041	0,00050
	4	0,00161	0,00211
	5	0,00494	0,00705
	6	0,01234	0,01939
	7	0,02586	0,04526
	8	0,04634	0,09160
	9	0,07209	0,16386
	10	0,09852	0,26220
	11	0,11942	0,38162
	12	0,12937	0,51099
	13	0,12605	0,63704
	14	0,11104	0,74808
	15	0,08884	0,83692
	16	0,06478	0,90169
	17	0,04318	0,94488
	18	0,02639	0,97127
	19	0,01482	0,98608
	20	0,00765	0,99374
	21	0,00365	0,99738
	22	0,00160	0,99898
	23	0,00065	0,99963
	24	0,00024	0,99988
	25	0,00008	0,99996
	26	0,00003	0,99999
	27	0,00001	1,00000
	28		
	29		
	30		

b) Die Wahrscheinlichkeit des Ereignisses B „Höchstens 12 Kunden bestellen Eis mit Sahne." beinhaltet alle Zufallswerte, die kleiner oder gleich 12 sind. Also ist die Zufallsgröße $X \leq 12$. Zur Berechnung der Wahrscheinlichkeit könnte man die Wahrscheinlichkeiten der Zufallswerte von 0 bis 12 addieren. Dies wäre jedoch ein erheblicher Arbeitsaufwand. Daher findet man im Tafelwerk zur Stochastik auch die sogenannte **kumulative** (lat. cumulare: anhäufen) **Wahrscheinlichkeitsverteilung** binomialer Zufallsgrößen. Dabei werden die Wahrscheinlichkeiten der binomialverteilten Zufallsgröße X vom Zufallswert 0 beginnend bis zum angegebenen Zufallswert k summiert (Das Symbol $\sum_{i=0}^{k}$ entspricht der Summe vom Startwert $i = 0$ bis zum Endwert k). Die kumulativen Wahrscheinlichkeiten $\sum_{i=0}^{k} B(n;\, p;\, i)$ sind in der rechten Spalte zu finden.

Beispiel

$$P(X \leq 2) = B\left(50;\, \frac{1}{4};\, k \leq 2\right) = \sum_{i=0}^{2} B\left(50;\, \frac{1}{4};\, i\right) = B\left(50;\, \frac{1}{4};\, k = 0\right) + B\left(50;\, \frac{1}{4};\, k = 1\right) + B\left(50;\, \frac{1}{4};\, k = 2\right)$$

$$= 0 + 0{,}00001 + 0{,}00008 = 0{,}00009$$

Dementsprechend kann die Wahrscheinlichkeit des Ereignis $P(B) = P(X \leq 12)$ einfach aus dem Tabellenwerk entnommen werden:

$$P(B) = P(X \leq 12) = \sum_{i=0}^{12} B\left(50;\, \frac{1}{4};\, i\right) = 0{,}51099$$

Merke

Allgemein gilt somit für Ereignisse der Form „**höchstens k Treffer**“:

$$P(\text{„höchstens } k \text{ Treffer“}) = P(X \leq k) = \sum_{i=0}^{k} B(n; p; i)$$

Vorsicht! Bei der Formulierung „**weniger als k**“ ist der genannte Wert k nicht mehr im Ereignis enthalten. Daher muss die kumulative Wahrscheinlichkeit bis zum nächstkleineren Wert, also $k-1$, genutzt werden. „Weniger als k“ entspricht also „höchstens $k-1$“.

$$\Rightarrow P(X < k) = P(X \leq k-1)$$

c) Das Ereignis C „Mindestens 15 Kunden bestellen Eis mit Sahne.“ enthält alle Zufallswerte, die größer oder gleich 15 sind. Für die Zufallsgröße gilt somit $X \geq 15$. Diese Werte sind nicht tabelliert, können aber über die Betrachtung des Gegenereignisses „Höchstens 14 Kunden bestellen Eis mit Sahne.“, $X \leq 14$, bestimmt werden. Für die Wahrscheinlichkeit des Ereignisses C gilt:

$$P(C) = P(X \geq 15) = 1 - P(X \leq 14)$$

Die Wahrscheinlichkeit des Gegenereignisses $P(x \leq 14)$ kann wieder im Tafelwerk abgelesen werden:

$$P(C) = P(X \geq 15) = 1 - P(X \leq 14) = 1 - \sum_{i=0}^{14} B\left(50; \frac{1}{4}; i\right) = 1 - 0{,}74808 = 0{,}25192$$

Merke

Allgemein gilt somit für Ereignisse der Form „**mindestens k Treffer** “:

$$P(\text{„mindestens } k \text{ Treffer“}) = P(X \geq k) = 1 - P(X \leq k-1) = 1 - \sum_{i=0}^{k-1} B(n; p; i)$$

Vorsicht! Bei der Formulierung „**mehr als k**“ ist der genannte Wert k nicht mehr im Ereignis enthalten. Daher muss dieser bei Betrachtung des Gegenereignisse mit eingeschlossen werden. Das Gegenereignis heißt dementsprechend „höchstens k“.

$$\Rightarrow P(X > k) = 1 - P(X \leq k)$$

d) Das Ereignis D „Mindestens 11, jedoch höchstens 15 Kunden bestellen Eis mit Sahne.“ enthält alle Zufallswerte, die größer oder gleich 11 sind und kleiner oder gleich 15. Für die Zufallsgröße gilt daher $11 \leq X \leq 15$. Auch hier könnten theoretisch wieder die Wahrscheinlichkeiten der einzelnen Zufallswerte addiert werden. Über die Nutzung des Tafelwerks lässt sich aber erneut etwas Arbeit sparen. Betrachtet man nur das Ereignis „höchstens 15“, also $X \leq 15$, so werden unnötige Zufallswerte erfasst. Jedoch ist nur die Wahrscheinlichkeit solcher Ereignisse im Tafelwerk zu finden. Daher werden die Zufallswerte, die unnötig sind, also die Zufallswerte von 0 bis 10, wieder abgezogen. Die Zufallswerte von 0 bis 10 entsprechen dem Ereignis „höchstens 10“, $X \leq 10$. Die Wahrscheinlichkeit dieses Ereignisses ist wiederum im Tafelwerk zu finden. Somit hat man das Ereignis D „mindestens 11, jedoch höchstens 15“ in zwei Ereignisse aufgeteilt, „höchstens 15“ und „höchstens 10“, deren Wahrscheinlichkeiten im Tafelwerk zu finden sind und nur noch voneinander abgezogen werden müssen.

$$P(D) = P(11 \leq X \leq 15) = P(X \leq 15) - P(X \leq 10) = \sum_{i=0}^{15} B\left(50; \frac{1}{4}; i\right) - \sum_{i=0}^{10} B\left(50; \frac{1}{4}; i\right)$$

$$= 0{,}83692 - 0{,}26220 = 0{,}57472$$

Merke

Allgemein gilt somit für Ereignisse der Form „**mindestens *a*, jedoch höchstens *b***":

$$P(\text{„mindestens } a\text{, jedoch höchstens } b\text{"}) = P(a \leq X \leq b) = P(X \leq b) - P(X \leq a-1)$$
$$= \sum_{i=0}^{b} B(n;\, p;\, i) - \sum_{i=0}^{a-1} B(n;\, p;\, i)$$

Vorsicht: Auch hier muss genau auf die Formulierungen „mehr" und „weniger" geachtet werden, da gegebenfalls diese Werte ausgeschlossen werden müssen.

2. Der Erwartungswert $E(X)$ bzw. μ_X und die Standardabweichung σ_X der Zufallsgröße X lassen sich folgendermaßen berechnen:

$$E(X) \text{ bzw. } \mu_X = 50 \cdot \frac{1}{4} = 12{,}5$$
$$\sigma_X = \sqrt{n \cdot p \cdot q} = \sqrt{50 \cdot \frac{1}{4} \cdot \frac{3}{4}} \approx 3{,}06$$

Die Zufallswerte, die vom Erwartungswert höchstens um die einfache Standardabweichung entfernt liegen, bilden das sogenannte 1σ-Intervall (gesprochen „Eins-Sigma-Intervall"). Es wird mit dem Symbol $I_{1\sigma}$ abgekürzt. Die „1" steht dafür, wie oft die Standardabweichung berücksichtigt wird. Bei einem 2σ-Intervall $I_{2\sigma}$ sind alle Zufallswerte enthalten, die innerhalb der doppelten Standardabweichung um den Erwartungswert liegen.

Die Zufallsgröße kann für das 1σ-Intervall die Werte $\mu_X - \sigma_X \leq X \leq \mu_X + \sigma_X$ annehmen. In unserem Beispiel gilt daher:

$$\mu_X - \sigma_X \leq X \leq \mu_X - \sigma_X$$
$$12{,}5 - 3{,}06 \leq X \leq 12{,}5 + 3{,}06$$
$$9{,}44 \leq X \leq 15{,}56$$

Da die Zufallswerte binomialverteilter Zufallsgrößen X nur ganzzahlig sind, können die Grenzen gerundet werden. Jedoch ist zu beachten, dass die Grenzen „nach innen" und nicht numerisch korrekt gerundet werden.

$$10 \leq X \leq 15$$

Das 1σ-Intervall $I_{1\sigma}$ lässt sich auch in der Intervall- bzw. Mengenschreibweise angeben:

$$I_{1\sigma} = [\mu_X - \sigma_X;\, \mu_X + \sigma_X]$$
$$I_{1\sigma} = [12{,}5 - 3{,}06;\, 12{,}5 + 3{,}06]$$
$$I_{1\sigma} = [9{,}44;\, 15{,}56]$$
$$I_{1\sigma} = [10;\, 15] = \{10;\, 11;\, 12;\, \ldots;\, 15\}$$

Die Wahrscheinlichkeit des 1σ-Intervalls $I_{1\sigma}$ entspricht der Wahrscheinlichkeit $P(\mu_X - \sigma_X \leq X \leq \mu_X + \sigma_X) = P(10 \leq X \leq 15)$.

Diese lässt sich über das Tafelwerk zur Stochastik ermitteln:

$$P(\mu_X - \sigma_X \leq X \leq \mu_X + \sigma_X) = P(10 \leq X \leq 15) = P(X \leq 15) - P(X \leq 9)$$
$$= \sum_{i=0}^{15} B\left(50;\, \frac{1}{4};\, i\right) - \sum_{i=0}^{9} B\left(50;\, \frac{1}{4};\, i\right) = 0{,}83692 - 0{,}16368 = 0{,}67324$$

Allgemein gilt für das 1σ-Intervall $I_{1\sigma} = [\mu_X - \sigma_X;\, \mu_X + \sigma_X]$:

$$P(I_{1\sigma}) = P(\mu_X - \sigma_X \leq X \leq \mu_X + \sigma_X)$$

Für ein $n\sigma$-Intervall $I_{n\sigma} = [\mu_X - n \cdot \sigma_X;\, \mu_X + n \cdot \sigma_X]$, bei dem die Standardabweichung n-mal berücksichtigt wird, gilt allgemein:

$$P(I_{n\sigma}) = P(\mu_X - n \cdot \sigma_X \leq X \leq \mu_X + n \cdot \sigma_X)$$

Zusammenfassung

Eine Zufallsgröße heißt genau dann **binomialverteilt**, wenn sich die Wahrscheinlichkeitsverteilung mithilfe von Bernoulli-Ketten mit der Kettenlänge n und der Trefferwahrscheinlichkeit p bestimmen lässt. Es gilt dann:

$$P(X = x_i) = B(n; p; k = x_i)$$

Für die charakteristischen Maßzahlen einer binomialverteilten Zufallsgröße X mit den Parametern n und p gilt:

- **Erwartungswert $E(X)$** bzw. μ_X:

$$E(X) \text{ bzw. } \mu_X = n \cdot p$$

- **Varianz $Var(X)$**:

$$Var(X) = n \cdot p \cdot q = n \cdot p \cdot (1 - p)$$

- **Standardabweichung σ_X**:

$$\sigma_X = \sqrt{Var(X)} = \sqrt{n \cdot p \cdot q} = \sqrt{n \cdot p \cdot (1 - p)}$$

Für die Bestimmung von Ereignissen existieren folgende Grundformen:

- Ereignisse der Form „**genau k**“:

$$P(\text{„genau } k\text{“}) = P(X = k) = B(n; p; k)$$

- Ereignisse der Form „**höchstens k**“:

$$P(\text{„höchstens } k\text{“}) = P(X \leq k) = \sum_{i=0}^{k} B(n; p; i)$$

- Ereignisse der Form „**mindestens k**“:

$$P(\text{„mindestens } k\text{“}) = P(X \geq k) = 1 - P(X \leq k - 1) = 1 - \sum_{i=0}^{k-1} B(n; p; i)$$

- Ereignisse der Form „**mindestens a, jedoch höchstens b**“:

$$P(\text{„mindestens } a\text{, jedoch höchstens } b\text{“}) = P(a \leq X \leq b)$$
$$= P(X \leq b) - P(X \leq a - 1) = \sum_{i=0}^{b} B(n; p; i) - \sum_{i=0}^{a-1} B(n; p; i)$$

Insbesondere für das $n\sigma$-Intervall $I_{n\sigma} = [\mu_X - n \cdot \sigma_X; \mu_X + n \cdot \sigma_X]$:

$$P(I_{n\sigma}) = P(\mu_X - n \cdot \sigma_X \leq X \leq \mu_X + n \cdot \sigma_X)$$

Aufgaben

1. Ein Würfel wird bei einem Brettspiel fünfmal hintereinander geworfen. Die Zufallsgröße X beschreibt die Anzahl der geworfenen Sechsen. Berechnen Sie folgende Wahrscheinlichkeiten und beschreiben Sie ein passendes Ereignis in Worten.

a) $P(X = 2)$ **b)** $P(X \leq 4)$ **c)** $P(X \geq 1)$ **d)** $P(X < 3)$ **e)** $P(1 < X < 5)$

2. Stellen Sie die Wahrscheinlichkeitsverteilung der Zufallsgröße X aus Aufgabe 1 als Histogramm dar und markieren Sie auf der Abszisse den Erwartungswert und das 2σ-Intervall. Berechnen Sie zusätzlich die Wahrscheinlichkeit, dass die Zufallswerte im 2σ-Intervall liegen.

3. Wenn ein Reißnagel auf den Boden fällt, hat er zwei Möglichkeiten liegen zu bleiben. Entweder die Spitze zeigt nach unten oder senkrecht nach oben. Die Wahrscheinlichkeit, dass ein Reißnagel auf der Spitze liegen bleibt, beträgt in etwa 70 %. Eine Schachtel mit 200 Reißnägeln wird geöffnet und die Reißnägel fallen zu Boden. Die Zufallsgröße X beschreibt die Anzahl der Reißnägel, die auf der Spitze liegen bleiben. Berechnen Sie die Wahrscheinlichkeit folgender Ereignisse:

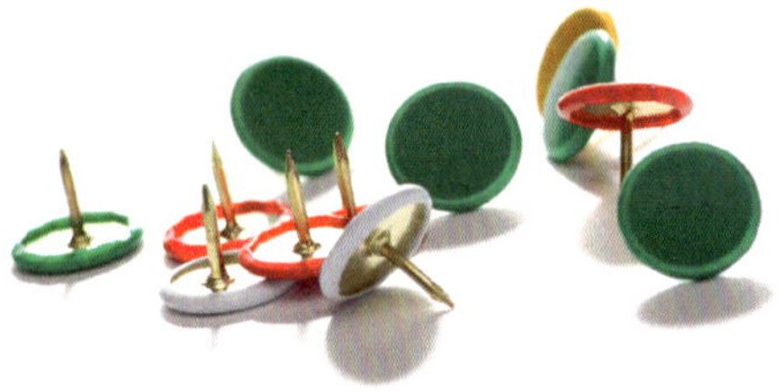

a) *A*: „Es bleiben genau so viele Reißnägel auf der Spitze liegen, wie man erwarten kann."

b) *B*: „Es bleiben höchstens 140 Reißnägel auf der Spitze liegen."

c) *C*: „Es bleiben mehr als 150 Reißnägel auf der Spitze liegen."

d) *D*: „Es bleiben mindestens 130, jedoch höchstens 150 Reißnägel auf der Spitze liegen."

e) *E*: „Die Anzahl der Reißnägel, die auf der Spitze liegen bleiben, liegt innerhalb der einfachen Standardabweichung."

4. Beim Biathlon, einer Kombination aus Skilanglauf und Sportschießen, muss ein Sportler während eines Einzelrennens insgesamt 20 Schüsse abgeben. Ein Sportler wird beim Training gut überwacht und daher weiß man, dass die Trefferquote dieses Sportlers beim Schießen bei 90 % liegt. Die Zufallsgröße Y beschreibt die Anzahl der Treffer bei einem Einzelrennen.

a) Bestimmen Sie, wie viele Treffer man bei einem Einzelrennen von diesem Sportler erwarten kann.

b) Berechnen Sie die durchschnittliche Abweichung vom Erwartungswert.

c) Bestimmen Sie die Wahrscheinlichkeit, dass die Trefferanzahl des Sportlers innerhalb der einfachen bzw. zweifachen Standardabweichung liegt.

d) Ermitteln Sie mithilfe des Tafelwerks, wie viele Treffer der Sportler mindestens erzielen muss, damit die Wahrscheinlichkeit größer als 95 % ist.

5. Bei einer Game-Show müssen die Teilnehmer ein Glücksrad drehen, auf dem alle 26 Buchstaben (ohne Umlaute) auf gleichgroßen Sektoren abgedruckt sind. Ziel ist es, das Lösungswort oder den Lösungssatz schnellstmöglich zu erraten. Während einer Spielrunde wird das Glücksrad 12-mal gedreht. Die Zufallsgröße X beschreibt die Anzahl der erdrehten Vokale.

a) Begründen Sie, warum die Zufallsgröße X binomialverteilt ist.

b) Bestimmen Sie die Wahrscheinlichkeit, dass mindestens einmal ein Vokal erdreht wird.

c) Bestimmen Sie, wie oft im Mittel ein Vokal erdreht wird.

6.* Eine binomialverteilte Zufallsgröße X besitzt einen Erwartungswert von 30 und eine Standardabweichung von 5.

a) Berechnen Sie die zugrunde liegenden Paramater n und p.

b) Überlegen Sie sich einen passenden Sachkontext.

Exkurs: Normalverteilung

Betrachtet man Histogramme zu binomialverteilten Zufallsgrößen, so stellt man fest, dass diese grundsätzlich eine ähnliche „Glocken"-Form aufweisen (siehe Abbildungen).

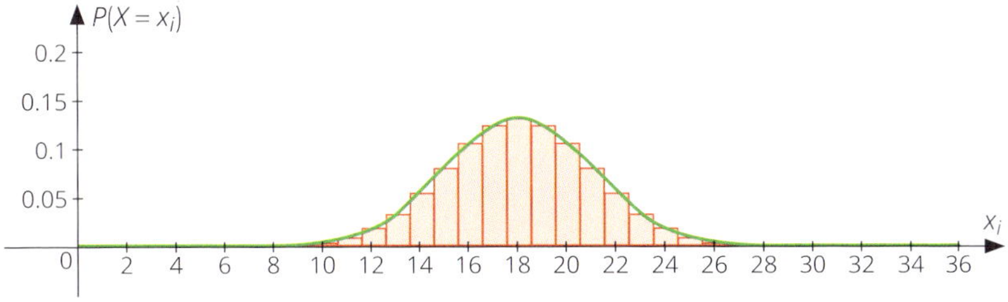

Histogramm zur binomialverteilten Zufallsgröße X mit den Parametern $n = 36$ und $p = 0{,}5$

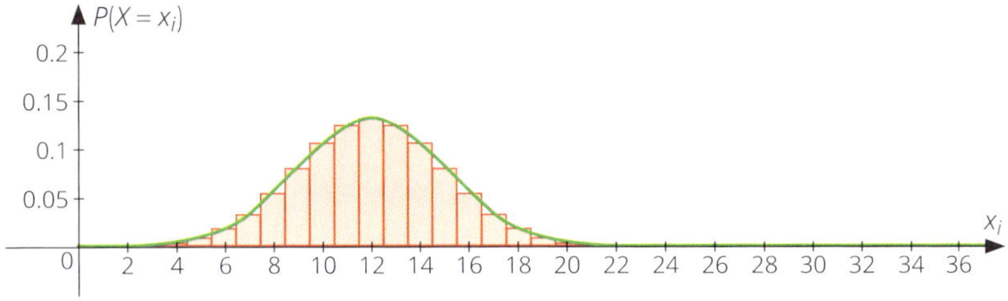

Histogramm zur binomialverteilten Zufallsgröße X mit den Parametern $n = 60$ und $p = 0{,}2$

Die beiden Mathematiker Abraham de Moivre und Carl Friedrich Gauß untersuchten dieses Phänomen. Der Beitrag von Carl Friedrich Gauß war dabei so groß, dass diese „Glocken"-Form sogar nach ihm benannt wurde. Sie wird häufig **Gauß'sche Glockenkurve** genannt und war zusätzlich zu einem Portrait von Carl Friedrich Gauß auf dem 10-Mark-Schein abgebildet.

Karl Friedrich Gauß.

Die Kurve stellt ein Funktionsgraphen dar, der durch eine Funktion, die sogenannte **Dichtefunktion der Normalverteilung**, beschrieben werden kann:

$$f(x, \mu, \sigma) = \frac{1}{\sigma \cdot \sqrt{2\pi}} \cdot e^{-\frac{1}{2}\left(\frac{x-\mu}{\sigma}\right)^2}$$

x steht dabei für die Zufallswerte, μ für den Erwartungswert und σ für die Standardabweichung der Zufallsgröße X. Die Funktionswerte können als Näherungswerte für die Wahrscheinlichkeiten des eingesetzten Zufallswerts x_i betrachtet werden. Diese Näherung liefert allerdings nicht immer gute Werte. Nach der **Laplace-Bedingung** ist die Näherung nur sinnvoll, wenn für die Standardabweichung gilt:

$$\sigma = \sqrt{n \cdot p \cdot q} \geq 3$$

Beispiel

Betrachtet wird die binomialverteile Zufallsgröße X mit den Parametern $n = 36$ und $p = 0{,}5$. Für die Wahrscheinlichkeit des Zufallswerts 20 gilt:

$$P(X = 20) = B(36; 0{,}5; k = 20) = \binom{36}{20} \cdot 0{,}5^{20} \cdot 0{,}5^{16} \approx 0{,}10634$$

Für die Näherung durch die Normalverteilung benötigt man zunächst den Erwartungswert und die Standardabweichung:

$$\mu = 36 \cdot 0{,}5 = 18$$
$$\sigma = \sqrt{36 \cdot 0{,}5 \cdot 0{,}5} = 3$$

Da die Laplace-Bedingung somit erfüllt ist, lässt sich der Näherungswert bestimmen:

$$P(X = 20) \approx \frac{1}{\sigma \cdot \sqrt{2\pi}} \cdot e^{-\frac{1}{2}\left(\frac{x-\mu}{\sigma}\right)^2} = \frac{1}{3 \cdot \sqrt{2\pi}} \cdot e^{-\frac{1}{2}\left(\frac{20-18}{3}\right)^2} \approx 0{,}10648$$

Der Näherungswert unterscheidet sich erst in der 4. Nachkommastelle vom genauen Wert, der sich über eine Bernoulli-Kette ergibt.

1. Gegeben ist die binomialverteilte Zufallsgröße X mit den Parametern $n = 10$ und $p = \frac{1}{4}$. Bestimmen Sie die Wahrscheinlichkeit, dass die Zufallsgröße den Wert 2 annimmt, mithilfe einer Bernoulli-Kette und mithilfe der Dichtefunktion der Normalverteilung. Geben Sie die Abweichung der beiden Ergebnisse in Prozent an.

2. Gegeben ist die binomialverteilte Zufallsgröße X mit den Parametern $n = 500$ und $p = 0{,}2$. Bestimmen Sie die Wahrscheinlichkeit, dass die Zufallsgröße den Wert 98 annimmt, mithilfe einer Bernoulli-Kette und mithilfe der Dichtefunktion der Normalverteilung. Geben Sie die Abweichung der beiden Ergebnisse in Prozent an.

3. Nennen Sie Situationen, wann die Nutzung der Dichtefunktion der Normalverteilung sinnvoll ist.

4. Bestimmen Sie den Extrempunkt und die Wendepunkte des Funktionsgraphen der Dichtefunktion der Normalverteilung für den Fall $\mu = 20$ und $\sigma = 5$.

6.4 Vernetzte Aufgaben

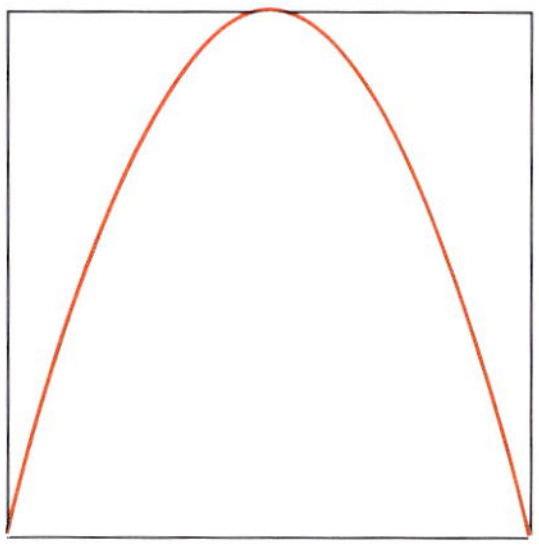

1. Auf eine Platte, auf der eine Fläche mit parabelförmiger Begrenzung markiert ist (siehe Abbildung), werden Wassertropfen fallen gelassen. Man geht davon aus, dass die Verteilung der Tropfen auf der Platte vollkommen zufällig zustande kommt. Die Platte ist dabei genau einen Meter hoch und einen Meter breit.
   a) Bestimmen Sie eine Funktionsgleichung, mit der die parabelförmige Begrenzung beschrieben werden kann, wenn die linke untere Ecke der Platte im Ursprung eines Koordinatensystems liegt mit 1 LE = 1 m.
   [mögliches Ergebnis: $f(x) = -4 \cdot (x - 0{,}5)^2 + 1$]
   b) Begründen Sie, dass die Wahrscheinlichkeit, mit der der Tropfen in der markierten Fläche landet, genau $\frac{2}{3}$ beträgt.
   c) Auf die Platte werden nun 200 Tropfen hintereinander fallen gelassen. Die Zufallsgröße X beschreibt die Anzahl der Tropfen, die im markierten Bereich landen.
      - Begründen Sie, dass die Zufallsgröße X binomialverteilt ist.
      - Bestimmen Sie die Wahrscheinlichkeit folgender Ereignisse
        A: „Weniger als 140 Tropfen fallen in den markierten Bereich."
        B: „Mindestens 125, jedoch höchstens 145 Tropfen landen im markierten Bereich."
        C: „Genau 130 Tropfen landen im markierten Bereich, jedoch hintereinander."
      - Ermitteln Sie die Wahrscheinlichkeit, dass die Anzahl der Tropfen, die im markierten Bereich landen, in der einfachen Standardabweichung um den Erwartungswert liegen.
   d) Ermitteln Sie, wie viele Tropfen man mindestens fallen lassen muss, damit die Wahrscheinlichkeit, dass mindestens ein Tropfen in der markierten Fläche landet, mehr als 99 % beträgt.

2. In einer Zulassungsstelle werden Fahrzeuge in fünf Leistungskategorien erfasst. Die Zufallsgröße X beschreibt die Leistungsklasse eines zufällig ausgewählten Fahrzeugs, das neu zugelassen wurde. Mit den Parametern $a, b \in [0; 1]$ ergibt sich folgende Wahrscheinlichkeitsverteilung:

x_i	1	2	3	4	5
$P(X = x_i)$	a	b	0,18	0,17	0,13

   a) Berechnen Sie a und b für den Fall, dass für den Erwartungswert $E(X) = 2{,}53$ gilt. [Teilergebnis: $a = 0{,}38$]
   b) Zeichnen Sie ein Histogramm der Wahrscheinlichkeitsverteilung.
   c) Berechnen Sie die Wahrscheinlichkeit, mit der die Zufallswerte innerhalb der eineinhalbfachen Standardabweichung um den Erwartungswert liegen. Schraffieren Sie die zu dieser Wahrscheinlichkeit gehörende Fläche im Histogramm aus 2.2.
   d) Aus Umweltschutzgründen müssen Halter von Fahrzeugen der Leistungsklassen 4 und 5 eine Sondersteuer zahlen. Diese entfällt für Fahrzeuge der Leistungsklassen 1, 2 und 3. Die Zufallsgröße Y beschreibt die Anzahl der Fahrzeughalter, die an einem Tag eine Sondersteuer auferlegt bekommen. Pro Tag werden 50 Fahrzeuge bei der Zulassungsstelle zugelassen.
      - Begründen Sie, warum die Zufallsgröße Y binomialverteilt mit den Parametern $n = 50$ und $p = 0{,}3$ ist.

- Bestimmen Sie die Wahrscheinlichkeit $P(13 < Y \leq 17)$ und beschreiben Sie das zugrunde liegende Ereignis in Worten im Sinne des vorliegenden Sachzusammenhangs.
- Ermitteln Sie, wie viele Fahrzeuge mindestens an einem Tag zugelassen werden müssten, damit die Wahrscheinlichkeit, dass mindestens ein Halter die Sondersteuer auferlegt bekommt, größer als 99 % ist.

3.[27] Ein Medikament wird in zwei Varianten (normal und plus) sowie in drei verschiedenen Packungsgrößen (N1, N2 und N3) angeboten. Der Verkaufspreis in Euro wird als Zufallsgröße X aufgefasst. Dabei ergibt sich mit $a, b \in [0; 1]$ folgende Wahrscheinlichkeitsverteilung:

Art	N1	N1plus	N2	N2plus	N3	N3plus
x	5	7	9	12	22	28
$P(X = x)$	0,1	a	b	$b - 0{,}05$	$a + 0{,}15$	$2a$

a) Bestimmen Sie die Werte von a und b, wenn $E(X) = 18{,}48$ gilt.
[Teilergebnis: $a = 0{,}16$]

b) Stellen Sie die Wahrscheinlichkeitsverteilung in einem Histogramm dar.

c) Berechnen Sie mit den Werten von a und b aus Aufgabe 3.1, mit welcher Wahrscheinlichkeit sich die Zufallswerte um mehr als die einfache Standardabweichung vom Erwartungswert unterscheiden. Schraffieren Sie die zugehörige Fläche im Histogramm von 3.2.

4.[28] Am Pausenstand einer Schule werden Kaltgetränke in Glasflaschen (G), Plastikflaschen (P) und Tetrapaks (T) angeboten. Innerhalb einer Woche werden insgesamt 2 080 Kaltgetränke verkauft, darunter 624 in Glasflaschen. Der Anteil der Plastikflaschen beträgt 55 %. Die Bestimmung des wöchentlichen Kaufverhaltens eines zufällig herausgegriffenen Schülers, der zwei Kaltgetränke pro Woche kauft, wird als Zufallsexperiment aufgefasst.

a) Erstellen Sie ein vollständiges Baumdiagramm und bestimmen Sie die Wahrscheinlichkeiten aller 9 Elementarereignisse.

b) Eine Glasflasche kostet 10 Cent Pfand, eine Plastikflasche 15 Cent und ein Tetrapak ist pfandfrei. Die Zufallsgröße X gibt in Euro an, wie viel Pfand ein zufällig ausgewählter Schüler in einer Woche gezahlt hat.
- Ermitteln Sie die Wahrscheinlichkeitsverteilung der Zufallsgröße X in Tabellenform.
- Berechnen Sie, wie viel Pfand ein Schüler erwartungsgemäß in einem Schuljahr zahlt. Gehen Sie dabei von 38 Schulwochen aus.
- Berechnen Sie, mit welcher Wahrscheinlichkeit der gezahlte wöchentliche Pfandbetrag um maximal 10 Cent vom Erwartungswert abweicht.

c) Bei der Leerung der Müllkörbe wurde festgestellt, dass regelmäßig Pfandflaschen zu finden sind. Die nach $B(n; p; k)$ verteilte Zufallsgröße Y beschreibt die Anzahl der weggeworfenen Flaschen. Von n verkauften Flaschen werden im Mittel 40 Flaschen nicht zurückgegeben. Die Varianz beträgt 24.
- Berechnen Sie die Anzahl n der verkauften Pfandflaschen und die Wahrscheinlichkeit p, dass eine Pfandflasche in den Müll geworfen wird.
- Setzen Sie nun $n = 100$ und $p = 0{,}4$. Bestimmen Sie damit die Wahrscheinlichkeiten der beiden folgenden Ereignisse:
  E_1: „Genau 65 Pfandflaschen werden am Pausenverkauf zurückgegeben."
  E_2: „Mehr als 28, aber weniger als 45 Flaschen werden nicht zurückgegeben."

---

27) Quelle: Bayerisches Staatsministerium für Unterricht und Kultus, Fachabitur Bayern 2015, Mathematik NT, Stochastik S I

28) Quelle: Bayerisches Staatsministerium für Unterricht und Kultus, Fachabitur Bayern 2016, Mathematik NT, Stochastik S II

Zufallsgrößen und Wahrscheinlichkeitsverteilungen

Aufgabe 1

Können Sie den Zusammenhang zwischen Ergebnissen eines Zufallsexperiments und den Zufallswerten einer diskreten Zufallsgröße tabellarisch darstellen und daraus die Wahrscheinlichkeitsverteilung einer solchen Zufallsgröße in Tabellenform sowie grafisch als Stabdiagramm oder Histogramm darstellen?

Bei einem Brettspiel gibt es in einem Zug einen Angreifer und einen Verteidiger. Beide würfeln hintereinander einen Laplace-Würfel, welcher mit den Zahlen 1 bis 6 beschriftet ist. Ist die gewürfelte Zahl des Verteidigers größer oder genau so groß wie die des Angreifers, so kann dieser keinen Zug machen. Ist die gewürfelte Zahl des Angreifers höher, so darf er die Differenz der gewürfelten Zahlen nach vorne ziehen. Die Zufallsgröße X gibt an, wie weit der Angreifer nach vorne ziehen darf.

Stellen Sie die Wahrscheinlichkeitsverteilung der Zufallsgröße X in Tabellenform und als Histogramm dar.

Lösung auf Seite 191

Nicht gelöst	Mit Hilfestellung gelöst	Sicher gelöst
Arbeiten Sie Situation 1 in Kapitel 6.1 nochmal durch.	Bearbeiten Sie Aufgabe 2 in Kapitel 6.1 zur weiteren Übung.	Bearbeiten Sie Aufgabe 4a und Aufgabe 4b in Kapitel 6.4 zur Vertiefung.

Aufgabe 2

Können Sie die charakteristischen Maßzahlen (Erwartungswert, Varianz und Standardabweichung) von Zufallsgrößen auch mithilfe der Verschiebungsregel berechnen und diese interpretieren?

a) Berechnen Sie zur Aufgabenstellung aus der Selbsteinschätzungsfrage 1 den Erwartungswert und geben Sie dessen Bedeutung im Sachkontext an.

b) Geben Sie zusätzlich alle Zufallswerte an, welche sich innerhalb der einfachen Standardabweichung um den Erwartungswert befinden.

Lösung auf Seite 191

Nicht gelöst	Mit Hilfestellung gelöst	Sicher gelöst
Arbeiten Sie die Situationen 1 und 2 in Kapitel 6.2 nochmal durch.	Bearbeiten Sie Aufgabe 3 in Kapitel 6.2 zur weiteren Übung.	Bearbeiten Sie Aufgabe 3 in Kapitel 6.4 zur Vertiefung.

Selbsttest Kapitel 6

Aufgabe 3

Können Sie entscheiden, ob eine Zufallsgröße binomialverteilt ist und gegebenenfalls deren charakteristischen Maßzahlen und Wahrscheinlichkeiten der Form $P(X = x)$, $P(X \leq x)$, $P(X \geq x)$ oder $P(a \leq X \leq b)$, auch für den Fall $a = \mu - n \cdot \sigma$ und $b = \mu + n \cdot \sigma$, berechnen?

Bei demselben Brettspiel muss ein Angreifer vor dem Zug eine Karte aus einem Kartenstapel ziehen. Die Zahl, welche auf der Karte zu sehen ist, bestimmt, wie viele Angriffe er in diesem Zug durchführen darf. In dem Kartenstapel befinden sich fünf Karten mit der Zahl 1, jeweils zwei Karten mit den Zahlen 2 und 3 und eine Karte mit der Zahl 4. Die Karte wird zurücklegt und der Stapel erneut durchgemischt. Die Zufallsgröße Y beschreibt die Anzahl der Züge, bei denen der Angreifer mehr als zwei Angriffe durchführen darf, wenn insgesamt 200 Züge durchgeführt werden.

a) Begründen Sie, warum es sich bei der Zufallsgröße Y um eine binomialverteilte Zufallsgröße handelt.

b) Berechnen Sie die Wahrscheinlichkeit folgender Ereignisse:

E_1: „Es werden genau 60 Züge durchgeführt, bei denen vom Angreifer mehr als zwei Angriffe durchgeführt werden dürfen."

E_2: „Es werden mehr als 70 Züge durchgeführt, bei denen vom Angreifer mehr als zwei Angriffe durchgeführt werden dürfen."

c) Berechnen Sie die Wahrscheinlichkeit, dass die Zufallsgröße Y Werte annimmt, welche innerhalb der zweifachen Standardabweichung um den Erwartungswert liegen.

Lösung auf Seite 191

Nicht gelöst	Mit Hilfestellung gelöst	Sicher gelöst
Arbeiten Sie Situationen 2 in Kapitel 6.3 nochmal durch.	Bearbeiten Sie Aufgabe 3 in Kapitel 6.3 zur weiteren Übung.	Bearbeiten Sie Aufgabe 1 in Kapitel 6.4 zur Vertiefung.

7 Testen von Hypothesen

In diesem Kapitel

- stellen Sie für realitätsnahe Situationen Hypothesen bezüglich einer bestimmten Grundgesamtheit auf und erläutern Ihr Vorgehen, sich anhand einer Stichprobe aus dieser Grundgesamtheit mithilfe einer sinnvollen Entscheidungshilfe für oder gegen diese Hypothese zu entscheiden.
- beschreiben Sie Fehler 1. und 2. Art bei Signifikanztests und berechnen und beurteilen deren Wahrscheinlichkeiten, auch Risiken erster und zweiter Art genannt.
- formulieren Sie binomialverteilte Testgrößen im Rahmen von Hypothesentests und entwickeln für Nullhypothesen geeignete Entscheidungsregeln durch die Angabe eines Annahme- und Ablehnungsbereichs. Dabei untersuchen Sie auch, wie sich das Verändern dieser Bereiche auf fehlerhafte Entscheidungen auswirkt.
- ermitteln Sie bei einem einseitigen Signifikanztest mit binomialverteilter Zufallsgröße zu einem vorgegebenen Signifikanzniveau den maximalen Annahme- und Ablehnungsbereich der Nullhypothese.

7.1 Hypothesen und Testgrößen

Situation 1

In einem italienischen Restaurant werden die verkauften Pizzen in zwei Größen angeboten: groß Ø 32 cm und klein Ø 28 cm. Ein Stammkunde hat den Verdacht, dass die angegebenen Durchmesser nicht der Wahrheit entsprechen und die Pizzen zu klein sind. Mit diesem Verdacht konfrontiert er die Inhaberin des Restaurants. Diese erwidert: „Eine Schwankung existiert natürlich immer. Allerdings sind die Pizzen in höchstens 10 % der Fälle zu klein." Der Kunde glaubt der Inhaberin nicht und beschließt, seinem Verdacht auf den Grund zu gehen und bestellt am nächsten Tag 10 Pizzen für seinen Schach-Club. Bevor er die Pizzen verteilt, misst er sie allerdings aus. Findet er mehr als eine Pizza, die zu klein ist, möchte er sich an den Verbraucherschutz wenden.

1. Erläutern Sie das Vorgehen des Kunden.
2. Beschreiben Sie, welche beiden Behauptungen aufeinander treffen und wann man die Behauptungen annimmt oder ablehnt.
3. Beschreiben Sie, welche Fehlentscheidungen auftreten können.

Lösung zu Situation 1

1. Der Kunde führt eine sogenannte **Stichprobe** mit dem Stichprobenumfang $n = 10$ durch, da er die **Grundgesamtheit** (hier: alle angefertigten Pizzen) nicht überprüfen kann. Er beobachtet dabei die **Testgröße X**, die in diesem Fall die Anzahl der Pizzen mit zu geringem Durchmesser angibt. Die Testgröße X stellt eine binomialverteilte Zufallsgröße dar, da bei der Bestimmung der Wahrscheinlichkeitsverteilung Bernoulli-Ketten zugrunde liegen. Es gibt nur zwei mögliche Ergebnisse: Pizza ist zu klein („Treffer") und Pizza hat die angegebene Größe oder mehr („Niete"). Als Trefferwahrscheinlichkeit dient die angegebene Wahrscheinlichkeit $p = 0{,}1$, da diese Wahrscheinlichkeit noch nicht widerlegt ist.

2. Im Text werden zwei Hypothesen aufgestellt:
   Die Inhaberin stellt die Hypothese auf, dass höchstens 10 % der Pizzen zu klein sind. Die Hypothese der Inhaberin wird als **Nullhypothese H_0** bezeichnet, da sie gewissermaßen den Normalfall darstellt, der infrage gestellt wird. Für die Nullhypothese H_0 gilt:
   $$H_0 : p = 0{,}1$$
   Obwohl die Hypothese H_0 in Worten „höchstens 10 %" lautet, wird hier stets nur die Grenze der Wahrscheinlichkeit betrachtet.

   Der Kunde stellt die Hypothese auf, dass mehr als 10 % der Pizzen zu klein sind. Die Hypothese des Kunden wird als **Gegenhypothese H_1** bezeichnet. Sie wird angenommen, falls die Stichprobe dafür spricht, die Nullhypothese H_0 abzulehnen.
   $$H_1 : p > 0{,}1$$
   Die Entscheidung, welche der beiden Hypothesen auf Grundlage der Stichprobe angenommen bzw. abgelehnt wird, wird anhand einer **Entscheidungshilfe** getroffen. Hierbei wird

ein **kritischer Wert k** festgelegt, der angibt, ab welchem Zufallswert der Testgröße X die Nullhypothese angenommen oder abgelehnt wird. Im vorliegenden Beispiel ist der kritische Wert $k = 1$ und somit folgende Entscheidungsregel durch den Kunden festgelegt:

- **Annahmebereich A von H_0**:

$$A = \{0; \ldots; k\} = \{0; 1\} \Rightarrow H_0 \text{ wird angenommen.}$$

- **Ablehnungsbereich $\bar{A}$ von H_0**:

$$\bar{A} = \{k + 1; \ldots; n\} = \{2; 3; 4; \ldots; 10\} \Rightarrow H_0 \text{ wird abgelehnt.}$$

3. Da die Entscheidung auf Grundlage einer Stichprobe, die auf dem Zufall beruht, getroffen wird, kann es dazu kommen, dass die Entscheidung über die Nullhypothese H_0 nicht der Wirklichkeit entspricht. Es können vier Fälle auftreten:

		In Wirklichkeit:	
		H_0 trifft zu.	**H_1 trifft zu.**
Stichprobe ergibt:	**H_0 wird angenommen.**	Richtige Entscheidung	Fehler 2. Art mit der Irrtumswahrscheinlichkeit β bzw. dem Risiko 2. Art β.
	H_0 wird abgelehnt.	Fehler 1. Art mit der Irrtumswahrscheinlichkeit α bzw. dem Risiko 1. Art α.	Richtige Entscheidung

Merke

Es können zwei verschiedene Fehlerentscheidungen auftreten:

- Beim **Fehler 1. Art** wird die Nullhypothese auf Grundlage der Stichprobe abgelehnt, obwohl H_0 in Wirklichkeit zutrifft. Die Irrtumswahrscheinlichkeit des Fehlers 1. Art wird häufig auch Risiko 1. Art genannt und mit α abgekürzt.
- Beim **Fehler 2. Art** wird die Nullhypothese auf Grundlage der Stichprobe angenommen, obwohl die Gegenhypothese H_1 in Wirklichkeit zutrifft. Die Irrtumswahrscheinlichkeit des Fehlers 2. Art wird häufig auch Risiko 2. Art genannt und mit β abgekürzt.

Situation 2

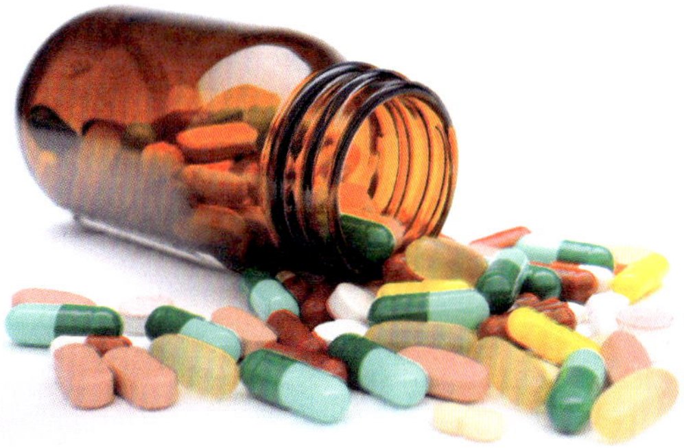

Ein Pharmazie-Konzern stellt ein neues Schmerzmittel gegen akute Migräne vor. Der Konzern gibt an, dass bei mindestens 95 % der Konsumenten eine Linderung der Symptome schon innerhalb von 20 Minuten eintritt. Eine Verbraucherschutzzentrale steht der Aussage sehr kritisch gegenüber und vermutet, dass der Anteil deutlich geringer ist und untersucht daher diese Hypothese. Dabei soll eine Stichprobe mit 200 Konsumenten durchgeführt werden. Sollten dabei höchstens 185 Personen angeben, dass die Wirkung innerhalb von 20 Minuten eingetreten ist, werden rechtliche Schritt gegen den Pharmazie-Konzern in die Wege geleitet.

1. Geben Sie die Testgröße X, die Nullhypothese H_0, die Gegenhypothese H_1 und die Entscheidungsregel für H_0 an.
2. Beschreiben Sie den Fehler 1. und 2. Art im Sachzusammenhang.
3. Berechnen Sie das Risiko 1. Art.
4. Berechnen Sie das Risiko 2. Art unter der Annahme, dass der Anteil nur 90 % beträgt.
5. Bestimmen Sie das Risiko 1. Art und 2. Art für den Fall, dass die kritische Grenze $k = 183$ beträgt. Beschreiben Sie die Veränderung.

Lösung zu Situation 2

1. • Testgröße X: Anzahl der Konsumenten, bei denen eine Wirkung innerhalb von 20 Minuten eintritt, bei einem Stichprobenumfang von 200 Konsumenten.
   • Nullhypothese: $H_0 : p = 0{,}95$
   • Gegenhypothese: $H_1 : p < 0{,}95$
   • Entscheidungsregel für H_0 mit dem kritischem Wert $k = 185$:
     ‣ Annahmebereich A von H_0: $A = \{186; 187; 188; \ldots; 200\}$
     ‣ Ablehnungsbereich $\bar{A}$ von H_0 : $\bar{A} = \{0; 1; 2; \ldots; 185\}$
2. Der Fehler 1. Art bedeutet, dass die Nullhypothese H_0 auf Grundlage der Stichprobe abgelehnt wird, obwohl H_0 in Wirklichkeit zutrifft. In diesem Sachzusammenhang heißt das, dass auf Grundlage der Stichprobe angenommen wird, dass bei weniger als 95 % der Konsumenten eine Wirkung innerhalb von 20 Minuten eintritt und daher rechtliche Schritte eingeleitet werden, obwohl dies in Wirklichkeit bei mehr als 95 % der Fall ist.
   Der Fehler 2. Art bedeutet, dass die Nullhypothese H_0 auf Grundlage der Stichprobe angenommen wird, obwohl die Gegenhypothese H_1 in Wirklichkeit zutrifft. In diesem Sachzusammenhang heißt das, dass auf Grundlage der Stichprobe angenommen wird, dass bei mindestens 95 % der Konsumenten eine Wirkung innerhalb von 20 Minuten eintritt, obwohl dies in Wirklichkeit bei weniger als 95 % der Fall ist und somit rechtliche Schritte sinnvoll wären.
3. Das **Risiko 1. Art α** entspricht der Irrtumswahrscheinlichkeit des Fehlers 1. Art. Dieser bedeutet, dass die Nullhypothese H_0 auf Grundlage der Stichprobe abgelehnt wird, obwohl H_0 in Wirklichkeit zutrifft. Da die Nullhypothese H_0 abgelehnt wird, muss die Stichprobe einen Zufallswert der Testgröße X ergeben haben, der im Ablehnungsbereich $\bar{A} = \{0; 1; 2; \ldots; 185\}$ liegt. Daher gilt für die Testgröße $X \leq 185$. Da H_0 jedoch in Wirklichkeit zutrifft, stimmt auch die angegebene Trefferwahrscheinlichkeit $p = 0{,}95$. Mit dieser lassen sich dann die entsprechenden Wahrscheinlichkeiten der Zufallswerte der Testgröße X ermitteln. Für das Risiko 1. Art gilt:
   $$\alpha = P(X \leq 185) = \sum_{i=0}^{185} B(200; 0{,}95; i) \overset{Tafelwerk}{=} 0{,}07813 \approx 7{,}81\,\%$$
4. Das **Risiko 2. Art β** entspricht der Irrtumswahrscheinlichkeit des Fehlers 2. Art. Dieser bedeutet, dass die Nullhypothese H_0 auf Grundlage der Stichprobe angenommen wird, obwohl die Gegenhypothese H_1 in Wirklichkeit zutrifft. Da die Nullhypothese H_0 angenommen wird, muss die Stichprobe einen Zufallswert der Testgröße X ergeben haben, der im Annahmebereich $A = \{186; 187; 188; \ldots; 200\}$ liegt. Daher gilt für die Testgröße $X \geq 186$. Die Berechnung des Risikos 2. Art β ist nur möglich, wenn eine alternative Trefferwahrscheinlichkeit p zu H_0 angegeben wird, hier $p = 0{,}9$. Mit dieser lassen sich dann die entsprechen-

den Wahrscheinlichkeiten der Zufallswerte der Testgröße X ermitteln. Für das Risiko 2. Art gilt:

$$\beta = P(X \geq 186) = 1 - P(X \leq 185) = 1 - \sum_{i=0}^{185} B(200;\ 0{,}9;\ i) \overset{Tafelwerk}{=} 1 - 0{,}90705 = 0{,}09295 \approx 9{,}30\ \%$$

5. Für den Fall, dass der kritische Wert $k = 183$ beträgt, wird der Ablehnungsbereich $\bar{A}$ verkleinert und der Annahmebereich A vergrößert. Es gilt:

$$\bar{A} = \{0;\ 1;\ 2;\ \ldots;\ 183\} \Rightarrow X \leq 183$$
$$A = \{184;\ 185;\ 186;\ \ldots;\ 200\} \Rightarrow X \geq 184$$

Für das Risiko 1. Art α ergibt sich:

$$\alpha = P(X \leq 183) = \sum_{i=0}^{183} B(200;\ 0{,}95;\ i) \overset{Tafelwerk}{=} 0{,}02380 \approx 2{,}38\ \%$$

Man erkennt: Je kleiner der Ablehnungsbereich $\bar{A}$ gewählt wird, desto kleiner ist das Risiko 1. Art α.

Für das Risiko 2. Art β ergibt sich mit $p = 0{,}9$ aus 5.:

$$\beta = P(X \geq 184) = 1 - P(X \leq 183) = 1 - \sum_{i=0}^{183} B(200;\ 0{,}9;\ i) \overset{Tafelwerk}{=} 1 - 0{,}79252 = 0{,}26748 \approx 26{,}75\ \%$$

Man erkennt: Je größer der Annahmebereich A gewählt wird, desto größer ist das Risiko 2. Art β.

Die Wahl der kritischen Grenze k und somit der Entscheidungsregel stellt eine wichtige Aufgabe beim Testen von Hypothesen dar, da damit das Risiko 1. und 2. Art verändert werden können. Das Problem besteht allerdings darin: Je kleiner das Risiko 1. Art ist, desto größer wird das Risiko 2. Art und umgekehrt.

Zusammenfassung

Eine **Stichprobe** mit einem Stichprobenumfang n dient dazu, eine Hypothese zu überprüfen. Es wird eine **Testgröße X** beobachtet, die einer binomialverteilten Zufallsgröße entspricht. Dabei stehen sich eine **Nullhypothese** $H_0 : p = p_0$ und eine **Gegenhypothese** $H_1 : p > p_0$ oder $p < p_0$ gegenüber. Ob die Nullhypothese H_0 angenommen oder abgelehnt wird, wird mithilfe einer **Entscheidungsregel** mit dem **kritischen Wert k** entschieden:

- **Annahmebereich** A von H_0: $A = \{0;\ 1;\ 2;\ \ldots;\ k\}$ oder $A = \{k+1;\ k+2;\ \ldots;\ n\}$
- **Ablehnungsbereich** $\bar{A}$ von H_0: $\bar{A} = \{k+1;\ k+2;\ \ldots;\ n\}$ oder $\bar{A} = \{0;\ 1;\ 2;\ \ldots;\ k\}$

Bei der Entscheidung können vier Fälle eintreten:

		In Wirklichkeit:	
		H_0 trifft zu.	**H_1 trifft zu.**
Stichprobe ergibt:	**H_0 wird angenommen.**	Richtige Entscheidung	Fehler 2. Art mit der Irrtumswahrscheinlichkeit β bzw. dem Risiko 2. Art β.
	H_0 wird abgelehnt.	Fehler 1. Art mit der Irrtumswahrscheinlichkeit α bzw. dem Risiko 1. Art α.	Richtige Entscheidung

Aufgaben

1. Eine Großküche verbraucht pro Tag größere Mengen an Eiern. Es werden immer nur Eier der Größe L bestellt, damit die Eimenge für die Rezepte möglichst gleich ist. Einem der Köche ist aufgefallen, dass sich in letzter Zeit immer häufiger auch kleinere Eier in den Kartons befinden. Er kontaktiert den Lieferanten, der ihm verspricht, dass höchstens jedes hundertste Ei kleiner als die Größe L ist. Der Koch beschließt, bei der nächsten Lieferung 200 zufällig ausgewählte Eier genau auf ihre Größe zu kontrollieren. Dabei findet er fünf Eier, die zu klein sind und nicht der Größe L entsprechen.

a) Nennen Sie die Testgröße X, die Nullhypothese und die Gegenhypothese.

b) Stellen Sie die Entscheidungsregel auf, falls die kritische Grenze 4 beträgt, und treffen Sie eine Entscheidung anhand des Stichprobenergebnisses.

2. Bei einer Tombola auf einer Wohltätigkeitsgala werden Lose mit dem Versprechen verkauft, dass jedes zehnte Los gewinnt. Ein Besucher glaubt, dass diese Behauptung falsch ist und weniger Lose mit einem Gewinn vorhanden sind. Da die Lose jedoch Geld kosten, beschließt er nur eine kleine Stichprobe mit zehn Losen durchzuführen.

a) Nennen Sie die Testgröße X, die Nullhypothese und die Gegenhypothese.

b) Beschreiben Sie alle Fälle der Entscheidungen, die bei diesem Hypothesentest auftreten können im Sachzusammenhang.

c) Schildern Sie mögliche Probleme bei der beschriebenen Stichprobe.

3. Bei einem Hypothesentest mit einem Stichprobenumfang von 200 wird die Testgröße X untersucht. Dabei stehen sich die Nullhypothese H_0: $p = 0{,}4$ und die Gegenhypothese H_1: $p < 0{,}4$ gegenüber.
Übernehmen Sie folgende Tabelle in Ihr Heft und vervollständigen Sie sie, indem Sie für die unterschiedlichen kritischen Grenzen k das Risiko 1. Art und 2. Art berechnen. Für die Berechnung des Risikos 2. Art soll der Wert $p = \frac{1}{3}$ genutzt werden.

kritische Grenze	70	71	72	73	74	75
Risiko 1. Art						
Risiko 2. Art						

4. Ein Medikamentenhersteller möchte ein neu entwickeltes Nikotinpflaster testen, das zu einer erfolgreicheren Rauchentwöhnung führen soll als das Vorgängerprodukt. Das Vorgängerprodukt hatte bei 50 % der Anwender zum Erfolg geführt. Der Medikamentenhersteller testet das Nikotinpflaster an 100 Testpersonen und sieht sich ab einem Stichprobenergebnis von mindestens 60 bestätigt.

a) Geben Sie die Testgröße X und die Nullhypothese an.

b) Beschreiben Sie den Fehler 1. Art und 2. Art im Sachkontext.

c) Berechnen Sie das Risiko 1. Art.

d) Bestimmen Sie, wie sich das Risiko 1. Art verändert, wenn die kritische Grenze um 2 Einheiten verkleinert wird.

e) Begründen Sie, wieso das Risiko 2. Art nicht berechnet werden kann.

5. In der Schülerzeitung einer Fachoberschule wird am Ende des Jahres immer der witzigste Schüler oder die witzigste Schülerin gewählt. Die Schülerin Lorena macht sich große Hoffnung und geht fest von mindestens 50 % aller Stimmen aus (Nullhypothese). Eine Freundin rät ihr lieber zu etwas Demut: „Viele Schüler und Schülerinnen kennen deinen Humor ja auch gar nicht. Ich denke, der Anteil wird kleiner sein. Ich zeige es dir." Die beiden Freundinnen befragen in der nächsten Pause 50 zufällig ausgewählte Personen, ob sie Lorena als lustigste Schülerin wählen würden. Lorena lässt sich von ihrer Freundin überzeugen, wenn weniger als 20 Schüler dabei nicht ihren Namen nennen.

a) Beschreiben Sie den Fehler 1. Art und berechnen Sie das Risiko 1. Art.

b) Beschreiben Sie den Fehler 2. Art und berechnen Sie das Risiko 2. Art für den Fall, dass in Wirklichkeit nur 40 % der Stimmen für Lorena sind.

6.* Bei einem Tetrader-Würfel kommen an einem Spieleabend Zweifel auf, ob er wirklich den Laplace-Anforderungen gerecht wird, da er auffällig oft die Zahl 1 würfelt. Daher soll der Würfel getestet werden. Ein Spieler schlägt vor, den Würfel 200-mal zu Würfeln und die Nullhypothese, dass der Tetraeder-Würfel ein Laplace-Würfel ist, genau dann abzulehnen, wenn sich die Anzahl der gewürfelten „1er" in der Menge $\bar{A} = \{0; 1; 2; \ldots; 30\} \cup \{70; 71; 72; \ldots; 200\}$ befindet.

Berechnen Sie das Risiko 1. Art.

7.2 Signifikanztests

Situation 1

Auf dem Marktplatz einer Kleinstadt wurde schon mehrere Tage hintereinander ein Würfelspieler gesichtet. Isabella ist neugierig und schaut sich die Sache mal an. Sie sieht sich mehrere Würfeldurchgänge an und bemerkt, dass die Zahl 6 erstaunlich selten gewürfelt wird. Sie konfrontiert den Würfelspieler mit ihrem Verdacht, dass die Würfel gezinkt sind, sodass die Sechs seltener auftritt. Dieser beteuert aber, dass es sich um normale Laplace-Würfel handelt. Als gerade viel los ist, nutzt sie die Möglichkeit und steckt einen der Würfel ein. Zu Hause würfelt sie 200-mal und erhält dabei 42-mal eine Sechs.

1. Geben Sie die Testgröße X, die Nullhypothese H_0 und die Gegenhypothese H_1 an.
2. Bestimmen Sie den maximalen Ablehnungsbereich von H_0 so, dass das Risiko 1. Art höchstens 5 % beträgt.
3. Treffen Sie auf Grundlage der Stichprobe und des aufgestellten Annahme- bzw. Ablehnungsbereichs von H_0 eine Entscheidung über die Nullhypothese H_0.

Lösung zu Situation 1

1. • Testgröße X: „Anzahl der gewürfelten Sechser bei einem Stichprobenumfang von 200 Würfen."
   • Nullhypothese H_0: $p = \frac{1}{6}$
   • Gegenhypothese H_1: $p < \frac{1}{6}$

2. Die Angabe, dass das Risiko 1. Art α höchstens 5 % betragen soll, entspricht einem sogenannten **Signifikanzniveau** von 5 %. Es beschreibt daher eine Obergrenze für das Risiko 1. Art. Häufig werden als Signifikanzniveaus die Werte 5 %, 1 % oder 0,1 % benutzt. Werden Hypothesen getestet, bei dem ein Signifikanzniveau vorgegeben ist, so nennt man diesen Hypothesentest auch **Signifikanztest**. Der Vorteil besteht darin, dass die Wahrscheinlichkeit, einen Fehler 1. Art zu begehen, im Vorfeld festgelegt wird. Da beim Fehler 1. Art die Nullhypothese H_0 abgelehnt wird, ist bei Signifikanztests der Ablehnungsbereich $\bar{A}$ von H_0 von Bedeutung. Auf der Grundlage der festgelegten Obergrenze des Risikos 1. Art, dem Signifikanzniveau, wird nun eine kritische Grenze k gesucht, sodass ein möglichst großer Ablehnungsbereich $\bar{A}$ entsteht, der allerdings das Risiko 1. Art nicht über das Signifikanzniveau steigen lässt. Da die Gegenhypothese H_1 eine kleinere Trefferwahrscheinlichkeit postuliert, als es bei der Nullhypothese H_0 der Fall ist, sollte die Nullhypothese H_0 abgelehnt werden, wenn bei der Stichprobe die Testgröße X einen auffällig kleinen Wert annimmt. Ein sinnvoller Ansatz für den Ablehnungsbereich $\bar{A}$ ist daher:

$$\bar{A} = \{0; 1; 2; \ldots; k\} \Rightarrow X \leq k$$

Da der Ablehnungbereich $\bar{A}$ einen zusammenhängenden Bereich mit fester linken Grenze (0) darstellt, also auf einem Zahlenstrahl „links" liegt, spricht man hier von einem **linksseitigen Signifikanztest**.

Um die kritische Grenze k zu bestimmen, betrachtet man das Risiko 1. Art α, das durch das Signifikanzniveau von 5 % begrenzt ist:

$$\alpha \leq 0{,}05$$

Wie aus der Berechnung des Risikos 1. Art bekannt, gilt für $\alpha = P(\bar{A})$:

$$P(\bar{A}) \leq 0{,}05$$

$$P(X \leq k) \leq 0{,}05$$

$$\sum_{i=0}^{k} B\left(200; \frac{1}{6}; i\right) \leq 0{,}05$$

Die Wahrscheinlichkeit $P(X \leq k) = \sum_{i=0}^{k} B\left(200; \frac{1}{6}; i\right)$ stellt eine kumulative Wahrscheinlichkeit dar. Der Wert k ist daher dem Tafelwerk zur Stochastik zu entnehmen. k wird so gewählt, dass die kumulative Wahrscheinlichkeit $\sum_{i=0}^{k} B\left(200; \frac{1}{6}; i\right)$ höchstens 0,05 beträgt.

		$p = \frac{1}{6}$	
n	**k**	**$B(n; p; k)$**	**$\sum_{i=0}^{k} B(n; p; i)$**
200	23	0,01065	0,02693
	24	0,01571	0,04264
	25	0,02212	0,06476

Es kann dem Auszug aus dem Tafelwerk entnommen werden, dass für den Wert $k = 24$ die kumulative Wahrscheinlichkeit gerade noch unterhalb von 0,05 liegt, $\sum_{i=0}^{24} B\left(200; \frac{1}{6}; i\right) = 0{,}04264 < 0{,}05$. Somit ist die kritische Grenze $k = 24$ festgelegt. Diese stellt die Grenze für den maximalen Ablehnungsbereich $\bar{A}$ auf dem Signifikanzniveau von 5 % dar:

$$\bar{A} = \{0; 1; 2; \ldots; k\} = \{0; 1; 2; \ldots; 24\}$$

Für den Annahmebereich A ergibt sich somit:

$$A = \{k + 1; k + 2; \ldots; n\} = \{25; 26; 27; \ldots; 200\}$$

3. Die Stichprobe ergab einen Wert von 42 gewürfelten Sechsen. Diese Zahl liegt im Annahmebereich:

$$42 \in A = \{25; 26; 27; \ldots; 200\}$$

Dementsprechend kann auf dem Signifikanzniveau von 5 % die Nullhypothese H_0 angenommen werden. Durch das Signifikanzniveau 5 % und der damit bestimmten Entscheidungsregel ist bei dieser Entscheidung sichergestellt, dass man dabei den Fehler 1. Art mit einer Wahrscheinlichkeit von höchstens 5 % begeht.

Situation 2

In einem Pressebericht einer Lokalzeitung vor einem Blitzmarathon wird behauptet, dass der Anteil der „Raser" im Ort Bergfischbach bei nur 20 % liegt. Der Oberkommissar der Bergfischbacher Polizeibehörde ist schockiert über eine solch leichtfertige Aussage. Seiner Meinung nach liegt der Anteil der „Raser" deutlich über 20 %. Er veranlasst daher noch kurz vor dem Blitzmarathon eine stichprobenartige Überprüfung von 100 Fahrzeugen.

1. Bestimmen Sie den maximale Ablehnungsbereich für die Nullhypothese des Tagesblatts bei einem Signifikanzniveau von 1 %.
2. Treffen Sie eine Entscheidung über die Nullhypothese für den Fall, dass in der Stichprobe 33 „Raser" gefunden werden.

Lösung zu Situation 2

1. Für den beschriebenen Signifikanztest gilt:
   - Testgröße X: „Anzahl der ‚Raser' bei einem Stichprobenumfang von 100 kontrollierten Autos."
   - Nullhypothese H_0: $p = 0{,}2$
   - Gegenhypothese H_1: $p > 0{,}2$
   - Signifikanzniveau 1 %

   Da die Gegenhypothese H_1 eine größere Trefferwahrscheinlichkeit angibt, als es bei der Nullhypothese H_0 der Fall ist, sollte die Nullhypothese H_0 abgelehnt werden, wenn bei der Stichprobe die Testgröße X einen auffällig hohen Wert annimmt. Der kritische Wert k wird meistens so gewählt, dass er den Bereich begrenzt, der bei 0 beginnt. Dies wäre hier beim Annahmebereich A der Fall. Ein sinnvoller Ansatz für den Ablehnungsbereich $\bar{A}$ ist daher:

$$\bar{A} = \{k+1; k+2; \ldots; 100\} \Rightarrow X \geq k+1$$

Da der Ablehnungbereich $\bar{A}$ einen zusammenhängenden Bereich mit festgelegter rechten Grenze (100) darstellt, also auf einem Zahlenstrahl „rechts" liegt, spricht man hier von einem **rechtsseitigen Signifikanztest**.

Um die kritische Grenze k zu bestimmen, betrachtet man das Risiko 1. Art α, das durch das Signifikanzniveau von 1 % begrenzt ist:

$$\alpha \leq 0{,}01$$

Wie aus der Berechnung des Risikos 1. Art bekannt, gilt für $\alpha = P(\bar{A})$:

$$P(\bar{A}) \leq 0{,}01$$
$$P(X \geq k+1) \leq 0{,}01$$

Da die Wahrscheinlichkeit $P(X \geq k+1)$, „mindestens $k+1$", nicht mithilfe des Tafelwerks zur Stochastik bestimmt werden kann, muss das Gegenereignis $X \leq k$, „höchstens k", betrachtet werden.

$$1 - P(X \leq k) \leq 0{,}01 \quad | -1 \quad | \cdot (-1)$$

Durch Umformung erhält man den Ausdruck:

$$P(X \leq k) \geq 0{,}99$$
$$\sum_{i=0}^{k} B(100; 0{,}2; i) \geq 0{,}99$$

Die Wahrscheinlichkeit $P(X \leq k) = \sum_{i=0}^{k} B(100; 0{,}2; i)$ stellt eine kumulative Wahrscheinlichkeit dar. Der Wert k ist daher dem Tafelwerk zur Stochastik zu entnehmen. k wird so gewählt, dass die kumulative Wahrscheinlichkeit $\sum_{i=0}^{k} B\left(200; \frac{1}{6}; i\right)$ mindestens 0,99 beträgt.

		$p = 0{,}2$	
n	k	$B(n; p; k)$	$\sum_{i=0}^{k} B(n; p; i)$
100	29	0,00877	0,98875
	30	0,00519	0,99394
	31	0,00293	0,99687

Es kann dem Auszug aus dem Tafelwerk entnommen werden, dass für den Wert $k = 30$ die kumulative Wahrscheinlichkeit knapp oberhalb von 0,99 liegt, $\sum_{i=0}^{30} B(100; 0{,}2; i) = 0{,}99394 > 0{,}99$.

Somit ist die kritische Grenze $k = 30$ festgelegt. Der maximalen Ablehnungsbereich $\bar{A}$ wird durch den Wert $k+1 = 31$ begrenzt. Für den maximalen Ablehnungsbereich $\bar{A}$ von H_0 ergibt sich:

$$\bar{A} = \{k+1; k+2; \ldots; n\} = \{31; 32; 33; \ldots; 100\}$$

Für den Annahmebereich A gilt dementsprechend:

$$A = \{0; 1; 2; \ldots; k\} = \{0; 1; 2 \ldots; 30\}$$

2. Für den Fall, dass in der Stichprobe 33 „Raser" festgestellt werden, kann die Nullhypothese H_0 auf einem Signifikanzniveau von 1 % abgelehnt werden, da sich dieser Wert im Ablehnungsbereich $\bar{A}$ von H_0 befindet:

$$33 \in \bar{A} = \{31; 32; 33; \ldots; 100\}$$

Zusammenfassung

Linksseitiger Signifikanztest mit Signifikanzniveau α

- Nullhypothese $H_0: p = p_0$
- Gegenhypothese $H_1: p < p_0$
- Ablehnungsbereich $\bar{A}$ von H_0:
  $\bar{A} = \{0; 1; 2; \ldots; k\}$
- Annahmebereich A von H_0:
  $A = \{k + 1; k + 2; \ldots; n\}$
- Bestimmung der kritischen Grenze k:
  $P(\bar{A}) \leq \alpha$
  $P(X \leq k) \leq \alpha$

$$\sum_{i=0}^{k} B(n; p_0; i) \leq \alpha$$

Rechtsseitiger Signifikanztest mit Signifikanzniveau α

- Nullhypothese $H_0: p = p_0$
- Gegenhypothese $H_1: p > p_0$
- Ablehnungsbereich $\bar{A}$ von H_0:
  $\bar{A} = \{k + 1; k + 2; \ldots; n\}$
- Annahmebereich A von H_0:
  $A = \{0; 1; 2; \ldots; k\}$
- Bestimmung der kritischen Grenze k:
  $P(\bar{A}) \leq \alpha$
  $P(X \geq k + 1) \leq \alpha$
  $1 - P(X \leq k) \leq \alpha$
  $P(X \leq k) \geq 1 - \alpha$

$$\sum_{i=0}^{k} B(n; p_0; i) \geq 1 - \alpha$$

Die kritische Grenze k kann mithilfe eines Tafelwerks zur Stochastik bestimmt werden.

Aufgaben

1. Da Avocados in Deutschland nicht effektiv angebaut werden können, müssen diese stets importiert werden. Ein Lieferant gibt an, dass beim Transport höchstens 20 % der Avocados Druckstellen erleiden können. Ein Abnehmer testet diese Angabe anhand einer Stichprobe von 100 zufällig ausgewählten Avocados, da er vermutet, dass der Anteil deutlich höher liegt.

a) Geben Sie die Testgröße X, Nullhypothese und die Gegenhypothese an.

b) Bestimmen Sie rechnerisch eine Entscheidungsregel, wenn das Risiko 1. Art höchstens 5 % betragen soll.

2. Ein Hersteller von Reagenzgläsern behauptet, dass 95 % der hergestellten Reagenzgläser einer Temperatur von 1 200 °C standhalten. Ein Labor bezweifelt die Angabe des Herstellers und hält diese Angabe für zu hoch, da es in letzter Zeit immer häufiger mit zersprungenen Reagenzgläsern zu kämpfen hatte. Das Labor beschließt, eine Stichprobe mit 200 zufällig ausgewählten Reagenzgläsern durchzuführen und diese auf 1 200 °C zu erhitzen. Sollte sich ergeben, dass die Hypothese des Herstellers aufgrund der Stichprobe ablehnt wird, soll ein neuer Anbieter gefunden werden.

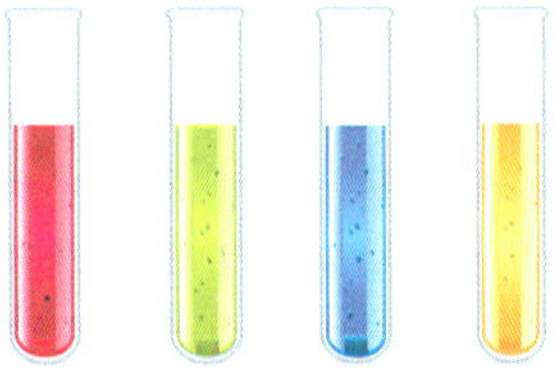

a) Geben Sie den Fehler 1. und 2. Art im Sachkontext an.

b) Bestimmen Sie auf einem Signifikanzniveau von 5 % den maximalen Ablehnungsbereich von H_0.

3. Durch die Programmierung eines neuen Algorithmus soll die Gesichtserkennungssoftware eines Sicherheitsunternehmens verbessert werden. Die alte Software lieferte eine Gesichtserkennungsquote von 75 %. Das Unternehmen plant eine Stichprobe mit einem Umfang von 200 Probanden. Die Testgröße X entspricht dabei der Anzahl der korrekten Gesichtserkennungen. Das Signifikanzniveau soll bei 1 % liegen.

a) Entscheiden Sie, ob es sich hierbei um einen rechtsseitigen oder linksseitigen Signifikanztest handelt und geben Sie die Nullhypothese und die Gegenhypothese an.

b) Bestimmen Sie den maximalen Ablehnungsbereich der Nullhypothese bei einem Stichprobenumfang von 200 Probanden und einem Signifikanzniveau von 1 %.

c)* In einer zweiten Stichprobe wird der Umfang auf 1 000 Probanden erhöht. Bestimmen Sie den maximalen Ablehnungsbereich der Nullhypothese auf einem Signifikanzniveau von 1 %. Hinweis: Nutzen Sie Ihren Taschenrechner (DIST-Modus) oder ein Computer-Algebra-System.

4. Ein Hersteller von LED-Lampen garantiert, dass mindestens 90 % seiner Lampen eine Nutzungsdauer von 10 000 Stunden aufweisen. Ein Hotel nutzt ausschließlich die LED-Lampen dieses Herstellers, vermutet allerdings, dass der Anteil der Lampen, die eine Nutzungsdauer von 10 000 Stunden erreichen, unter 90 % liegt. Die Fluchtwege des Hotels werden durch 100 LED-Lampen hell erleuchtet. Diese Lampen leuchten durchgängig 24 Stunden an jedem Tag des Jahres. Um die Nutzungsdauer zu überprüfen, werden alle diese Lampen gleichzeitig ausgetauscht und deren Nutzungsdauer beobachtet.

a) Geben Sie eine geeignete Testgröße an.

b) Geben Sie die Nullhypothese und die Gegenhypothese an.

c) Beschreiben Sie den Fehler 2. Art in Worten.

d) Ermitteln Sie eine Entscheidungsregel für H_0 auf einem Signifikanzniveau von 5 %.

5. Ein Mikrochiphersteller für Smartphones möchte in seiner Fertigung alle Maschinen durch ein Update auf den neusten Stand bringen, da der Ausschussanteil bei 5 % liegt. Um zu testen, ob das Update zu einer Verbesserung führt, wird eine Maschine mit dem neuen Update ausgestattet. Mit dieser sollen 200 Testmikrochips erstellt werden. Sollte bei dieser Stichprobe höchstens fünf Mikrochips Ausschuss sein, wird angenommen, dass das Update zu einem kleineren Ausschussanteil geführt hat.

Überprüfen Sie, ob die gegebene Entscheidungsregel ein Signifikanzniveau von 5 % einhält.

Exkurs: Empirische Forschungsmethoden

Die Durchführung einer Stichprobe, wie sie bei einem Hypothesentest nötig ist, ist eine empirische Datenerhebung und somit Teil der empirischen Forschungsmethoden.

Zur Datenerhebung können verschiedene **Methoden** genutzt werden. Diese sollen anhand des Beispiels „Kaffee-Konsum unter Schülerinnen und Schülern" verdeutlicht werden:

- *Befragung:* Persönliche Einzelinterviews mit Fragen zum individuellen Kaffee-Konsum
- *Beobachtung:* Beobachtung des Schulkiosks unter Beachtung der Kaffeebestellungen
- *Experiment:* Herstellen einer künstlichen Situation zur Überprüfung des Kaffee-Konsums, z. B. Anbieten von verschiedenen Getränken (unter anderem Kaffee) während eines Klassenfrühstücks.
- *Gruppendiskussion:* Meinungsfindung im Klassenverband zum Thema Kaffee-Konsum
- *Test:* Erstellung eines Fragebogens oder einer Online-Umfrage zum Kaffee-Konsum
- *Sekundäranalyse:* Auswertung von schon vorhandenen Daten, z. B. falls schon Daten zum Frühstücksverhalten vorliegen

Unabhängig von der Wahl der Methode sollten alle Erhebungen drei **Gütekriterien** erfüllen: Objektivität, Zuverlässigkeit (Reliabilität) und Gültigkeit (Validität).

a) **Objektivität:** Die Objektivität ist gegeben, wenn die Messergebnisse unabhängig von der messenden Person (Geschlecht, Bildungsgrad, Aussehen, etc.) oder dem genutzten Medium (Gespräch, Fragebogen, Online-Umfrage, etc.) auftreten. Insbesondere sollte in unserem Beispiel bei einem Schüler, welcher Kaffee konsumiert, jede messende Person und jedes genutztes Medium zu dem Ergebnis kommen, dass der Schüler Kaffee trinkt.

b) **Reliabilität:** Die Reliabilität einer Erhebung ist gegeben, wenn die Messung unabhängig vom Zeitpunkt der Messung dasselbe Ergebnis bei einem Teilnehmer bzw. einer Teilnehmerin liefert. Es muss dabei beachtet werden, dass der Begriff „Zeitpunkt" bei jeder Erhebung anders definiert werden kann. Beim Thema „Kaffee-Konsum" haben Tageszeiten (Morgens, Abends) oder Jahreszeiten (Sommer, Winter) vermutlich einen Einfluss auf das Ergebnis und sollten bei der Erhebung unverändert bleiben. Jedoch sollte der Test wenigstens an jedem Schultag innerhalb einer Woche dasselbe Ergebnis liefern.

c) **Validität:** Unter der Validität versteht man die Richtigkeit der Erhebung. Dabei sollte man hinterfragen, ob das, was gemessen werden soll, von der Erhebung auch wirklich erfasst wird. Man unterscheidet hierbei noch die Kriteriumsvalidität und die Konstruktvalidität.
Bei der Kriteriumsvalidität sollten bei der Erhebung von unterschiedlichen, aber vergleichbaren Kriterien ähnliche Ergebnisse erzielt werden. Zum Beispiel sollte eine Befragung zum Kaffee-Konsum und der praktische Test, einen Kaffee zu kochen, ähnliche Ergebnisse liefern. Ein Kaffee-Konsument sollte in der Befragung angeben, dass er Kaffee trinkt, und praktisch auch in der Lage sei, einen Kaffee zuzubereiten.
Die Konstruktvalidität ist gegeben, wenn unterschiedliche variierte Erhebungen, die dasselbe Kriterium untersuchen, ähnliche Ergebnisse liefern. Ein Kaffee-Konsument wird bei der Wahlmöglichkeit zwischen Wasser und Kaffee ein ähnliches Ergebnis liefern, wie bei der Wahlmöglichkeit zwischen Vollmilch-Praline und Vollmilch-Praline mit Kaffeecremefüllung oder der Wahlmöglichkeit zwischen neutralem Eis und Eis mit Kaffeegeschmack.

Themenseite

1. Erstellen Sie in der Klassengemeinschaft einen Test (Fragebogen oder Online-Umfrage) zu selbst aufgestellten Hypothesen und führen Sie damit eine Stichprobe durch.
2. Diskutieren Sie, ob der Test die Gütekriterien erfüllt und wie sich dies überprüfen ließe.
3. Stellen Sie zu jeder Hypothese auf dem Signifikanzniveau von 5 % den maximalen Ablehnungsbereich auf und werten Sie dementsprechend Ihre Stichprobe aus.

7.3 Vernetzte Aufgaben

1. Platonische Körper sind vollkommen regelmäßige Körper. Ihre Oberflächen bestehen aus regelmäßigen, also gleich großen, gleichseitigen und gleichwinkligen Vielecken. Sie eignen sich daher zur Nutzung als Spiel-Würfel, da die Wahrscheinlichkeit, dass sie auf einer dieser Oberflächen zum Liegen kommen, für jede Oberflächenseite gleich groß ist. Die Oberfläche eines Dodekaeders besteht aus 12 regelmäßigen Fünfecken. Fünf dieser Flächen sind mit einer „1" beschriftet, drei mit einer „2". Die restlichen Felder sind gleichmäßig auf die Zahlen „3" und „4" aufgeteilt. Als gewürfelt gilt die Zahl, die nach dem Wurf nach oben zeigt.

   a) Die Zufallsgröße X beschreibt die Augensumme beim zweimaligen Werfen des Dodekaeders.
      - Bestimmen Sie die Wahrscheinlichkeitsverteilung der Zufallsgröße X und stellen Sie diese in einem Stabdiagramm dar.
      - Ermitteln Sie die Wahrscheinlichkeit, dass die Augensumme gerade ist.
      - Berechnen Sie den Erwartungswert und die Standardabweichung der Zufallsgröße X.
      - Bestimmen Sie die Wahrscheinlichkeit, dass die gewürfelte Augensumme im 1σ-Intervall liegt.

   b) Das Dodekaeder wird 20-mal geworfen. Ermitteln Sie die Wahrscheinlichkeit, dass der Würfel mindestens dreimal, jedoch höchstens sechsmal eine „2" zeigt.

   c) Das Dodekaeder wird viermal geworfen. Dabei werden die geworfenen Augenzahlen unter Berücksichtigung der Reihenfolge notiert, wodurch ein vierstelliger Code entsteht.
      - Modellieren Sie das Experiment mit einem Urnenexperiment.
      - Ermitteln Sie, wie viele vierstellige Codes dabei entstehen können.
      - Ermitteln Sie, wie viele vierstellige Codes aus verschiedenen Ziffern möglich sind.

   d) Bei einem Brettspiel ist ein Dodekaeder als Spiel-Würfel mitgeliefert. Ein Spieler glaubt nicht, dass die Wahrscheinlichkeit, dass das Dodekaeder eine „2" zeigt, bei 25 % liegt. Er hat das Gefühl, dass die Wahrscheinlichkeit geringer ist. Er führt daher eine Stichprobe mit 200 Würfen durch. Er wird Nullhypothese annehmen, falls bei mehr als 45 eine „2" gewürfelt wird.
      - Geben Sie die Testgröße X, die Nullhypothese und die Gegenhypothese an.
      - Beschreiben Sie in Worten, worin der Fehler 1. Art besteht und ermitteln Sie rechnerisch das Risiko 1. Art.
      - Ermitteln Sie das maximale Ablehnungsintervall der Nullhypothese für das Signifikanzniveau von 5 %.
      - Bestimmen Sie das Risiko 2. Art, falls der Würfel wirklich schlecht hergestellt ist und mit einer Wahrscheinlichkeit von 20 % eine „2" zeigt.

2. Ein Campingplatzbetreiber kategorisiert seine Plätze je nach Lage in die Qualitätsstufen A, B und C. In jeder Lage kann der Platz mit Strom ($\bar{S}$) oder ohne Strom (S) gebucht werden. Die Zufallsgröße X ergibt die Nummer der Kategorie des gebuchten Platzes. Aufgrund langjähriger Erfahrung geht der Betreiber von folgender Wahrscheinlichkeitsverteilung mit den Parametern $a, b \in [0; 1]$ aus:

ω_i	AS	$A\bar{S}$	BS	$B\bar{S}$	CS	$C\bar{S}$
x_i	1	2	3	4	5	6
$P(X = x_i)$	0	0,15	0,03	0,21	a	b

a) Berechnen Sie die Werte der Parameter a und b, wenn $E(X) = 4{,}8$ gilt. [Teilergebnis: $a = 0{,}09$]

b) In einer Aktionswoche werden die Stellplatzkosten pro Tag auf 10,00 € für einen Stellplatz der Lage A, 14,00 € für Lage B und 18,00 € für Lage C festgesetzt. Der Stromanschluss ist dabei nicht enthalten. Die Kosten pro Tag für einen Stromanschluss sind unabhängig von der Wahl der Lage. Bestimmen Sie die Stromanschlusskosten pro Tag so, dass der Betreiber bei täglich 50 belegten Plätzen durchschnittlich 880,00 € einnimmt.

c) Der Betreiber gibt an, dass die Stromanschlüsse an jedem Stellplatz nur an höchstens 5 % der Tage einen kurzzeitigen Stromausfall haben. Einem Dauermieter kommt es vor, als würde das deutlich häufiger vorkommen. Er beschließt daher, an 50 Tagen je einen zufälligen Mieter zu fragen, ob es an diesem Tag zu einem kurzzeitigen Stromausfall an seinem Stellplatz kam.

- Geben Sie zu diesem Hypothesentest die Testgröße und die Nullhypothese an.
- Ermitteln Sie den größtmöglichen Ablehnungsbereich der Nullhypothese, wenn das Signifikanzniveau 5 % betragen soll.
- Erklären Sie, worin der Fehler 2. Art besteht und bestimmen Sie das Risiko 2. Art, wenn es in Wirklichkeit an 10 % der Tage zu einem kurzzeitigen Stromausfall kommt.

3.[29] a) Ein Pharmakonzern führt eine Untersuchung über die Wirksamkeit eines Medikaments zur Behandlung von grippalen Infekten durch. Die Zufallsgröße X gibt die Anzahl der Tage bis zur vollständigen Genesung bei Einnahme des Medikaments an. Dabei ergibt sich folgende Wahrscheinlichkeitsverteilung mit $a, b \in [0; 1]$:

ω_i	4	5	6	7	8	9
$P(X = x)$	a	$b - 2a$	0,4	b	0,15	$2a$

- Bestimmen Sie die Parameter a und b, wenn die vollständige Genesung im Durchschnitt nach 6,6 Tagen eintritt.
  [Teilergebnis: $a = 0{,} 05$]
- Berechne Sie mit den Werten von a und b aus Teilaugabe 3.1.1 den Wert von $P(\mu - \sigma < X < \mu + \sigma)$.

29) Quelle: Bayerisches Staatsministerium für Unterricht und Kultus, Fachabitur Bayern 2016, Mathematik NT, Stochastik S I

b) Ein Pharmakonzern behauptet, dass bei höchstens 15 % der Patienten nach der Einnahme des Medikaments zur Behandlung grippaler Infekte Nebenwirkungen auftreten. Ein Apotheker glaubt jedoch, dass der Anteil höher ist (Gegenhypothese). Deshalb führt er eine Befragung bei 200 seiner Kunden durch, die das Medikament genommen haben.

- Geben Sie zu diesem Test die Testgröße und die Nullhypothese an und ermitteln Sie den größtmöglichen Ablehnungsbereich der Nullhypothese auf einem Signifikanzniveau von 5 %.
- Entscheiden Sie, welche Hypothese angenommen werden sollte, wenn bei 35 der befragten Kunden Nebenwirkungen auftreten. Erläutern Sie zudem im Sachzusammenhang, worin bei dem beschriebenen Test der Fehler 2. Art besteht.

Selbsttest Kapitel 7

Testen von Hypothesen

Aufgabe 1

Können Sie den Fehler 1. und 2. Art bei Signifikanztests beschreiben und deren Wahrscheinlichkeiten, auch Risiken erster und zweiter Art genannt, berechnen und beurteilen?

Ein Hersteller von elektrischen Kühlboxen bestellt sehr günstige Sicherungen bei einem Zulieferer. Dieser gibt an, dass 2 % der Sicherungen fehlerhaft sind. Da sich die Reklamationen beim Hersteller der Kühlboxen häufen, vermutet er, dass der Anteil der fehlerhaften Sicherungen höher ist als der Zulieferer angibt (Gegenhypothese). Er beschließt, 200 zufällig ausgesuchte Sicherungen der nächsten Lieferung ausführlich zu testen. Falls er dabei mehr als 8 fehlerhafte Sicherungen findet, möchte er den Zulieferer wechseln.

a) Geben Sie die Testgröße X und die Nullhypothese an.

b) Beschreiben Sie den Fehler 1. Art im Sachkontext und ermitteln Sie das Risiko 1. Art.

c) Berechnen Sie das Risiko 2. Art unter der Annahme, dass 4 % der Sicherungen in Wirklichkeit fehlerhaft sind.

Lösung auf Seite 192

Nicht gelöst	Mit Hilfestellung gelöst	Sicher gelöst
Arbeiten Sie Situation 2 in Kapitel 7.1 nochmal durch.	Bearbeiten Sie Aufgabe 4 in Kapitel 7.1 zur weiteren Übung.	Bearbeiten Sie Aufgabe 5 in Kapitel 7.2 zur Vertiefung.

Aufgabe 2

Können Sie bei einem einseitigen Signifikanztest mit binomialverteilten Testgrößen und zu einem vorgegebenen Signifikanzniveau eine Entscheidungsregel mit maximalem Annahme- und Ablehnungsbereich der Nullhypothese ermitteln?

Ein Produzent von bedruckten Mosaik-Badfliesen, welche individuell gestaltet werden können, gibt an, dass bei der aufwendigen Produktion 5 % der Fliesen einen Farbfehler enthalten können. Ein Innenarchitekt verbaut sehr häufig diese Badfliesen in seinen Projekten und vermutet jedoch, dass der Anteil der Mosaik-Badfliesen mit Farbfehler höher ist, als der Produzent angibt (Gegenhypothese). Daher überprüft er bei seiner nächsten Bestellung 100 zufällig ausgewählte Mosaik-Badfliesen, ob sie einen Farbfehler aufweisen.

Geben Sie auf einem Signifikanzniveau von 2 % den maximalen Ablehnungsbereich der Nullhypothese an.

Lösung auf Seite 192

Nicht gelöst	Mit Hilfestellung gelöst	Sicher gelöst
Arbeiten Sie Situation 2 in Kapitel 7.2 nochmal durch.	Bearbeiten Sie Aufgabe 3 in Kapitel 7.2 zur weiteren Übung.	Bearbeiten Sie Aufgabe 3 in Kapitel 7.3 zur Vertiefung

Anhang: Grundlagen und Kurzlösungen der Selbsttests

In diesem Kapitel wiederholen Sie

- Ganzrationale Funktionen
- Differenzialrechnung bei ganzrationalen Funktionen
- Zufallsexperimente und Ereignisse
- Relative Häufigkeit und Wahrscheinlichkeit
- Grundlagen der Kombinatorik

Am Ende dieses Kapitels finden Sie

- Kurzlösungen der Selbsttests

Grundlagen

Ganzrationale Funktionen

Lineare Funktionen und Ungleichungen

Lineare Funktionen haben die Form $f: x \mapsto mx + t$, wobei m die **Steigung** und t der ***y*-Achsenabschnitt** des Graphen ist. Die Definitionsmenge D der Funktion f ist, falls nicht anders gegeben, die Menge der reellen Zahlen $D = \mathbb{R}$. Die Wertemenge ist dann $W = \mathbb{R}$.

Der Graph einer linearen Funktion ist eine nicht senkrechte Gerade.

Für die Steigung m der Geraden gilt:

- Für $m > 0$ steigt die Gerade.
- Für $m = 0$ ist die Gerade eine Parallele zur x-Achse.
- Für $m < 0$ fällt die Gerade.

Für die Lage von Geraden im Koordinatensystem gilt:

- Geraden liegen parallel zueinander, wenn sie dieselbe Steigung haben.
- Geraden verlaufen durch denselben Punkt $(0 \mid t)$, wenn sie denselben y-Achsenabschnitt t haben.
- Zwei Geraden stehen senkrecht aufeinander, wenn das Produkt ihrer Steigungen –1 ergibt.

Für die Gleichung einer Geraden durch zwei Punkte $P(x_1 | y_1)$ und $Q(x_2 | y_2)$ gilt die **Punkt-Steigungs-Form**: $y = \frac{y_2 - y_1}{x_2 - x_1}(x - x_1) + y_1$

Lineare Ungleichungen werden wie lineare Gleichungen durch Äquivalenzumformungen nach x aufgelöst. Für die Lösungsintervalle gilt:

- $x < a \Rightarrow L =]-\infty; a[$
- $x \leq a \Rightarrow L =]-\infty; a]$
- $x > a \Rightarrow L =]a; \infty[$
- $x \geq a \Rightarrow L = [a; -\infty[$

Dabei ist $a \in \mathbb{R}$.

Das Ungleichheitszeichen dreht sich um, wenn die Ungleichung

- mit einer negativen Zahl multipliziert oder
- durch eine negative Zahl dividiert wird.

Quadratische Funktionen und Ungleichungen

Quadratische Funktionen haben die Form $f: x \mapsto ax^2 + bx + c$ **(Allgemeine Form)**, mit $a, b, c \in \mathbb{R}$ und $a \neq 0$.

Alternative Darstellungen für quadratische Funktionen sind

- $f: x \mapsto a(x - x_S)^2 + y_S$ **(Scheitelform)** und
- $f: x \mapsto a(x - x_1)(x + x_2)$ **(Nullstellenform, Linearfaktorform, Produktform)**.

Die Graphen quadratischer Funktionen nennt man **Parabeln**, deren **Scheitelpunkte** $S(x_S | y_S)$ die Koordinaten $x_S = -\frac{b}{2a}$ und $y_S = c - \frac{b^2}{4a}$ haben.

Diese Parabeln entstehen aus der Normalparabel mit $f: x \mapsto x^2$ folgendermaßen:

- Verschiebung des Graphen in x-Richtung:
  - $x_S > 0$ führt zu einer Verschiebung nach rechts
  - $x_S < 0$ führt zu einer Verschiebung nach links

- Verschiebung des Graphen in y-Richtung:
  - $y_S > 0$ führt zu einer Verschiebung nach oben
  - $y_S < 0$ führt zu einer Verschiebung nach unten
- Formänderung des Graphen:
  - $0 < |a| < 1$ führt zu einer in y-Richtung gestauchten Parabel
  - $|a| > 1$ führt zu einer in y-Richtung gestreckten Parabel
  - $|a| = 1$ bedeutet, dass es sich um eine, evtl. verschobene, Normalparabel handelt

  Für $a < 0$ ist die Parabel nach unten geöffnet.

Eine **quadratische Gleichung** der Form $ax^2 + bx + c = 0$, mit $a, b, c \in \mathbb{R}$ und $a \neq 0$, kann entweder zwei Lösungen, eine Lösung oder keine Lösung besitzen. Die Anzahl der Lösungen richtet sich nach der **Diskriminante** D.

$$D = b^2 - 4ac$$

Es gilt:

- $D > 0$: zwei Lösungen
- $D = 0$: eine Lösung
- $D < 0$: keine Lösung

Die Lösungen lauten dann nach der **Lösungsformel für quadratische Gleichungen** (auch **Mitternachtsformel** genannt)

$$x_{1/2} = \frac{-b \pm \sqrt{b^2 - 4ac}}{2a}$$

Quadratische Ungleichungen der Form $ax^2 + bx + c < 0$ können auf zwei Arten gelöst werden:

- Lösung mittels **Skizze**:
  Hierzu benötigen Sie die x-Werte, für die der quadratische Term null wird, und die Öffnungsrichtung der zugehörigen Parabel, anhand der Sie die Parabel skizzieren und somit die Lösungsmenge der vorausgehenden Ungleichung ablesen:

  Für den Graph im Beispiel gilt $L =]-2; 3[$.

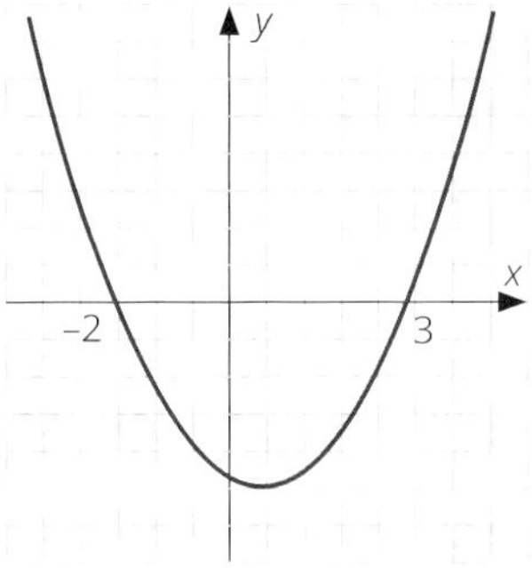

- Lösung mittels **Vorzeichentabelle**:
  Hierzu benötigen Sie die die x-Werte, für die der quadratische Term null wird, und das jeweilige Vorzeichen der Funktionswerte außerhalb und zwischen den Nullstellen. Für den Graph im Beispiel gilt

x		–2		3	
f(x)	+	0	–	0	+

$L =]-2; 3[$

Quadratische Ungleichungen der Form können mittels Umformung und Wurzelziehen gelöst werden, dabei sind die Vorzeichen von a und c zu unterscheiden, weil sich das Ungleichheitszeichen bei Multiplikation mit negativen Werten umkehrt und aus negativen Zahlen keine Wurzel gezogen werden kann.

Fallunterscheidungen	$a < 0$	$a > 0$
$c < 0$	$ax^2 < c$ $x^2 > \frac{c}{a}$ $x < -\sqrt{\frac{c}{a}} \vee x > \sqrt{\frac{c}{a}}$ $\Rightarrow L = \left]-\infty; -\sqrt{\frac{c}{a}}\right[\cup \left]\sqrt{\frac{c}{a}}; \infty\right[$	$ax^2 < c$ $x^2 < \frac{c}{a}$ da $x^2 \geq 0$ für alle x in $\mathbb{R}$ und $\frac{c}{a} < 0$, sodass die Ungleichung für kein x in $\mathbb{R}$ erfüllt ist $\Rightarrow L = \emptyset$

Fallunterscheidungen	$a < 0$	$a > 0$
$c > 0$	$ax^2 < c$ $x^2 > \frac{c}{a}$ da $x^2 \geq 0$ für alle x in $\mathbb{R}$ und $\frac{c}{a} < 0$, sodass die Ungleichung für alle x in $\mathbb{R}$ erfüllt ist $\Rightarrow L = \mathbb{R}$	$ax^2 < c$ $x^2 < \frac{c}{a}$ $x > -\sqrt{\frac{c}{a}} \wedge x < \sqrt{\frac{c}{a}}$ $\Rightarrow L = \left]-\sqrt{\frac{c}{a}}; \sqrt{\frac{c}{a}}\right[$

Für die anderen Ungleichheitszeichen ($>$, $\leq$, $\geq$) und die Fälle $a = 0$ oder $c = 0$ führen Sie die Verfahren ähnlich durch.

Ganzrationale Funktionen höheren Grades

Eine Funktion der Form

$$f: \mathbb{R} \to \mathbb{R}, x \mapsto a_n x^n + a_{n-1} x^{n-1} + \ldots + a_1 x + a_0 \text{ mit } a_n, \ldots, a_0 \in \mathbb{R} \text{ und } a_n \neq 0$$

heißt **ganzrationale Funktion vom Grad *n*** oder **Polynomfunktion *n*-ten Grades**.

Insbesondere sind **konstante Funktionen** (Grad 0), **lineare Funktionen** (Grad 1) und **quadratische Funktionen** (Grad 2) auch ganzrationale Funktionen.

Für den Globalverlauf ganzrationaler Funktionen gilt: Eine ganzrationale Funktion

$$f: \mathbb{R} \to \mathbb{R}, x \mapsto a_n x^n + a_{n-1} x^{n-1} + \ldots + a_1 x + a_0 \text{ mit } a_n \neq 0$$

hat für $x \to \pm\infty$ das gleiche Verhalten wie die Potenzfunktion

$$p: \mathbb{R} \to \mathbb{R}, x \mapsto a_n x^n$$

	$a_n > 0$	$a_n < 0$
n ungerade	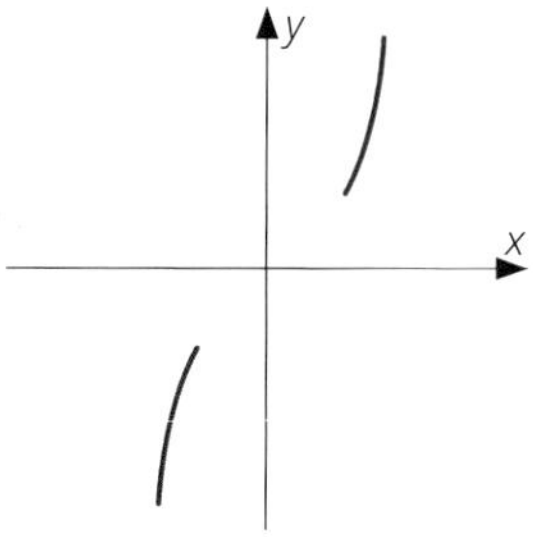 $f(x) \to -\infty$ für $x \to -\infty$ $f(x) \to +\infty$ für $x \to +\infty$ von links unten nach rechts oben	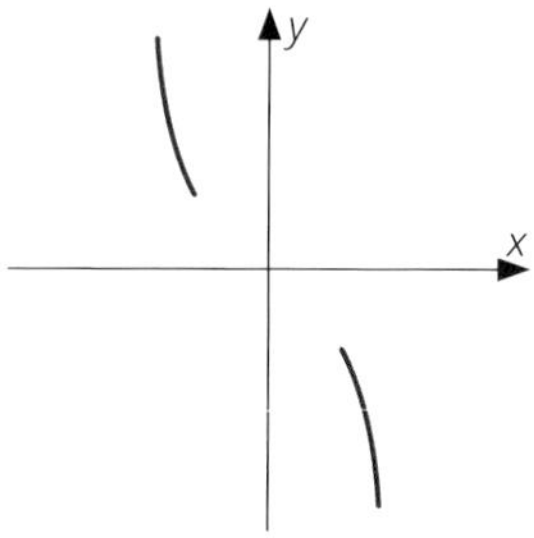 $f(x) \to +\infty$ für $x \to -\infty$ $f(x) \to -\infty$ für $x \to +\infty$ von links oben nach rechts unten
n gerade	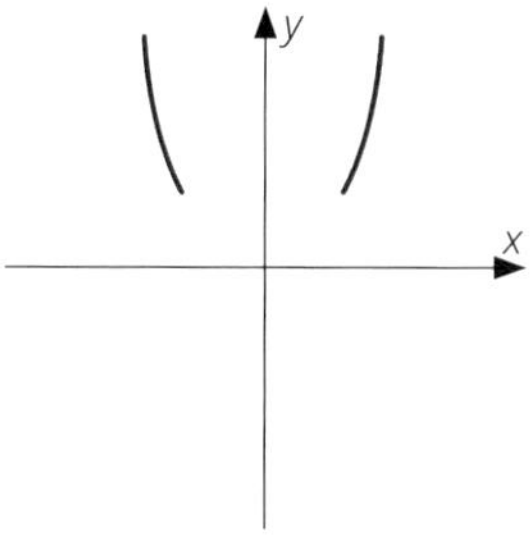 $f(x) \to +\infty$ für $x \to -\infty$ $f(x) \to +\infty$ für $x \to +\infty$ von links oben nach rechts oben	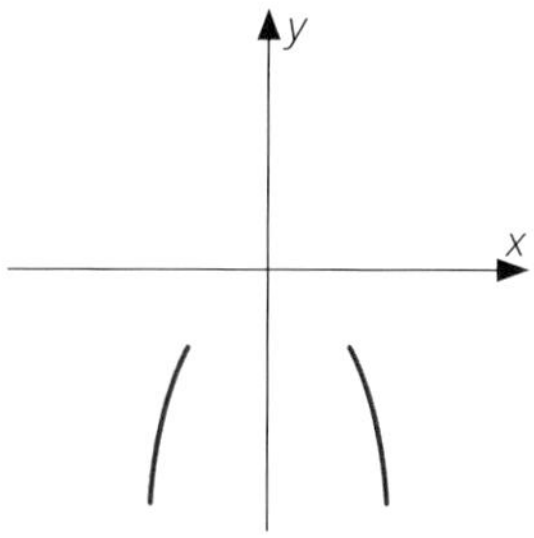 $f(x) \to -\infty$ für $x \to -\infty$ $f(x) \to -\infty$ für $x \to +\infty$ von links unten nach rechts unten

Alternativ ist für $x \to \pm\infty$: $f(x) \to \pm\infty$ auch die Schreibweise $\lim\limits_{x \to \pm\infty} f(x) = \pm\infty$ möglich.

Für die **Symmetrie ganzrationaler Funktionsgraphen** gibt es verschiedene Möglichkeiten:

- **Symmetriekriterium für ganzrationale Funktionen**

  Der Graph einer ganzrationalen Funktion

  $$f\colon \mathbb{R} \to \mathbb{R},\ x \mapsto a_n x^n + a_{n-1}x^{n-1} + \ldots + a_1 x + a_0$$

  ist genau dann
  - **symmetrisch zur *y*-Achse**, wenn ihr Funktionsterm nur Potenzen von x mit **geraden Exponenten** und eventuell eine Konstante a_0 enthält.
  - **punktsymmetrisch zum Ursprung**, wenn ihr Funktionsterm nur Potenzen von x mit **ungeraden Exponenten** enthält und $a_0 = 0$ ist.
- **Rechnerischer Symmetrienachweis:**
  - Der Graph einer Funktion $f\colon D_f \to \mathbb{R}$ heißt **symmetrisch zur *y*-Achse**, wenn
    1. D_f eine zu 0 symmetrische Teilmenge von $\mathbb{R}$ ist,
    2. $f(-x) = f(x)$ für alle $x \in D_f$ gilt.
  - Der Graph einer Funktion $f\colon D_f \to \mathbb{R}$ heißt **punktsymmetrisch zum Ursprung**, wenn
    1. D_f eine zu 0 symmetrische Teilmenge von $\mathbb{R}$ ist,
    2. $f(-x) = -f(x)$ für alle $x \in D_f$ gilt.

Für die **Nullstellen ganzrationaler Funktionen ab Grad 3** gilt:

- Ist f eine ganzrationale Funktion vom Grad n und ist x_0 eine Nullstelle von f, dann hat f die Darstellung

  $$f(x) = (x - x_0) \cdot g(x)$$

  wobei g eine ganzrationale Funktion vom Grad $n - 1$ ist.

  Zu jeder Nullstelle einer ganzrationalen Funktion gehört ein abspaltbarer Linearfaktor. Man kann den Funktionsterm in höchstens n Linearfaktoren zerlegen.
- Ist f eine ganzrationale Funktion vom Grad n und ist x_0 eine k-fache Nullstelle von f, dann hat f die Darstellung

  $$f(x) = (x - x_0)^k \cdot g(x)$$

  wobei g eine ganzrationale Funktion vom Grad $n - k$ mit $g(x_0) \neq 0$ ist.
- Verlauf von Funktionsgraphen an einer k-fachen Nullstelle am Beispiel $f\colon x \mapsto x^k$:

<table>
<tr><td colspan="4">$k = 1$
einfache Nullstelle</td><td colspan="4">$k = 2$
zweifache (doppelte) Nullstelle</td><td colspan="4">$k = 3$
dreifache Nullstelle</td><td colspan="4">$k = 4$
vierfache Nullstelle</td><td colspan="4">$k = 5$
fünffache Nullstelle</td></tr>
<tr><td colspan="4">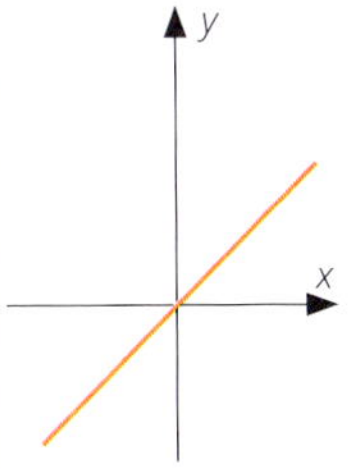</td><td colspan="4">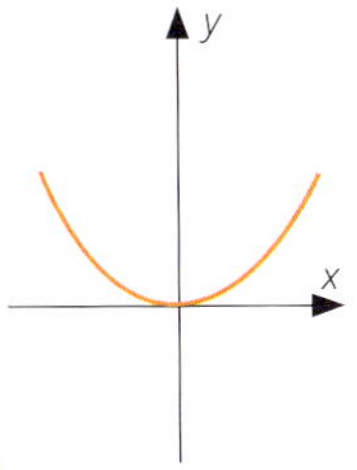</td><td colspan="4">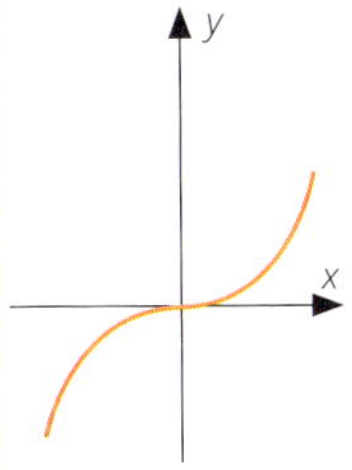</td><td colspan="4">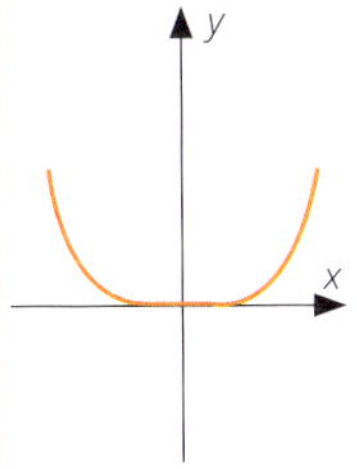</td><td colspan="4">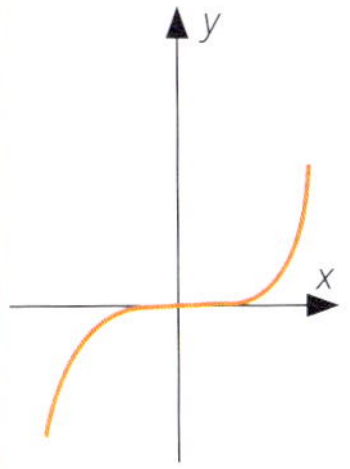</td></tr>
<tr><td>x</td><td></td><td>0</td><td></td><td>x</td><td></td><td>0</td><td></td><td>x</td><td></td><td>0</td><td></td><td>x</td><td></td><td>0</td><td></td><td>x</td><td></td><td>0</td><td></td></tr>
<tr><td>$f(x)$</td><td>–</td><td>0</td><td>+</td><td>$f(x)$</td><td>+</td><td>0</td><td>+</td><td>$f(x)$</td><td>–</td><td>0</td><td>+</td><td>$f(x)$</td><td>+</td><td>0</td><td>+</td><td>$f(x)$</td><td>–</td><td>0</td><td>+</td></tr>
<tr><td colspan="4">Schnittpunkt</td><td colspan="4">Berührpunkt[30]</td><td colspan="4">Terrassenpunkt[30]</td><td colspan="4">Berührpunkt[30]</td><td colspan="4">Terrassenpunkt[30]</td></tr>
</table>

30) Jeder Berühr- und Terassenpunkt ist ein Schnittpunkt von Graph und Abszissenachse mit waagerechter Tangente.

- Eine ganzrationale Funktion vom Grad n besitzt (mit Vielfachheit gezählt) maximal n Nullstellen.
- Für die Berechnung der Nullstellen hilft das Verfahren der **Polynomdivision**, z. B.

$$-x^3 + 7x^2 - 6x - 8 = 0$$

Die erste Nullstelle wird durch Probieren ermittelt: $x_1 = 2$.

Anschließend wird der Linearfaktor $(x - x_1)$ durch Division abgespalten:

$$\begin{array}{l}
(-x^3 + 7x^2 - 6x - 8) : (x - 2) = -x^2 + 5x + 4 \\
\underline{\;x^3 - 2x^2} \\
\quad\;\; 5x^2 - \;6x \\
\quad\;\; \underline{-5x^2 + 10x} \\
\qquad\qquad 4x - 8 \\
\qquad\qquad \underline{-4x + 8} \\
\qquad\qquad\qquad 0
\end{array}$$

Weitere Lösungen erhält man dann aus der Gleichung $-x^2 + 5x + 4 = 0$. Da es sich hier nun um eine quadratische Gleichung handelt, berechnen Sie diese mit der Lösungsformel:

$$-x^2 + 5x + 4 = 0$$

$$x_2 = \frac{5}{2} - \sqrt{\frac{41}{4}} \approx 0{,}70 \wedge x_3 = \frac{5}{2} + \sqrt{\frac{41}{4}} \approx 5{,}70$$

- In speziellen Fällen kann auch eine **Substitution** durchgeführt werden, z. B.

$$3x^4 - 12x^2 - 36 = 0$$

Sie sehen, dass es sich um eine Gleichung vierten Grades handelt, wobei es hier nur zwei Summanden mit einem x gibt und der erste auch noch die doppelte Potenz vom zweiten hat:

$$3(x^2)^2 - 12x^2 - 36 = 0$$

Diese Eigenschaft können Sie ausnutzen und eine zweimalige Polynomdivision umgehen, indem Sie eine **Substitution** anwenden: $x^2 = u$. Somit wird aus einer Gleichung vierten Grades eine Gleichung zweiten Grades, deren Lösungen Sie mit der Lösungsformel berechnen:

$$3u^2 - 12u - 36 = 0$$

$$u_1 = -2 \text{ und } u_2 = 6$$

Aus den durch die Substitution erhaltenen Teillösungen berechnen Sie nun die Lösungen der ursprünglichen Gleichung (**Resubstitution**): $x^2 = u$

Somit erhalten Sie für jede Teillösung zwei Ergebnisse, sofern möglich:

$$u_1 = -2 \;\Rightarrow x_{11} = \sqrt{-2} = ↯,\; x_{12} = -\sqrt{-2} = ↯$$

$$u_2 = 6 \;\Rightarrow x_{21} = \sqrt{6},\; x_{22} = -\sqrt{6}$$

Differenzialrechnung bei ganzrationalen Funktionen

Differenzen- und Differenzialquotient

Der **Differenzenquotient** gibt die mittlere Steigung m eines Graphen G_f zu einer Funktion f in einem Intervall $[x_A; x_B]$ an:

$$\overline{m} = \frac{f(x_B) - f(x_A)}{x_B - x_A}$$

Werden alle Indizes vertauscht, also der Term $\frac{f(x_A) - f(x_B)}{x_A - x_B}$ verwendet, erhält man das gleiche Ergebnis.

Der Differenzenquotient entspricht der **Steigung einer Sekanten** durch die Punkte $A(x_A | f(x_A))$ und $B(x_B | f(x_B))$.

Der **Differenzialquotient** beschreibt die Steigung des Graphen in einem Punkt und damit die **Steigung der Tangente** an den Graphen in diesem Punkt. Für zwei Punkte A und B auf einem gemeinsamen Funktionsgraphen ergibt sich für $x_A \to x_B$ der Differenzialquotient als **Grenzwert** aus dem Differenzenquotienten.

Für eine beliebige Stelle x_B einer Funktion wird allgemein formuliert:

$$f'(x_B) = \lim_{x_A \to x_B} \frac{f(x_B) - f(x_A)}{x_B - x_A}$$

Man nennt den Differenzialquotienten $f'(x_B)$ auch **erste Ableitung der Funktion f an der Stelle x_B**.

Grenzwert

Der **Grenzwert** für $x \to \pm\infty$ beschreibt das Verhalten des Graphen einer Funktion für zunehmende oder abnehmende x-Werte. Für ganzrationale Funktionen lassen sich vier Fälle unterscheiden.

$f(x) = ax^3 + bx + c;\ a > 0$

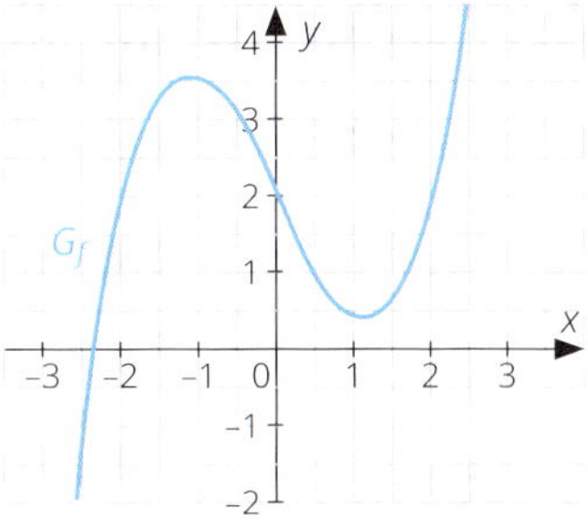

$\lim_{x \to -\infty} f(x) = -\infty \qquad \lim_{x \to +\infty} f(x) = +\infty$

$f(x) = ax^3 + bx + c;\ a < 0$

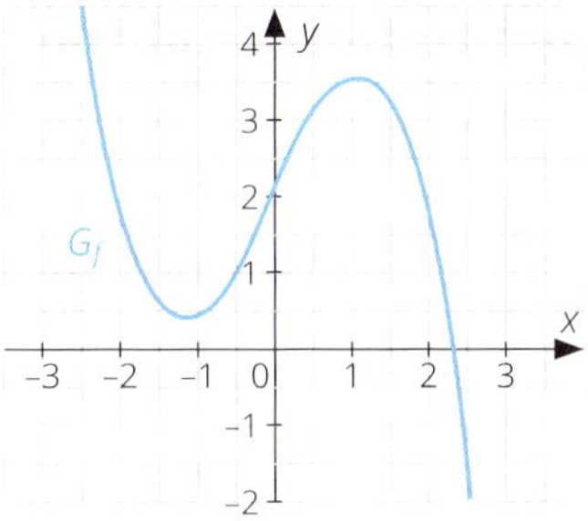

$\lim_{x \to -\infty} f(x) = +\infty \qquad \lim_{x \to +\infty} f(x) = -\infty$

$f(x) = ax^4 + bx^2 + cx + d;\ a > 0$

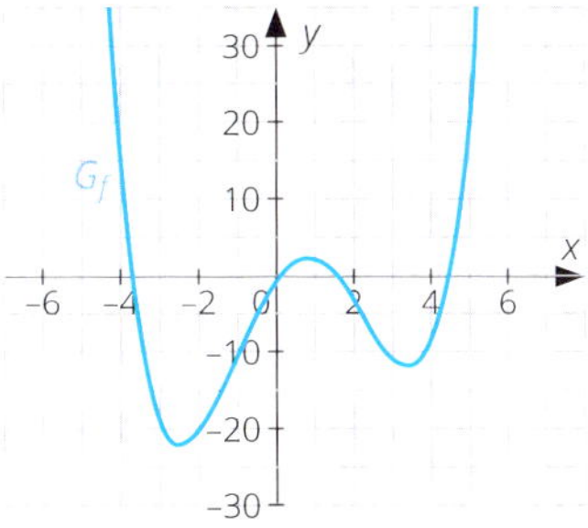

$\lim_{x \to -\infty} f(x) = +\infty \qquad \lim_{x \to +\infty} f(x) = +\infty$

$f(x) = ax^4 + bx^2 + cx + d;\ a < 0$

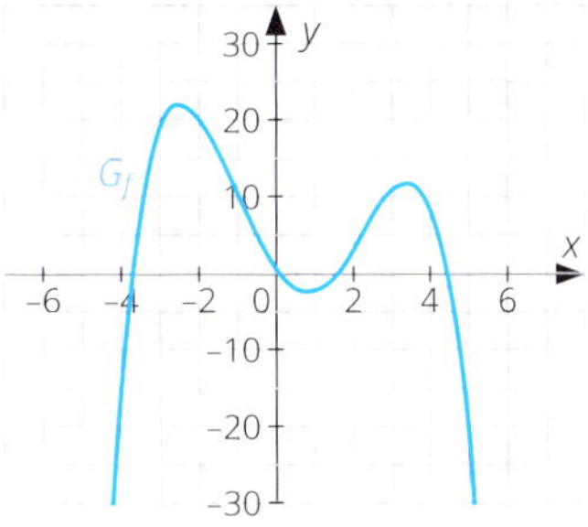

$\lim_{x \to -\infty} f(x) = -\infty \qquad \lim_{x \to +\infty} f(x) = -\infty$

Für Funktionen höheren ungeraden Grades wiederholt sich das Verhalten für $x \to \pm\infty$ der Funktion 3. Grades.

Für Funktionen höheren geraden Grades wiederholt sich das Verhalten für $x \to \pm\infty$ der Funktion 4. Grades.

Der **Grenzwert** für $x \to x_0$ zeigt das Verhalten der Funktion an Definitionslücken. Er existiert nur, wenn die Annäherungen von rechts und von links denselben Grenzwert haben: $\lim_{x \overset{<}{\to} x_0} f(x) = \lim_{x \overset{>}{\to} x_0} f(x)$

An offenen Rändern der Definitionsmenge existiert nur ein einseitiger Grenzwert $x \to x_0$.

Differenzierbarkeit, Stetigkeit

Eine Funktion ist genau dann an einer Stelle $x_0 \in D_f$, **stetig**, wenn der Graph an dieser Stelle keinen Sprung besitzt bzw. keine Definitionslücke aufweist.

Eine Funktion ist genau dann an einer Stelle $x_0 \in D_f$ **differenzierbar**, wenn

- die Funktion an dieser Stelle stetig ist,
- der Graph an der Stelle x_0 keinen Knick aufweist.

Ableitungsregeln

Ableitungsregeln

1. Faktorregel: $f(x) = a \cdot x^n \Rightarrow f'(x) = a \cdot n \cdot x^{n-1}$, $n \in \mathbb{N}^*$
2. Potenzregel: $f(x) = x^n \Rightarrow f'(x) = n \cdot x^{n-1}$, $n \in \mathbb{N}^*$
3. Summenregel: $h(x) = f(x) \pm g(x) \Rightarrow h'(x) = f'(x) \pm g'(x)$

Extremwerte und Monotonie

- Relative Extrempunkte sind Punkte mit waagrechten Tangenten an dem Funktionsgraphen.
- Nullstellen mit Vorzeichenwechsel der ersten Ableitung heißen relative Extremstellen. Die zugehörigen Punkte heißen relative Extrempunkte.
- Wechselt das Vorzeichen der ersten Ableitung an einer Extremstelle von + nach –, so ist dort eine Maximalstelle und auf dem Graphen ein Hochpunkt, analog Minimalstelle und Tiefpunkt für den Wechsel – nach +.
- Der Monotoniebegriff ist nur innerhalb von Intervallen sinnvoll definiert.
- Gilt $f'(x) < 0$ für alle x im Intervall $I \subseteq D_f$, so ist G_f streng monoton fallend im Intervall I.
  Gilt $f'(x) > 0$ für alle x im Intervall $I \subseteq D_f$, so ist G_f streng monoton steigend im Intervall I (hinreichendes Kriterium für strenge Monotonie).

Wendepunkt und Krümmung

- Nullstellen der zweiten Ableitung mit Vorzeichenwechsel heißen **Wendestellen**. Die zugehörigen Punkte heißen **Wendepunkte**.
- **Terrassenpunkte** sind Wendepunkte mit waagrechter Tangente.
- Wendestellen sind gleichzeitig Extremstellen der ersten Ableitung.
- Gilt $f''(x) < 0$, so ist dort der Graph G_f **rechtsgekrümmt**; gilt $f''(x) > 0$, so ist dort der Graph G_f **linksgekrümmt**.
- In Hochpunkten ist der Graph einer differenzierbaren Funktion stets rechtsgekrümmt und in Tiefpunkten stets linksgekrümmt.
- Die **Tangentengleichung** in einem beliebigen Punkt $P(x_0|y_0)$ lautet:
  $t(x) = f'(x_0) \cdot (x - x_0) + f(x_0)$.

Zufallsexperimente und Ereignisse

Zufallsexperiment

Ein **Zufallsexperiment** zeichnet sich dadurch aus, dass man den Ausgang nicht kennt und dieser durch Zufall zustande kommt. Man spricht von **mehrstufigen Zufallsexperimenten**, wenn ein Zufallsexperiment aus mehreren einzelnen Zufallsexperimenten, sog. Stufen, besteht. Diese lassen sich besonders gut durch **Baumdiagramme** darstellen.

Jeder Ausgang des Zufallsexperiments wird **Ergebnis** genannt und mit ω_i bezeichnet, wobei i für eine natürliche Zahl steht und zur Nummerierung dient.

Die Ergebnisse mehrstufiger Zufallsexperimente werden in der **Tupelschreibweise** notiert, bei der jeder Ausgang einer Stufe einer Koordinate entspricht: $\omega_i = (a, b, c, \ldots, z)$

Die Menge aller Ergebnisse heißt **Ergebnisraum** Ω: $\Omega = \{\omega_1; \omega_2; \omega_3; \ldots; \omega_n\}$

Die **Mächtigkeit des Ergebnisraums** gibt die Anzahl aller Ergebnisse an: $|\Omega| = n$

Ereignisse und deren Verknüpfung

Ein **Ereignis *A*** ist eine Teilmenge des Ergebnisraums Ω: $A \subseteq \Omega$. Es beinhaltet alle Ergebnisse, die gerade von Interesse sind. Ereignisse mit nur einem Element nennt man **Elementarereignisse**. Die **Mächtigkeit des Ereignisses $|A|$** gibt die Anzahl aller Ergebnisse des Ereignisses A an.

Es gibt vier **Grundverknüpfungen** von zwei Ereignissen A und B:

- **Gegenereignis** $\bar{A}$: „A tritt nicht ein."
- **Schnitt** zweier Ereignisse $A \cap B$: „A und B treten gleichzeitig ein."
- **Vereinigung** zweier Ereignisse $A \cup B$: „A oder B tritt ein (oder beides)."
- **Ohne** $A \backslash B = A \cap \bar{B}$: „$A$ tritt ein, aber B nicht." bzw. „nur A tritt ein".

Bei Gegenereignissen von verknüpften Ereignissen gilt das **Gesetz von De Morgan**:

$$\overline{A \cup B} = \bar{A} \cap \bar{B}$$
$$\overline{A \cap B} = \bar{A} \cup \bar{B}$$

Die Ereignisse A und B heißen …

- … **unvereinbar** $\Leftrightarrow A \cap B = \{\}$.
- … **vereinbar** $\Leftrightarrow A \cap B \neq \{\}$.
- … **identisch** $\Leftrightarrow A = B = A \cap B$.

Besondere Ereignisse:

Das Ereignis C ist …

- … ein **sicheres** Ereignis $\Leftrightarrow C = \Omega$
- … ein **unmögliches** Ereignis $\Leftrightarrow C = \{\}$

Simulation von Zufallsexperimenten

Unter einer **Simulation** versteht man die Nachahmung eines Zufallsexperiments durch ein anderes Zufallsexperiment. Häufig bietet sich zur Simulation ein **Urnenmodell** an, da es sehr flexibel und vorstellbar ist.

Beim Urnenmodell muss Folgendes angegeben werden:

- Anzahl der Kugeln insgesamt
- Anzahl der Kugeln mit den entsprechenden Merkmalen
- Anzahl der Züge
- Nacheinander oder gleichzeitiges Ziehen bei mehreren Zügen
- Mit oder ohne Zurücklegen

Relative Häufigkeit und Wahrscheinlichkeit

Absolute und relative Häufigkeit

- Die **absolute Häufigkeit *H*** eines Elementarereignisses $\{\omega_i\}$ entspricht der Anzahl der Durchführungen, bei denen das Elementarereignis $\{\omega_i\}$ eintritt.
- Die **relative Häufigkeit *h*** eines Elementarereignisses $\{\omega_i\}$ entspricht dem **Verhältnis der absoluten Häufigkeit zu der Gesamtanzahl der Durchführungen**.

Die relative Häufigkeit h besitzt 4 grundlegende Eigenschaften:

1. Die relative Häufigkeit eines Ereignisses $A = \{\omega_1; \omega_2; \ldots; \omega_k\}$ entspricht der Summe der relativen Häufigkeiten der entsprechenden Elementarereignisse:
$$h_n(A) = h_n(\{\omega_1\}) + h_n(\{\omega_2\}) + \ldots + h_n(\{\omega_k\})$$
2. Die relative Häufigkeit eines sicheren Ereignisses $A = \Omega$ beträgt 1.
$$h_n(A) = h_n(\Omega) = 1$$
3. Die relative Häufigkeit eines unmöglichen Ereignisses $A = \{\}$ beträgt 0.
$$h_n(A) = h_n(\Omega) = 0$$
4. Die relative Häufigkeit eines Ereignisses A liegt immer zwischen 0 und 1.
$$h_n(A) \in [0; 1]$$

Beim Rechnen mit relativen Häufigkeiten sind folgende Regeln wichtig bzw. nützlich:

- **Gegenereignisregel:** Für die relative Häufigkeit eines Ereignisses A und dessen Gegenereignis $\bar{A}$ gilt:
$$h_n(A) + h_n(\bar{A}) = 1 \text{ bzw. } h_n(A) = 1 - h_n(\bar{A})$$
- **Additionsregel:** Sind zwei Ereignisse A und B unvereinbar, also $A \cap B = \{\}$, so gilt für die relative Häufigkeit der Vereinigung dieser Ereignisse:
$$h_n(A \cup B) = h_n(A) + h_n(B)$$
- **Satz von Sylvester:** Sind zwei Ereignisse A und B vereinbar, also $A \cap B \neq \{\}$, so gilt für die relative Häufigkeit der Vereinigung dieser Ereignisse:
$$h_n(A \cup B) = h_n(A) + h_n(B) - h_n(A \cap B)$$

Analog gelten die Regeln auch für die absoluten Häufigkeiten H.

Vierfeldertafel

Die absoluten bzw. relativen Häufigkeiten zweier Ereignisse eines Zufallexperiments lassen sich in einer **Vierfeldertafel** darstellen:

	B	$\bar{B}$	
A	$H(A \cap B)$	$H(A \cap \bar{B})$	$H(A)$
$\bar{A}$	$H(\bar{A} \cap B)$	$H(\bar{A} \cap \bar{B})$	$H(\bar{A})$
	$H(B)$	$H(\bar{B})$	Gesamtzahl

bzw.

	B	$\bar{B}$	
A	$h_n(A \cap B)$	$h_n(A \cap \bar{B})$	$h_n(A)$
$\bar{A}$	$h_n(\bar{A} \cap B)$	$h_n(\bar{A} \cap \bar{B})$	$h_n(\bar{A})$
	$h_n(B)$	$h_n(\bar{B})$	1

Die absoluten bzw. realtiven Häufigkeiten in den äußeren Zellen lassen sich über zeilen- bzw. spaltenweises Addieren der absoluten bzw. relativen Häufigkeiten der inneren Zellen berechnen.

Beispiel: $H(A) = H(A \cap B) + H(A \cap \bar{B})$ bzw. $h_n(A) = h_n(A \cap B) + h_n(A \cap \bar{B})$

Wahrscheinlichkeitsbegriff

Führt man dasselbe Zufallsexperiment genügend oft durch, so stabilisiert sich die relative Häufigkeit eines Ereignisses nach **dem empirischen Gesetz der großen Zahlen** bei einem gewissen Wert, der sog. Wahrscheinlichkeit. Es ist aber keine Aussage möglich, wie viele Durchführungen dafür nötig sind.

Die Wahrscheinlichkeit ist somit empirisch als **Grenzwert der relativen Häufigkeit h_n** für $n \to \infty$ definiert: $\lim\limits_{n \to \infty} h_n(\{\omega_i\}) = p$

Nach Kolmogorow muss eine **Wahrscheinlichkeitsverteilung P** folgende drei Axiome erfüllen:

- **Nichtnegativität**: $P(A) \geq 0$
- **Normierung**: $P(\Omega) = 1$
- **Additivität**: $P(A \cup B) = P(A) + P(B)$, falls $A \cap B = \{\}$

Daraus ergeben sich ähnliche Eigenschaften und Rechenregeln wie bei den relativen Häufigkeiten:

- $0 \leq P(A) \leq 1$
- $P(\{\}) = 0$
- $P(\{\omega_1\}) + P(\{\omega_2\}) + P(\{\omega_3\}) + \ldots + P(\{\omega_n\}) = 1$
- Für $A = \{\omega_1; \omega_2; \omega_3; \ldots; \omega_k\}$ gilt: $P(A) = P(\{\omega_1\}) + P(\{\omega_2\}) + P(\{\omega_3\}) + \ldots + P(\{\omega_k\})$
- $P(\bar{A}) = 1 - P(A)$
- $P(A \cup B) = P(A) + P(B) - P(A \cap B)$
- Vierfeldertafeln können auch mit Wahrscheinlichkeiten genutzt werden.

Laplace-Experiment

Ein Zufallsexperiment mit dem Ergebnisraum $\Omega = \{\omega_1; \omega_2; \omega_3; \ldots; \omega_n\}$ heißt genau dann **Laplace-Experiment**, wenn alle Elementarereignisse gleichwahrscheinlich sind. Es gilt:

$$P(\{\omega_1\}) = P(\{\omega_2\}) = P(\{\omega_3\}) = \ldots = P(\{\omega_n\}) = \frac{1}{|\Omega|} = \frac{1}{n}$$

Für die Wahrscheinlichkeit eines beliebigen Ereignisse $A = \{\omega_1; \omega_2; \omega_3; \ldots; \omega_k\}$ mit der Mächtigkeit $|A| = k$ gilt:

$$P(A) = \frac{|A|}{|\Omega|} = \frac{k}{n}$$

Mehrstufige Zufallsexperimente

Mehrstufige Zufallsexperimente lassen sich in Baumdiagrammen besonders gut darstellen. Für die Berechnung von Wahrscheinlichkeiten mithilfe eines Baumdiagramms gelten folgende 2 Regeln:

- **1. Pfadregel:** Zur Berechnung der Wahrscheinlichkeit eines Elementarereignisses, der sog. **Pfad-Wahrscheinlichkeit**, mutlipliziert man die **Zweig-Wahrscheinlichkeiten** entlang des Pfades.
- **2. Pfadregel:** Zur Berechnung eines Ereignisses addiert man die entsprechenden Pfad-Wahrscheinlichkeiten.

In mehrstufigen Zufallsexperimenten kann es zu sog. **bedingten Wahrscheinlichkeiten** kommen, wenn der Ausgang der 1. Stufe den Ausgang der 2. Stufe beeinflusst. Für zwei beliebige Ereignisse C und D gilt dann:

$$P(C \cap D) = P(C) \cdot P_C(D) \text{ bzw. } P_C(D) = \frac{P(C \cap D)}{P(C)}$$

Stochastische Unabhängigkeit

Zwei beliebige Ereignisse A und B sind genau dann **stochastisch unabhängig**, wenn gilt:

- $P_A(B) = P(B)$ bzw. $P_B(A) = P(A)$ oder
- $P(A \cap B) = P(A) \cdot P(B)$

Die Paare $\bar{A}$, B bzw. A, $\bar{B}$ bzw. $\bar{A}$, $\bar{B}$ sind dann auch stochastisch unanhängig.

Gelten die oben genannten Bedingungen nicht, heißen die beiden Ereignisse A und B **stochastisch abhängig**.

Grundlagen der Kombinatorik

Mit dem **allgemeinen Zählprinzip** lassen sich die Anzahlen von k-Tupeln bestimmen. Existieren dabei für

- … die 1. Koordinate m_1 Möglichkeiten,
- … die 2. Koordinate m_2 Möglichkeiten,
- …
- … die k-te Koordinate m_k Möglichkeiten,

so gibt es $m_1 \cdot m_2 \cdot \ldots \cdot m_k$ k-Tupel.

Es existieren 4 Grundfälle für die Bestimmung der Anzahlen von Tupeln:

- Vertauscht man n ***verschiedene*** Elemente aus einer Menge mit n Elementen, so gibt es $n!$ **Permutationen ohne Wiederholung**.
  Dies entspricht dem n-maligen Ziehen aus einer Urne mit n verschiedenen Kugeln ohne Zurücklegen.
- Vertauscht man n Elemente aus einer Menge mit jeweils $l_1, l_2, l_3, \ldots, l_k$ ***verschiedenen*** Elementen, so erhält man $\frac{n!}{l_1! \cdot l_2! \cdot l_3! \cdot \ldots \cdot l_k!}$ **Permutationen mit Wiederholung**.
  Dies entspricht dem n-maligen Ziehen aus einer Urne mit n Kugeln, wobei $l_1, l_2, l_3, \ldots, l_k$ verschiedene Kugeln enthalten sind, ohne Zurücklegen.
- Variiert man k ***verschiedene*** Elemente aus einer Menge mit n Elementen, so erhält man $\frac{n!}{(n-k)!}$ **Variationen ohne Wiederholung**.

Dies entspricht dem k-maligen Ziehen aus einer Urne mit n verschiedenen Kugeln ohne Zurücklegen.

- Variiert man k Elemente aus einer Menge mit n Elementen, so erhält man n^k **Variationen mit Wiederholung**.
  Dies entspricht dem k-maligen Ziehen aus einer Urne mit n verschiedenen Kugeln mit Zurücklegen.

Der Ausdruck $\binom{n}{k} = \frac{n!}{(n-k)! \cdot k!}$ wird **Binomialkoeffizient** genannt. Er gibt die Anzahl an **Kombinationen ohne Wiederholung** an, die man erhält, wenn man ohne Beachtung der Reihenfolge k ***verschiedene*** Elemente aus einer Menge mit n Elementen auswählt.

Kurzlösungen der Selbsttests

Kapitel 1

1. A – absoluter Extrempunkt (Tiefpunkt), Randminimum und absolutes Minimum der Funktion bei $x = -2{,}5$;

   B – absoluter Extrempunkt (Hochpunkt), absolutes Maximum der Funktion etwa bei $x = -1{,}5$;

   C – relativer Extrempunkt (Tiefpunkt); relatives Minimum der Funktion etwa bei $x = 0{,}25$;

   D – relativer Extrempunkt (Hochpunkt); Randmaximum und relatives Maximum der Funktion bei $x = 1$

2. **a)** z. B. mit Graph aus Aufgabe 1

   b) mittlere Änderungsrate als Gerade durch A und C, lokale als Tangente in C; Unterschied Sekante zu Tangente

   c) Alltagserfahrung: Blitzer (lokale Rate, Momentangeschwindigkeit) – Section Control (mittlere Änderungsrate, Durchschnittsgeschwindigkeit)

3. **a)** nein **b)** nein **c)** nein **d)** 1. und 2. Gleichung

4. **a)** Fläche

   b) $a + b = 6$

   c) maximiert (G_f ist eine nach unten geöffnete Parabel); erste Ableitung und deren Nullstelle(n) bestimmen

5. f ist streng monoton zunehmend $]-\infty; 3]$, streng monoton abnehmend $[3; \infty[$; Maximalstelle bei $x_1 = 3$; Wendestelle bei $x_2 = 0$ und bei $x_3 = 2$

Kapitel 2

1.
   - $f \to 3$: Asymptote bei $y = 1$ und Graph steigend, da $a < 0$ und $c < 0$ und $Y(0 \mid -3)$
   - $g \to 1$: Asymptote bei $y = +1$ und Graph steigend, da $a > 0$ und $c > 0$ und $P(1 \mid 3)$
   - $h \to 2$: Asymptote bei $y = +1$ und Graph steigend, da $a < 0$ und $c < 0$ und $P(-3 \mid -3)$

2. **a)** Teighöhe zu Beginn:

$$h(0) = 5$$
$$a \cdot \underbrace{e^{c \cdot 0}}_{=1} = 5$$
$$a = 5$$

Teighöhe nach 1 Stunde:

$$h(1) = 1{,}5 \cdot h(0)$$
$$5 \cdot e^{c} = 1{,}5 \cdot 5$$
$$e^{c} = 1{,}5$$
$$c = \ln 1{,}5 \approx 0{,}4055$$

Funktionsterm der Teighöhe: $h(t) = 5 \cdot e^{0{,}4055t}$

   b) Zeitpunkt der Teighöhe 20 cm:

$$h(t) = 20$$
$$5 \cdot e^{0{,}4055t} = 20$$
$$e^{0{,}4055t} = 4$$
$$0{,}4055t = \ln 4$$
$$t = \frac{\ln 4}{0{,}4055} \approx 3{,}42$$

Der Teig füllt die Schüssel nach 3,42 Stunden aus.

Kapitel 3

1. a) $x \to -\infty: f(x) \to 0^+$;
   $x \to +\infty: f(x) \to +\infty$

   b) $f'(x) = (2x^2 + 2x - 2) \cdot e^{2x+1}$;
   $x_1 = -1{,}62$ Maximum
   $x_2 = 0{,}62$ Minimum
   smf: $[-1{,}62;\ 0{,}62]$; sms: $]-\infty;-1{,}62] \cup [0{,}62;\ \infty[$

2. a)
$$\begin{aligned} q(3) &= 0{,}6 \\ 0{,}4e^{-3+c} + 0{,}2 &= 0{,}6 \\ e^{-3+c} &= 1 \\ -3 + c &= 0 \\ c &= 3 \end{aligned}$$

   b)
$$\begin{aligned} q(x) &= 0{,}1 \cdot (x^2 - 2x + 1) \cdot e^{-x+3} + 0{,}2 \\ q'(x) &= 0{,}1 \cdot (2x - 2) \cdot e^{-x+3} + (x^2 - 2x + 1) \cdot (-e^{-x+3}) \\ &= 0{,}1 \cdot (2x - 2) \cdot e^{-x+3} - (x^2 - 2x + 1) \cdot e^{-x+3} \\ &= 0{,}1 \cdot (-x^2 + 4x - 3) \cdot e^{-x+3}; \end{aligned}$$

   gesucht ist ein Minimum; notwendige Bedingung ist $q'(x) = 0$; Satz vom Nullprodukt vereinfacht die Nullstellensuche:

$$-x^2 + 4x - 3 = 0 \Rightarrow \underbrace{x_1 = 1}_{\substack{\text{VZW-+} \\ \text{Minimum}}} \wedge \underbrace{x_2 = 3}_{\substack{\text{VZW+-} \\ \text{Maximum}}}$$

   niedrigster Sitzpunkt bei $x_1 = 1$ mit $q(1) = 0{,}2$ [m]

   Ein angenehmes Hinsetzen und Aufstehen ist für einen Erwachsenen nicht gewährleistet.

Kapitel 4

1. h und i sind Stammfunktionen zu f; g ist Stammfunktion zu i

2. Das unbestimmte Integral ist die Menge aller Stammfunktionen. Die Funktionsschar f_a beschreibt durch den Parameter a alle Stammfunktionen der Funktion g und ist die Lösung des unbestimmten Integrals zur Funktion g.

3. $f(x) = \frac{1}{2}x^2 - 4x + \frac{1}{2}$; Integrationskonstante 2; $a = 1$, $b = -3$; $I = -22{,}67$. Die Integralgrenzen sind vertauscht (entgegen größer werdenden x-Werten) und die eingeschlossene Fläche ist oberhalb der x-Achse größer als unterhalb, daher ist das Ergebnis negativ.

4. Flächen im II. und IV. Quadranten; z. B. $I_2 = 2\int_{-2}^{0} x(x + 2)(x - 2)\,dx = 8$

Kapitel 5

1. Es handelt sich um eine Bernoulli-Kette der Kettenlänge $n = 4$ mit der Trefferwahrscheinlichkeit $p = \frac{2}{5}$, da sich die Trefferwahrscheinlichkeit bei der mehrmaligen Wiederholung des Zufallsexperiments durch das Zurücklegen nicht verändert.

2. $P(E_1) = \binom{75}{45} \cdot 0{,}6^{45} \cdot 0{,}4^{30} \approx 0{,}09370$
   $P(E_2) = 7 \cdot 0{,}4^4 \cdot 0{,}6^6 \approx 0{,}00836$

Kapitel 6

1.

x_i	0	1	2	3	4	5
ω_i	{11; 12; 13; 14; 15; 16; 22; 23; 24; 25; 26; 33; 34; 35; 36; 44; 45; 46; 55; 56; 66}	{21; 32; 43; 54; 65}	{31; 42; 53; 64}	{41; 52; 63}	{51; 62}	{61}
$P(X = x_i)$	$\frac{21}{36}$	$\frac{5}{36}$	$\frac{4}{36}$	$\frac{3}{36}$	$\frac{2}{36}$	$\frac{1}{36}$

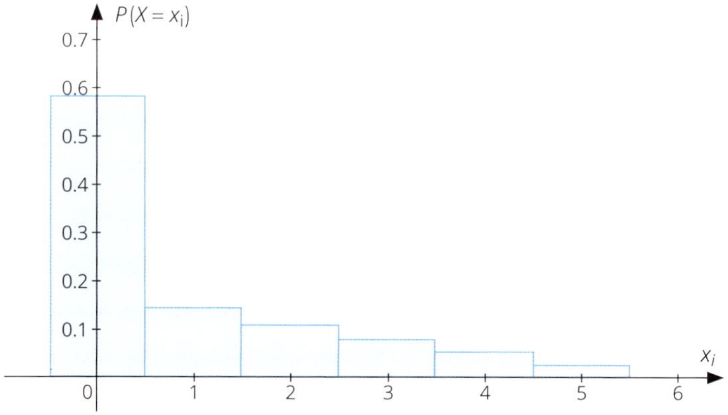

2. $E(X) = 0 \cdot \frac{21}{36} + 1 \cdot \frac{5}{36} + 2 \cdot \frac{4}{36} + 3 \cdot \frac{3}{36} + 4 \cdot \frac{2}{36} + 5 \cdot \frac{1}{36} = \frac{35}{36} \approx 0{,}97$

Der Angreifer darf durchschnittlich pro Spielzug 0,97 Felder nach vorne ziehen.

$Var(X) \overset{\text{Verschiebungsregel}}{=} E(X^2) - E(X^2)$

$= 0^2 \cdot \frac{21}{36} + 1^2 \cdot \frac{5}{36} + 2^2 \cdot \frac{4}{36} + 3^2 \cdot \frac{3}{36} + 4^2 \cdot \frac{2}{36} + 5^2 \cdot \frac{1}{36} - \left(\frac{35}{36}\right)^2 \approx 1{,}97$

$\sigma(x) = \sqrt{Var(X)} = \sqrt{1{,}97} \approx 1{,}40$

$I_\sigma =]\,E(X) - \sigma(X); E(X) + \sigma(X)\,[=]\,0{,}97 - 1{,}40; 0{,}97 + 1{,}40\,[=]\,-0{,}43; 2{,}37\,[\Rightarrow I_\sigma = [0; 2] = \{0; 1; 2\}$

3. a) Es handelt sich um eine binomialverteilte Zufallsgröße, da im Hintergrund der Zufallsgröße Y ein Bernoulli-Experiment mit der Trefferwahrscheinlichkeit $p = 0{,}3$ und der Kettenlänge $n = 200$ abläuft.

b) $P(E_1) = P(Y = 60) = B(200; 0{,}3; k = 60) \approx 0{,}06146$

$P(E_2) = P(Y > 70) = 1 - P(Y \leq 70) = 1 - B(200; 0{,}3; k \leq 70) \approx 1 - 0{,}94579 = 0{,}05421$

$E(Y) = \mu = n \cdot p = 200 \cdot 0{,}3 = 60$

$Var(Y) = n \cdot p \cdot q = 200 \cdot 0{,}3 \cdot 0{,}7 = 42$

$\sigma(x) = \sqrt{Var(X)} = \sqrt{42} \approx 6{,}48$

c) $I_{2\sigma} =]\,60 - 2 \cdot 6{,}48; 60 + 2 \cdot 6{,}48\,[$

$\Rightarrow I_{2\sigma} = [48; 72]$

$P(Y \in I_{2\sigma}) = P(48 \leq Y \leq 72) = P(Y \leq 72) - P(Y \leq 47)$

$= B(200; 0{,}3; k \leq 72) - B(200; 0{,}3; k \leq 47)$

$\approx 0{,}97157 - 0{,}02493 = 0{,}94664$

Kapitel 7

1. a) Testgröße X: Anzahl der defekten Sicherungen unter 200 untersuchten Sicherungen. Nullhypothese: H_0: $p = 0{,}02$

   b) Fehler 1. Art: Der Hersteller der Kühlbox lehnt die Behauptung, dass nur 2 % der Sicherungen fehlerhaft sind ab, obwohl in Wirklichkeit nur 2 % der Sicherungen fehlerhaft sind.

   $A = \{0; 1; 2; \ldots; 8\}$; $\bar{A} = \{9; 10; 11; \ldots; 200\}$

   $\alpha = P(X \in \bar{A}) = P(X \geq 9) = 1 - P(X \leq 8) = 1 - B(200; 0{,}02; k \leq 8) \approx 1 - 0{,}97983 = 0{,}02017$

   c) $\beta = P(X \in A) = P(X \leq 8) = B(200; 0{,}04; k \leq 8) \approx 0{,}59257$

2. Testgröße X: Anzahl der Mosaik-Badfliesen mit einem Farbfehler unter 100 zufällig Ausgewählten.

   H_0: $p = 0{,}05$; $A = \{0; 1; 2; \ldots; m\}$

   H_1: $p > 0{,}05$; $\bar{A} = \{m + 1; m + 2; \ldots; 100\}$

   $\alpha < 0{,}02$

   $P(X \in \bar{A}) \leq 0{,}02$

   $P(X \geq m + 1) \leq 0{,}02$

   $1 - P(X \leq m) \leq 0{,}02$

   $P(X \leq m) \geq 0{,}98$

   $B(100; 0{,}05; k \leq m) \geq 0{,}98$

   $\Rightarrow m = 10$

   $\Rightarrow \bar{A} = \{11; 12; 13; \ldots; 100\}$

Sachwortverzeichnis

Bildquellenverzeichnis

|fotolia.com, New York: fotofabrika 127.1; fotohansi 24.2; grounder 168.1; Harald 69.1; Jürgen Flächle 173.1; Kröger, Bernd 144.1; LianeM 24.1; p!xel 66 120.1; Race, Dan 160.1; © Roland Zihlmann 24.3. |iStockphoto.com, Calgary: Henrik_L 65.1; ilbusca 62.1; Marion Kuban 146.1; OlekStock 135.1; Roel Smart 63.2; SeventyFour 126.1. |Shutterstock.com, New York: Kleen, Michael 139.1; LightField Studios 92.1; Milic, Zoran 168.2; Monkey Business Images 113.1, 158.1, 176.1; Pormezz 85.1; Schatz, Taran 164.1; Viktor1 172.1. |stock.adobe.com, Dublin: A_Bruno 151.1; abcmedia 121.2; Bildagentur-o 163.1; by-studio 131.1; Christine 70.1; elnariz 159.1; Ettmer, Sina 164.2; Friedberg 76.1; grafikplusfoto 79.1; harvepino 63.1; Ilmberger, Andy 14.1; Isselée, Eric 72.1; Jacob Lund 13.1; Juulijs 62.3; kentauros Titel; khuruzero 45.1; lassedesignen 53.1; Loocid GmbH 45.2; Maszlen, Peter 71.1; Mi.Ti. 102.1; midsummerday 62.2; nickolae 152.1; Pheby, Barbara 117.1; pilipphoto 55.1; Prostock-studio 44.1; Rawpixel.com 75.1; ryanking999 48.1; Seybert, Gerhard 121.1, 166.1; sutichak 63.3; Ultes, Dominik 89.1.